भारतीय संस्कृति में
आनन्द रामायण

भारतीय संस्कृति में आनन्द रामायण

रामपाल शुक्ल

एबीडी पब्लिशर्स

जयपुर ▪ नई दिल्ली

एबीडी पब्लिशर्स

''बोनी रेजिडेन्सी'' गेट नं. 2, तिलक पब्लिक स्कूल के पास,
विश्वैश्वरिया नगर, गोपालपुरा रोड़, जयपुर-302018
(राजस्थान) भारत
फोन : 0141-2761280, 2761381
Email: abdpublishersjpr@gmail.com

दिल्ली कार्यालय : 102, प्रथम मंजिल, 'सत्यम हाउस'
4324/3, अंसारी रोड़, दरियागंज, नई दिल्ली - 110 002
फोन : 011-45652440
website: www.oxfordbookcompany.com

संस्करण 2024

ISBN : 9788183760368

मूल्य : ₹ 1400/-

टाइपसेटिंग : बी.एस. कम्प्यूटर्स, जयपुर
मुद्रक : थॉमसन प्रेस, नई दिल्ली

प्राक्कथन

आनन्दरामायणविषयमधिकृत्य रामकथायाः रामायणकाव्यपरम्परायाः सुन्दरम् सजीवचित्रणम् मयाऽस्मिन् शोधप्रबन्धेऽवलोकितम्। मम सुहृदवर्येण डॉ. रामपाल शुक्ल महोदयेन अस्य शोधप्रबंधस्य लेखनाय प्रकाशनाय च यावद् परिश्रमं कृतं वर्तते तद् ग्रंथोऽयं प्रकटी करोति। पण्डितवर्येण शुक्लमहोदयेन अस्य ग्रंथस्य सज्जता निमित्तं समग्र रामायण ग्रंथानां चतुरस्त्रतया निरूप्य सुव्यवस्थापितम्।

भारतीयविचारधारायाः प्रकाशनाय अहर्निशं एभिः संलग्नोभूत्वा सपरिवारेण यत्प्रशंसनीयं कार्यं संपादितम् येन येते धन्यवादार्हाः सन्ति। रामायणकाव्यपरम्परा केवलं भारते एव सीमितं नास्ति। प्राचीन कालादागता एषा परम्परा सिंगापुर, थाईलैण्ड, कम्बोडिया, वियतनाम, जावा, सुमात्रा, वोर्नियो, चीन, जापान, मलेशिया, इंडोनेशिया, युरोप, अमेरिका पर्यन्तं दृश्यश्रव्यमाध्यमेन अद्यावधिपर्यन्तं जीवित रूपेण द्रष्टुं शक्यते। प्राचीनकाले व्यापारेणसह संस्कृतीनामपि तद् तद् देशे जायमानायाः साहित्यस्य संस्कृतेः कलायाश्च अपि व्यापकरूपेण प्रचारः प्रसारः आसीत्। भारतीयसंस्कृतेः सभ्यतायाश्च विश्वकोषरूपेण आनन्दरामायणग्रंथोऽयं यथा प्रसिद्धिः नीतः तथैव प्रसिद्ध डॉ शुक्ल महोदयेन अस्य ग्रंथस्य परिशीलनेन विविध शास्त्राणाम् आकण्ठपानं कृतम्। एतस्मिन् ग्रंथे केवलं रामकथा एव नास्ति अपितु विविधशास्त्रस्य विविधदर्शनस्य सम्पूर्णभूमण्डले प्राप्तायाः विद्यायाः निदर्शनम् द्रष्टुं शक्यते। अनेन समीक्षणेन संशोधनपुरस्सरेण च डॉ शुक्ल महोदयेन एकं महत्वपूर्णं कार्यं संपादितं इति वक्तुं शक्यते।

अस्यशोधप्रबंधस्य लेखने लेखकेन विद्वज्जनानाम् शंका समाधातुं पर्याप्त विषयसामग्रीं एकत्रीकृत्य भूतनां दिशां दातुं प्रयत्नमाचरितम् तेन धन्यवादं ज्ञापयामि।

प्राक्कथन

डॉ रामपाल शुक्ल महाभागेन ग्रन्थेऽस्मिन् सरलरीत्या अध्यात्मपरकाः अंशाः परिशीलिताः सुव्यवस्थापिताश्च। अनेन ग्रंथेन न केवलं पाठकवर्गाणामेव लाभो भविष्यति अपितु विद्यार्थीनाम् कृतेऽपि एषः ग्रंथः प्रकाशनानन्तरं लाभप्रदो भविष्यति।

अन्तिमेपुष्पे अस्यग्रंथस्य प्रकाशक महोदयमपि कृतज्ञतां ज्ञापयामि येन अस्य ग्रंथस्य प्रकाशनं कृत्वा समाजाय समर्पितम्। अस्य ग्रंथस्य संपादने महाराजा सयाजीराव विश्वविद्यालयस्य पुस्तकालयाध्यक्षाः वेदशास्त्रसंपन्नाः प्रो. कौटिल्य शुक्ल महोदयाः अपि डॉ. रामपाल शुक्ल महोदयं प्रेरणां प्रदत्तवन्तः तदर्थं तेऽपि धन्यवादार्हाः सन्ति। धन्यवादाः।

विदुषांवशंवदः
डॉ. हरिप्रसादपाण्डेयः
प्राचार्यः, अध्यक्षाश्च
वटोदर संस्कृतमहाविद्यालयः
महाराजासयाजीराव विश्वविद्यालयः
वड़ोदरा

सं. 2062
वैशाख शुक्ल पक्ष एकादशी।

आमुख

रामायण, संस्कृत साहित्य का गौरव ग्रन्थ है। इसलिये प्रत्येक संस्कृतानुरागी, समीक्षक, लेखक, चाहे जिस प्रकार अपनी लेखनी चलाये फिर भी आन्नद रामायण को भुलाया नहीं जा सकता क्योंकि, झौपड़ी से लेकर महलों तक आज भी जिनकी कीर्ति-कौमुदी जनमानस पटल में व्याप्त है। ऐसे पावन चरित्र युक्त मर्यादा पुरुषोत्तम श्री राम को लक्ष्य बना करके मैनें ''आनन्द रामायण का सांस्कृतिक एवं काव्यात्मक अनुशीलन'' विषय को चुना है। यद्यपि सांस्कृतिक एवं काव्यात्मक ढंग से बहुत कुछ लिखा गया है, उसे एकांगी एवं अपर्याप्त समझकर, यह मेरा विनम्र प्रयास है।

ग्रन्थकार के विषय कथनीय है-कि प्रायः अध्ययन से ज्ञात होता है कि यह वाल्मीकि रामायण की रचना का रूपान्तर है क्योंकि, काव्यकार ने स्वयं महर्षि वाल्मीकि का उद्धरण दिया है।[1] ग्रन्थ के फलश्रुति प्रसंग में रामदास द्वारा महर्षि वाल्मीकि की महत्ता का प्रतिपादन किया है:

धन्यः स वाल्मीकि मुनिःकवीश्वरो, रामायणं वै शतकोटि सम्मितम्।
कृतंपुरा येन व विस्तरं शुभं, यस्माच्चसारं कथित मया तव॥

वास्तव में वाल्मीकि रामायण से विविध रामायणों की रचना हुई है। यथा-योग वाशिष्ठ, अध्यात्म रामायण, हनुमान रामायण, नारद रामायण, लघु रामायण, वृहद रामायण, देह रामायण, वृत्त रामायण, सार रामायण तथा आनन्द रामायण।[1]

इसी प्रकार अन्य भारतीय भाषाओं में भी अनेक रचनाएं हुई हैं। इससे सुस्पष्ट है कि वाल्मीकि रामायण के अन्तर्गत सभी रामायणों का समावेश है। आनन्द रामायण भी उसी के अन्तर्गत कहा जा सकता है।

---

1. सार काण्ड पुरा देवि युदुक्तं च मया तव।
वाल्मीकिना यच्च तच्चापि सारमुद्धृत्य वै मया॥

आमुख

प्रस्तुत पुस्तक-प्रबन्ध आठ अध्यायो में विभक्त है—

प्रथम अध्याय

इसमें रामकथा परक संस्कृत महाकाव्य-परम्परा की विवेचना की गई है। इसमें आदि कवि से लेकर अद्यावधि तक रामकथा की व्यापकता तथा महत्ता का प्रतिपादन किया गया है। साथ ही साथ विविध रामायण, पुराणों एवं महाकव्यों में उक्त कथा का वैशिष्ट्य बताया गया है। आनन्द रामायण में विभिन्न नवीन कथाओं एवं प्राचीन कथाओं के पार्थक्य का उल्लेख है।

द्वितीय अध्याय

इस अध्याय में तत्कालीन महर्षि, वानर, राक्षस एवं विविध जातियों का उल्लेख है। इसमें वाल्मीकि, अत्रि, वशिष्ठ ऋष्यश्रृंग, नारद एवं काव्यगत अन्य महर्षियों के व्यक्तित्व पर प्रकाश डाला गया है तथा वानरों में सुग्रीव, हनुमान, बालि, अंगद, नल-नील, सुषेण और जामवंत, राक्षसों में रावण, मेघनाद, ताटिका, विराध, कबन्ध, सूर्पणखा, खर और दूषण। विविध पक्षियों मे जटायु, संपाति, काग तथा मृग आदि की विशेषताओं का वर्णन किया गया है।

तृतीय अध्याय

इसमें भौगोलिक स्थलों का विवेचन है। जिसके अन्तर्गत सप्तद्वीप, वसुमति, भारतवर्ष, तथा विविध तीर्थ नगर-राज्य सीमायें और पर्वतों का संक्षेप वर्णन किया गया है। साथ ही साथ उनकी वर्तमान स्थिति का भी ज्ञान कराया गया है।

चतुर्थ अध्याय

इसमें सामाजिक स्थितियों का अध्ययन किया गया है। वर्णाश्रम, देवाराधन, यज्ञ विधान, व्रत,उत्सव, मनोरंजन एवं तत्कालीन अनेक प्रथाओं का वर्णन किया गया है।

पंचम् अध्याय

इस अध्याय में राजनैतिक और आर्थिक स्थितियों का वर्णन है। जिसके अन्तर्गत शासन प्रबन्ध, सैनिक स्थिति, विविध युद्ध और अस्त्र-शस्त्रों का विवेचनात्मक वर्णन किया है।

षष्ठ अध्याय

इस अध्याय में आनन्द रामायणकालीन संस्कृति एवं शिक्षा का वर्णन किया गया है तथा तत्कालीन षोडश संस्कारों की स्थिति समाज में व्याप्त थी, उसका

अध्ययन लोक-परम्परा एवं काव्यगत धार्मिक और दार्शनिक स्थिति का उल्लेख किया गया है। जिसमें धर्म का स्वरूप एवं दर्शन की महत्ता का दिग्दर्शन है।

सप्तम् अध्याय

इसमें काव्यात्मक अध्ययन है। इसके अन्तर्गत अनुभूतिगत भाव सौष्ठव, कल्पना-सौन्दर्य, वैचारिकता, शिल्प सौष्ठव, भाषा, छन्द, अलंकार, बिम्ब योजना, प्रतीकात्मक शैली तथा राम और सीता का चरित्र-चित्रण किया गया है। जिसमें राम के अलौकिक एवं लौकिक रूप का चित्रण है।

अष्टम् अध्याय

इसमें वाल्मीकि रामायण और अध्यात्म रामायण का आनन्द रामायण में प्रभाव दिखाया गया है तथा उक्त काव्यों का जिन स्थलों में प्रभाव है उसका उल्लेख किया गया है । साथ ही अन्य प्रमुख भागवत, स्कंद पुराण और पद्म पुराण के प्रभाव को भी आनन्द रामायण मे बताया गया है। काव्यों में रामायण मंजरी और राम चरित के प्रभाव की भी चर्चा की गई है। साथ ही आनन्द रामायण का परवर्ती महाकवियों पर प्रभाव बताया गया है। जिसमें जानकी परिणय, रामलिकांमृत, एकनाथ, तुलसीदास, सूरदास तथा केशवदास के काव्यों की चर्चा है।

अन्त में परिशिष्ट (अ) के अन्तर्गत आनन्द रामायण का वैशिष्ट्य वर्णन है। साथ ही वाल्मीकि रामायण एवं आध्यात्म रामायण तथा रामायण मंजरी और रघुवंश महाकाव्य से तुलनात्मक अध्ययन किया गया है। परिशिष्ट (ब) में संदर्भ ग्रन्थ सूची दी गई है।

प्रस्तुत पुस्तक-प्रबन्ध की पूर्ति में मुझे जिन गुरुजनों, विद्वानों, शुभेच्छुओं और मित्रों का सहयोग प्राप्त हुआ है, उनके प्रति आभार व्यक्त करना में अपना पुनीत कर्तव्य समझता हूं। पूज्य गुरुवर्य श्रद्धेय श्री राजवंशी जी द्विवेदी (प्राचार्य धर्म. सं.म.वि. वृन्दावन) जिनकी कृपा से यह कार्य सफल हुआ, सद्. शास्त्री स्वामी श्री घनश्यामप्रकाश दास जी (संस्थापक, गुरुकुल कण्डारी वडोदरा) ने इस कार्य में बहुविध सहयोग प्रदन किया है। उनके प्रति मैं कृतज्ञ हूँ। अखण्डानन्द पुस्तकालय एवं छतरपुर म.म.वि. के पुस्तकालय के अध्यक्ष उक्त दोनों का सहयोग अविस्मरणीय है, जिन्होंने मुझे सामग्री से युक्त किया। आदरणीय डॉ. राम नरेश तिवारी जी प्रोफेसर (छतरपुर) की स्नेहिल अनुकम्पा एवं सुयोग्य निर्देशन के फलस्वरूप ही यह शोध पूर्ण हो सका उनके प्रति किन शब्दोंमें कृतज्ञता ज्ञापित करूँ।

आमुख

आदरणीय पूज्य पिता जी श्री अनन्तराम शुक्ल एवं पूज्य अग्रज श्री शिवदत्त शुक्ल का आशीष मेरे लिए फलित हुआ। प्रिय अनुज व्रजपाल शुक्ल, इन्द्रपाल शुक्ल, सहधर्मिणी शीला भी साधुवाद की पात्रा है, क्योंकि शोध-प्रबन्ध को पूर्ण करने में अनेक समस्याओं के वाद भी मुझे गृहकार्य से मुक्त रखा।

मैं आदरणीय श्री उदयन कुमार एच. शुक्ल जी (भूतपूर्व प्राचार्य एवं अध्यक्ष, वडोदरा सं.म.वि.म.स. विश्वविद्यालय, वडोदरा) के प्रति पूर्ण कृतज्ञ हूं जिनका समय-समय पर सुयोग्य मार्ग निर्देशन इस दिशा में सतत प्राप्त रहा है। इस पुस्तक के प्रकाशन में डॉ. कौटिल्य शुक्ल पुस्तकालयाध्यक्ष, महाराजासयाजी राव विश्वविद्यालय, वडोदरा का मैं सर्वतोभावेन कृतज्ञ हूं जिन्होंने मेरे प्रयत्न को साकार रूप प्रदान किया। डॉ. हरिप्रसाद पाण्डेय, प्राचार्य, वडोदरा संस्कृत महाविद्यालय ने इस पुस्त के प्राक्कथन को लिख कर ग्रन्थ का गौरव बढ़ाया है। एतदर्थ मैं उनकी इस सद्भावना का आभारी हूं। प्रूफ संशोधन में जो सहयोग चि. प्रमोद अवस्थी, चि. शिवम् एवं रागिनी ने किया है एतदर्थ ये साधुवाद के पात्र हैं।

अन्त में मैं श्री जी.के. अग्रवाल जी एवं उनके समस्त सहयोगियों को साधुवाद देता हूं, जिन्होंने सौजन्य पूर्ण आत्मीय सहयोग करके तत्परता से प्रकाशन कार्य सम्पन्न किया। मुद्रण की त्रुटियां यदि यत्र-तत्र रह गई हों, तो मैं सुधी अध्येताओं से क्षमा चाहता हूं।

यदत्र सौष्ठवं किञ्चित् तद्गुरोमेर्न हि।
यदत्राऽसौष्ठवं किञ्चित् तन्मे सर्व गुरोर्न हि॥

—रामपाल शुक्ल

अनुक्रमणिका

❑❑❑

प्रथम अध्याय

रामकथा परक संस्कृत महाकाव्य परम्परा

भारतीय वाङ्मय में राम कथा का विशिष्ट स्थान है। काव्य निर्माण की प्रेरणा, महाकवियों को आदिकाव्य, रामायण महाकाव्य से प्राप्त हुई है। भारतीय महाकाव्य के विकास के सम्बन्ध में वेदों में भी कहीं-कहीं संकेत प्राप्त होते हैं। वेदों में देवस्तुति तथा दानशील राजाओं की स्तुतियाँ भी प्राप्त होतीं हैं। वेदों में राम, सीता, जनक, इक्ष्वाकु और दशरथ के नाम भी प्राप्त होते हैं।

अतः इस प्रकार के मन्त्रों के अध्ययन से ज्ञात होता है कि, राम कथा का उद्‌गम वेदों में विद्यमान है। उसी बीज का विकास आदि कवि वाल्मीकि ने अपने आदि काव्य में किया है। अतः आदि कवि द्वारा रचित काव्य आदि काव्य की संज्ञा को प्राप्त हुआ और यही हमारे भारतीय मनीषियों का उपजीव्य काव्य बना।

रामकथा परक संस्कृत महाकाव्य की परम्परा के बीज का वपन महर्षि वाल्मीकि ने किया है और उसको समुचित पल्लवित पुष्पित भी किया है। हमारे परवर्ती महाकवियों ने महर्षि वाल्मीकि की परम्परा का समुचित पालन किया जो सम्प्रति जनमानस में प्रचलित है।

रामकथा की महत्ता तथा व्यापकता को ध्यान में रखकर संस्कृत के महाकवियों द्वारा अनेक महाकाव्यों की रचना करके प्रतिष्ठा प्राप्त की। आचार्य भामह, दण्डी इत्यादि ने महाकाव्य की परिभाषा रामायण के आधार पर की है। तथा अन्य कवियों द्वारा इस परम्परा का पालन किया गया है। महाकवियों ने काव्यों की शृंखला में राम को ही वर्ण्य विषय क्यों बनाया? इसका उत्तर जयदेव लिखते हैं कि—

''कवीनां कोदोषः स तु गुणगणानामवगुणः (प्रसन्न राघव) अतः कवियों ने प्रायः परम्परा का पालन करते हुए महर्षि वाल्मीकि के कथानक, छन्द, शैली, उपमा, कला पक्ष एवं भाव पक्ष को प्रत्यक्ष अप्रत्यक्ष रूप से ग्रहण किया है।

लौकिक संस्कृत महाकाव्य का उदय वाल्मीकि द्वारा हुआ, क्रौञ्च पक्षी की घटना से सभी द्रवित हो जाते है ''शोकः-श्लोकत्वामागतः'' शोक ही श्लोक रूप में परिणित हो गया और महाकाव्य का रूप धारण कर लिया। इस काव्य की रचना कब हुई? विद्वानों द्वारा इस समस्या का समाधान विभिन्न प्रकार से किये जाने पर भी आज भी विवाद का विषय बना हुआ है। परम्परा के अनुसार यह माना जाता है। कि वाल्मीकि ने राम के जन्म से पूर्व ही रामायण की रचना की थी।

रामकथा वाल्मीकि रामायण तक सीमित न रह कर अपितु भारतवर्ष के धार्मिक एवं संस्कृत साहित्य में उत्तरोत्तर विकसित हुई। संस्कृत साहित्य के साथ-साथ पालि, प्राकृत तथा आधुनिक प्रादेशिक भाषाओं में भी इसका वर्णन किया गया है। प्रत्येक कवि ने इसे अपने-अपने दृष्टिकोण से वर्णन करते हुए इस परम्परा को अक्षुण्य रखा है।

रामकथा परक काव्यों में रामायण एवं पुराणों की संख्या अत्यल्प नहीं है। यह राम की भ्रमण कथा अन्यान्य साहित्य जैसे- जैन, बौद्ध, इत्यादि में भी व्याप्त है तथा चीन, तिब्बत, खेतान, जावा, हिन्दचीन श्याम और ब्रह्म देशों में भी प्राप्त है।[1] धर्म-प्राण, आध्यात्मिक विद्या का केन्द्र यह भारत तो राममय ही है। इसके कोने-कोने में प्रायः प्रत्येक साहित्य में रामकथा इतनी व्याप्त है कि जिसका वर्णन करने पर प्रथक् रूप से एक ग्रन्थ तैयार हो सकता है।

रामकथा का आदि स्रोत वाल्मीकि रामायण है। इसके अतिरिक्त कुछ साम्प्रदायिक रामायणों की भी रचना हुई जिन्हें हम राम काव्य-परम्परा से पृथक नहीं कह सकते।

साम्प्रदायिक रामायणों में अध्यात्म रामायण का स्थान बड़ा ही महत्त्वपूर्ण है। इस रामायण का प्रभाव अन्य ग्रन्थों पर स्पष्ट दृष्टिगोचर होता है। जिसमें गोस्वामी तुलसीदास के रामचरित मानस तथा मराठी में निवद्ध रामायण एकनाथ के द्वारा लिखी गयी है। उसमें भी लक्षित होता है। आध्यात्म रामायण को ब्रह्माण्ड पुराण के उत्तर खण्ड से सम्बन्धित मानते हैं। इसका महत्त्व षष्ठ अध्याय में है। वाल्मीकिरामायण की कथा से यह वैषिट्य रखता है। अनेक स्थलों में वैचित्रता लक्षित होती है। समस्त कथा, सम्वाद रूप में वर्णित है। तथा वेदान्त दर्शन आधारित

---

1. *रामकथा*, कामिल बुल्के, पृष्ठ 8.

है। इस रामायण के देश काल के सम्बन्ध में यथार्थ ज्ञान उपलब्ध नहीं है। बुल्के इसको 14-15वीं शदी का मानते है।[1]

अद्भुत रामायण, आनन्द रामायण, तत्त्व संग्रह रामायण और भुसुण्डि रामायण इत्यादि जितनी भी रामायणें हैं, उनमें रामकथा की वैशिष्टता अधिक है। इसके अतिरिक्त रामकथा पुराणों में भी वर्णित है। पुराणों की रामकथा में अधिक पार्थक्य नहीं है।

वस्तुतः भागवत एवं महाभारत की रामकथा में सादृश्यता है। अग्निपुराण में जो राम कथा है, वह वाल्मीकीय रामकथा का संक्षिप्त रूप है। इसमें राम को विष्णु का अवतार माना गया है। पद्म पुराणादि में भी राम कथा व्याप्त है।

अतः हम कह सकते है कि पुराण विश्व कोश होते हुए भी रामकथा काव्यों की शृंखला में अद्वितीय है। महाकाव्य की परम्परा में रामचरित्र बहुधा पल्लवित हुआ है। कालिदासादि मनीषियों के द्वारा इस परम्परा का विकास तो हुआ ही है, साथ ही परवर्ती काव्यों में भी रामकथा को महत्त्व मिला है।

राम कथा पर आश्रित अनेक महाकाव्य, काव्य, गीतकाव्य, खण्डकाव्य, विलोमकाव्य, कथा साहित्य, नाटक, तथा चम्पूकाव्य लिखे गये हैं।

प्रथम शताब्दी से अद्यावधि 20वीं शताब्दी की इस सुदीर्घ कालीन परम्परा में देश, काल एवं भाषा गत दूरी तो अवश्य प्रतीत होती है, परन्तु, काव्यों में रामकथा की दूरी नहीं है। रामकथा वही है। जो आज भी इस परम्परा का पालन हो रहा है।

रामकथा को अपने काव्यों, नाटकों इत्यादि में ग्रहण करने वाले कवियों की सर्वाधिक संख्या है। परन्तु कुछ कवि लेखक ऐसे भी है, जो वाल्मीकि के सर्वतो भावेन ऋणी हैं। अतः रामकथा परक संस्कृत महाकाव्य की परम्परा से उनको अभिन्न नहीं माना जा सकता। इस परम्परा से जुड़े हुए महाकवि माघ, बाणभट्ट, क्षेमेन्द्र और अश्व घोषादि हैं, जिन्होंने रामकथा को अपने ढंग से प्रतिपादित किया है।

राम काव्य परम्परा में आने वाले समस्त महाकाव्य, नाटक और चम्पूकाव्य आदि का आगे उल्लेख किया जाएगा। परन्तु, उससे पहले हिन्दुत्व में उल्लिखित रामायणों का संक्षिप्त परिचय के साथ पुराणों में राम कथा का विवेचन किया गया है।

---

1. पूर्वोक्त डॉ. कामिलम बुल्के, पृ. 164.

अतः इन रामायणों और पुराणों को भी राम कथा परक काव्यों से भिन्न नहीं कहा जा सकता यहां हिन्दुत्व नामक पुस्तक में उल्लिखित रामायणों की संक्षिप्त रूपरेखा प्रस्तुत हैः-

महारामायण

इस रामायण में 3,50,000 श्लोक है, तथा शंकर पार्वती सम्वाद है। इसमें कनकबिहारी राम की 99 रास लीलाओं का वर्णन और 248 रामचरणो की रेखाओं का तथा सीता की 33 शक्तियों की नामावली, रामनाम महात्म्य के प्रसंग में रमु धातु से रामनाम की व्युत्पत्ति प्रतिपादित तथा रास क्रीड़ा का उल्लेख है।

अगस्त्य रामायण

इसकी रचना अगस्त्य द्वारा हुई है। इसमें 16,000 श्लोक हैं। इसकी कथा गोस्वामी तुलसीदास की रामायण में शिव को अगस्त्य आश्रम में जाकर सुनने वाले प्रसंग में आती है।

''एक वार त्रेता जुग माही। शम्भु गये कुम्भज ऋषिपाहीं॥
राम कथा मुनि वर्ज बखानी। सुनी महेश परम सुखमानी॥ (राम. बाल.)

सम्पूर्ण कथा सात सोपानों में वर्णित है। भानु प्रताप अरिमार्दन की कथा है तथा राजा कुन्तक और सिन्धुमति का दशरथ और कौशल्या के रूप मे वर्णन है।

लोमश रामायण

यह रामायण लोमश ऋषि की कृति है। इसमें 32 हजार श्लोक हैं तथा सात सोपान हैं। इसमें राम अवतार का हेतु जालन्धर को माना गया है। और राजा कुमुद तथा वीरवती का राजा दशरथ तथा कौशल्या होना वर्णित है। इसमें जानकी जन्म जनक के शिकार में सम्प्राप्त योगमाया दर्शन वर्णन है।

रामायण महामाला

शिव पार्वती सम्वाद रूप यह रामायण छप्पन हजार श्लोकात्मक है तथा सात सोपान हैं। इसमें शिव के मराल वेश में नील गिरि में रहने की कथा है वह तुलसीदास जी ने भी अपने रामायण में लिखी है।

रामायण चम्पू

इसमें शिव और नारद का सम्वाद है, तथा 15 हजार श्लोक और सात सोपान हैं।

शीलनिधि राजा के यहां स्वयंम्वर कथा का वर्णन है।

उक्त रामायणों के अतिरिक्त संवृत रामायण, मंजुल रामायण, सौपद्य रामायण, सौहार्द रामायण, रामायण मणिरत्न, सौर्यरामायण, चान्द्र रामायण, मैन्द रामायण, स्वायम्भुव रामायण, सुब्रह्म, सुवर्च, देव रामायण, श्रवण रामायण, दुरन्त रामायण, इत्यादि की चर्चा हिन्दुत्व में की गई है। उक्त सभी रामायणों की अपनी-अपनी विशेषता है तथा राम कथा के विभिन्न रूप मिलते हैं।[1]

अतः इन रामायणों से पृथक् भी रामकथा की परम्परा का परिपालन हुआ है। पुराणों में राम कथा सर्वत्र व्याप्त है। रामकथा का क्षेत्र संस्कृत महा काव्यों में तथा पुराणों में इतना विस्तृत है कि परम्परा का सहजानुमान लगाया जा सकता है। विभिन्न पुराणों में वर्णित रामकथा इस प्रकार है—

वृहद्धर्म पुराण

इसकी रामकथा देवी भागवत की रामकथा से विशेष मिलती जुलती है। यह पुराण उपपुराणों के अन्तर्गत माना जाता है। अनेक तथ्यों के लिए ''भागवत'' का पूर्णतया अनुसरण करता है। ये दोनों ही ग्रन्थ रामकथा के सम्बन्ध में देवी भागवत के (अर्थात देवी के) प्रभाव के द्योतक हैं।

ब्रह्मपुराण

इसमें वेदवती की कथा के पश्चात् सीता हरण का उल्लेख किया गया है। (दे.प्रकृति ख.अ. 18) में वर्णन है कि अग्नि द्वारा एक मायारूपी सीता की सृष्टि हुई है। हनुमानजी ने अपने पराक्रम के विषय में स्वयं वर्णन किया है।[2]

हरिवंश पुराण

हरिवंश पुराण में रामकथा सम्बन्धी अध्याय 41, 58, 78, 93, 104, 108, 128 और 132 हैं। रामकथा का संक्षिप्त रूप से इसमें वर्णन है। राम जन्म से रावण वध तक की कथा वर्णित है।

वायु पुराण

इसमें रामकथा अध्याय 88 एवं 89 में वर्णित है राजा दिलीप से लव-कुश पर्यन्त तथा मिथिला वर्णन मिलता है।

1. *हिन्दुत्व*, रामदास गौड़, पृष्ठ 129-143, रामायण खण्ड।
2. मर्कतो डिम्भतुल्यां च लंकांपश्यामि सुब्रते॥
   मन्त्र तुल्यं समुद्रं च शरणमिति भूतलम्
   पिपीलिका संघमिव ससैन्यरावणं तथा॥ (ब्रह्म पू. 62/75-76)

भागवत महापुराण

इस पुराण के स्कंध 9 के 10वें एवं 11वें अध्याय में रामकथा का वर्णन है। सीता को लक्ष्मी और राम को विष्णु का अवतार माना गया है। सीता स्वयंम्वर तथा उनके त्याग का भी उल्लेख प्राप्त होता है।

कूर्म पुराण

उक्त पुराण में रामकथा जिन अध्यायों में वर्णित है इनका नाम अध्याय पूर्व विभाग 10, 11, 19, 31, और उत्तर विभाग के अध्याय 33 है। विशेष रूप से इसमें रावणयुद्ध के पश्चात् राम द्वारा शिव लिंग की स्थापना का वर्णन है। और पातिव्रतो पाख्यान में मायारूपी सीता के हरण की घटनाएं उल्लिखित हैं। इसमें संक्षिप्त रामकथा है।

अग्नि पुराण

इसमें 5-11 अध्याय में वाल्मीकि रामायण की कथा वर्णित है। विशेष रूप से माल्यवत पर्वत पर राम द्वारा चातुर्मास यज्ञ करने का वर्णन है। राम जन्म से स्वर्गारोहण पर्यन्त कथा मिलती है। यह पुराण काव्य-तत्त्व की दृष्टि से सभी पुराणों में श्रेष्ठ है। इसमें जीवन के सभी पक्षों को उजागर किया गया है।

नारद पुराण

नारद पुराण के पूर्वखण्ड में रामचरित का संक्षिप्त वर्णन मिलता है। इसके बाद बाल काण्ड से युद्ध काण्ड तक और उत्तर काण्ड में वाल्मीकीय रामायण की रामकथा वर्णित है।[1]

पद्म पुराण

इसमें पाताल खण्ड में राम कथा वर्णित है। उत्तर खण्ड में भी कथा का वर्णन है।[2] इस पुराण में एक पुराकल्पीय रामायण का वर्णन भी मिलता है जिसमें दशरथ की चार पत्नियों का उल्लेख मिलता है, जिनके नाम कौशल्या, सुमित्रा, सुरूपा, सुवेषा है। बाल लीला का वर्णन करते हुए सीता स्वयंवर में इन्द्र इत्यादि

---

1. *नारद पुराण*, अध्याय 79 एवं 75.
2. रावणारि कथावार्धौ मरको मादृश: कियान्।
   यत्र ब्रह्मदयो देवा मोहितो न विदन्त्यपि॥
   चरितं रघुनाथस्य शतकोटि प्रविस्सतरम्।
   येषां वै यादृशी बुद्धिस्ते वदन्त्येतादृशम॥ *पद्म पुराण*, पातल खण्ड, 1/12, 14

का वर्णन है। कुम्भकर्ण का वध रावण वध के पश्चात् किया गया है। राम द्वारा सम्बूक के वध-प्रसंग की कथा भी मिलती है।

ब्रह्माण्ड पुराण

उक्त पुराण के उत्तर खण्ड में अध्यात्म रामायण में वर्णित राम कथा का पूर्ण वर्णन है जो वाल्मीकि की कथा से साम्यता रखती है। इसी रामायण का अनुकरण प्रायः तुलसीदास ने किया है। इस ग्रन्थ की प्रतिष्ठा रामानन्द सम्प्रदाय में अधिक है। इसका आधार आनन्द रामायण और मराठी रामायण में भी मिलता है।

उक्त पुराणों के अतिरिक्त नृसिंह पुराण, विष्णु धर्मोत्तर पुराण, शिव महापुराण, देवीभागवत पुराण, भागवत मह पुराण, देवी पुराण, कालिका पुराण, सौर पुराण, और स्कंद पुराण में भी रामकथा व्याप्त है।

इनके अतिरिक्त अन्य रामायणों में भी रामकथा का समुचित वर्णन मिलता है। जिनका यहां संक्षिप्त रूप से वर्णन किया जा रहा है:

योगवाशिष्ठ

इसमें राम और वशिष्ठ का सम्वाद है। राम को वशिष्ठ द्वारा मोक्ष प्राप्ति का एक बृह्द उपदेश है जिसे वाल्मीकि ने नेमि को सुनाया था। और इसमें राम जन्म के तीन कारण बताए गए हैं—सनद कुमार, भृगु, तथा देवशर्मा ब्राह्मण।[1]

योगवशिष्ठ में राम के 16 वर्ष की अवस्था में विरक्त होने का वर्णन है। इस ग्रन्थ के अंतिम प्रकरण में काक भुशडि के जन्म और सुमेरू पर्वत पर उनके निवास का भी वर्णन है। इसमें राम और काक भुशडि का कोई सम्बन्ध वर्णित नहीं है।[2]

अद्भुत रामायण

इस रामायण में वाल्मीकि और भारद्वाज का संवाद है इसमें राम जन्म के हेतु में नारद के शाप का वर्णन मिलता है। इसमें नारद द्वारा वाल्मीकि को शाप दिया गया है। उसके अनुसार सीता मन्दोदरी की पुत्री हुई।[3] देवी महात्म्य के अनुसार सीता देवी का रूप धारण कर पुष्कर निवासी सहस्त्र कन्ध रावण के वध का उल्लेख है। इस रामायण में 26 सर्ग और 25 हजार श्लोक हैं।

1. *योगवाशिष्ठ*, वैराग्य प्र.अ.।
2. *वही*, निर्वाण प्र.अ. 13-23
3. पंचविशंति साहस्रं रामायणीमदं भूवि। अद्भुत रा.प्र.सर्ग श्लोक 4, *वही* सर्ग-5, 7, सर्ग 17-27

भुशुण्डि रामायण

इस रामायण के मूल रामायण और आदि रामायण ये दो नाम और भी प्राप्त होते हैं। कहा जाता है कि इसकी हस्त लिपि श्रवण कुंज अयोध्या में लक्ष्मण किला में सुरक्षित है। उसमें पूर्व, दक्षिण, पश्चिम, और उत्तर चार खण्ड हैं।[1] इसमें भरत अत्रि सम्वाद भुशुण्डि द्वारा शाण्डिल्य को सुनाया गया है। इसके कथानक के विषय में कहा गया है कि रावण द्वारा भेजे गये राक्षस बाल्यावस्था में ही राम को मारने का प्रयत्न करते रहे हैं। परन्तु वे स्वयं ही मारे जाते थे। सीता के अतिरिक्त सहजा सखी का राम की पत्नी के रूप में उल्लेख है।

मन्त्र रामायण

बुल्के ने मन्त्र रामायण की भी चर्चा की है, उसमें रामायण के वेद मूलकत्व का प्रतिपादन किया गया है।

वेद वेद्ये परेपुंसि जाते दशरथात्मजे।

वेदः प्राचेत सदासीत् साक्षाद्रारामायणात्मना॥

यह लव-कुश द्वारा विहित मंगलाचरण का श्लोक है जो कि पाठकों की परम्परा में प्रचलित है।

महाभारत के विश्रुत टीकाकार नील कण्ठ (17वीं श.) ने ऋग्वेद के मन्त्रों का संग्रह करके अपनी नई टीका में उनका राम परक तात्पर्य प्रदर्शित किया है।[2]

बाल रामायण

राज शेखर द्वारा रचित बाल रामायण का स्रोत वाल्मीकि रामायण है। कथा में वर्णित यत्र-तत्र कवि ने परिवर्तन भी किया है। कथा का प्रारम्भ विश्वामित्र द्वारा यज्ञ रक्षार्थ राम लक्ष्मण प्रसंग से होता है। रावणवधोपरान्त राज्याभिषेक तथा कुबेर को पुष्पक विमान देने के पश्चात् भरत वाक्य के साथ नाटक की समाप्ति है। इसमें दस अंक हैं। अंतिम अंक का नाम राघवानन्द है।

इस काव्य में राक्षसों, वानरों, पशु-पक्षियो, देवताओं, एवं ऋषियों से और मनुष्यों से सम्मिलित 67 पात्र हैं।

---

1. *रामायण मीमांसा*, स्वामी करपात्री, पृष्ठ 304.
2. *संस्कृत साहित्य का इतिहास*, बलदेव उपाध्याय, पृ. 50.

सुगम रामायण

इस काव्य के प्रणेता रमेशचन्द्र शुक्ल है। इस रामायण में 14 सर्ग हैं। राम काव्य परम्परा में यह अभिनव काव्य है। रामगुणानुवाद से राज्याभिषेक पर्यन्त कथा वर्णित है।

आनन्द रामायण

यह रामायण विशालकाय महाकाव्य है। इस महाकाव्य में 12,252 श्लोक हैं। शिव-पार्वती का सम्वाद है। द्वितीय काण्ड के तीसरे सर्ग से रामदास और विष्णुदास का उपसम्वाद भी है। इसमें 9 काण्ड हैं।

उक्त काव्य की रामकथा में निम्नलिखित विशेषताएं हैं। जैसे-दशरथ-कौशल्या विवाह के अन्तर्गत रावण द्वारा कौशल्या हरण, देवदानव युद्ध में कैकयी वर प्राप्ति कथा, श्रवण वध, दशरथ यज्ञ, कैकेयी के पायस का एक काक द्वारा चुराया जाना और उसे अंजनी पर्वत पर फैंका जाना आदि वर्णन प्राप्त होता है।

इसके बाद राम जन्म से प्रारम्भ करके वाल्मीकीय रामायण के उत्तर काण्ड के प्रथम 40 सर्गो तक की रामकथा का वर्णन है। सीता स्वयंवर में रावण की उपस्थिति, सीता का जन्म कथा, वृन्दा शाप एवं कलहा धर्मदत्त का कैकेई और दशरथ के रूप में अवतार वर्णन है। यात्रा काण्ड में राम की विविध तीर्थों की यात्रा का वर्णन है। प्रथम सर्ग मे वाल्मीकि द्वारा कविता का प्रादुर्भाव तथा ब्रह्मा द्वारा रामकथा लिखने का आग्रह है।

यात्रा काण्ड तृतीय सर्ग से नवीन कथाएं वर्णित की गई हैं जिनका वर्णन आगे किया जाएगा।

महाकाव्य

रघुवंश महाकाव्य

कालिदास के इस महाकाव्य में 19 सर्ग है। 9 सर्ग से 15 सर्ग तक समस्त रामकथा वर्णित की गयी है।

यह रामकथा वाल्मीकि रामायण पर आधारित हैं, दशरथ पुत्रेस्टि यज्ञ से लेकर राम स्वर्गारोहण तक का वर्णन मिलता हैं इसकी मुख्य विशेषताएं ये हैः-

1. मुनि पुत्र वध।
2. अयोनिजा सीता के अलौकिक जन्म की कथा।

3. काक जयन्त वृतान्त भरत के चित्रकूट से चले जाने के बाद किया गया है, जबकि वाल्मीकि ने भरत के आने से पहले किया है। समस्त कथा वाल्मीकि से भिन्न नहीं है।

रावण वध

इस महाकाव्य की रचना प्रबरसेन द्वारा की गयी है। इसमें 15 सर्ग हैं। कथानक की दृष्टि से मुख्य विशेषताएं निम्नलिखित हैं—

1. वाल्मीकि कृत युद्ध काण्ड को अलंकार शैली में वर्णन किया गया है।
2. सेतु बन्ध के समय मछलियों द्वारा सेतु को नष्ट करने का उल्लेख है।
3. ''कामिनी केली'' नामक 10वें सर्ग में राक्षसियों का संभोग प्रसंग मिलता है।

भट्टि काव्य

महाकवि भट्टि द्वारा रचित इस काव्य में राम जन्म से राज्याभिषेक तक की कथा का वर्णन है। उक्त महाकाव्य में 22 सर्ग हैं तथा व्याकरण के नियमों के निरूपण के साथ रामकथा का वर्णन है। इसमें वाल्मीकि रामायण के प्रथम 6 काण्डों की कथावस्तु का वर्णन किञ्चित् परिवर्तन के साथ किया गया है जिनका उल्लेख इस प्रकार है—

1. दशरथ को शैव कहा गया है।[1]
2. पुत्रेष्टि यज्ञ में अग्नि देव प्रकट नहीं होते अपितु, तीनों रानियाँ हुतोच्छिष्ट खाती हैं।[2]
3. राम को बला एवं अति बला विद्या प्राप्त हुई थी, परन्तु इस काव्य में जया और विजया का नाम मिलता है।[3]
4. इस काव्य में राम और सीता के विवाह का वर्णन है, अन्य भाईयों का नहीं।[4]
5. खर व दूषण से राम और लक्ष्मण दोनों युद्ध करते हैं, किन्तु अन्य काव्यों में केवल राम ही करते हैं।[5]

---

1. *भट्टी काव्य*, सर्ग 1 से 3.
2. *वही* सर्ग 1 श्लोक 13.
3. *वही* सर्ग 2 श्लोक 11.
4. *वही* सर्ग 2/43.
5. *वही* सर्ग 3/33.

6. राक्षसियों का संभोग वर्णन।
7. इस काव्य में ब्रह्मा के स्थान पर, शिव राम को नारायणतत्व का स्मरण दिलाते हैं।[1]

रामायण मञ्जरी

यह महाकाव्य आचार्य क्षेमेन्द्र द्वारा रचित है। इसमें सात काण्ड हैं। प्रत्येक काण्ड के अन्त में कवि ने अपने नाम का उल्लेख किया है। इसमें वाल्मीकि नारद सम्वाद से राम स्वर्गारोहण पर्यन्त कथा का समावेश हैं। कवि ने मूल कथा में कतिपय परिवर्तन भी किए हैं। नल कूवर शाप, उर्वशी शाप और सेतोपाख्यानादि प्रमुख हैं सम्पूर्ण काव्य में 5,386 श्लोक हैं।

दशावतारचरित

यह काव्य भी क्षेमेन्द्र ने लिखा है। इसमें विष्णु के दस अवतारों का सरस और रोचक वर्णन मिलता है। रामावतार का वर्णन सप्तम सर्ग में किया है।[2] इसमें रावण जन्म से राम स्वर्गारोहण तक समस्त रामकथा को एक नवीन रूप में प्रस्तुत किया गया है। सीता को लक्ष्मी अवतार तथा पद्मजा सीता को रावण की पुत्री स्वरूप ग्रहण करने की कथा दी गयी है।[3]

रामचरित

अभिनन्द कृत यह महाकाव्य छत्तीस अध्याय में वर्णित है। अन्त में चार-चार अध्यायों के दो पूरक परिशिष्ट भी दिए गए हैं जिनमें अपूर्ण कथानक को पूर्ण करने का प्रयास किया गया है। मूल ग्रन्थ का आरम्भ प्रश्रवण पर्वत पर राम और लक्ष्मण के वर्षा प्रवास से किया गया और इसका अवसान कुम्भ निकुम्भ वध के साथ होता है। प्रथम परिशिष्ट में मेघनाथ वध से सीता के शुद्धि का कथानक हैं और द्वितीय परशिष्ट में मकराक्ष वध से लेकर राज्याभिषेक तक निबद्ध किया है। इस काव्य में रावण की विलासता का भी बड़े विस्तार से वर्णन मिलता है।

जानकी हरण

जानकी हरण का समय 800 ईस्वी के समय का माना जाता है।[4] इस महाकाव्य को कुमारदास ने लिखा है। इसमें 25 सर्गों के होने का उल्लेख मिलता

---

1. *वही* सर्ग 11.
2. *दशावतार :* सप्तम सर्ग।
3. *वही*, छन्द 70-104.
4. *जानकी हरण*, सर्ग 3.

है। किन्तु, उनमें से केवल 10 सर्ग उपलब्ध हैं। इस काव्य का कथानक वाल्मीकि रामायण के प्रथम 6 काण्डों पर आधारित है अर्थात् अयोध्या वर्णन से जानकी हरण तक का ही वर्णन किया गया है, जैसा कि इसके नाम से स्पष्ट है। इसमें श्रृंगारात्मक वर्णनों को पर्याप्त स्थान दिया गया है, जो इसकी मुख्य विशेषता है। दशरथ और उसकी पत्नियों के विहार और जल क्रीड़ा आदि का वर्णन है।[1] राम तथा सीता के पूर्वानुराग का वर्णन और मिथिला में विवाह के पश्चात् राम-सीता का संभोग प्रसंग इत्यादि प्रमुख हैं।[2]

उदार राघव

इस महाकाव्य की रचना चौदहवीं सदी ई. के मध्य में शाकमल्ल नामक कवि द्वारा हुई थी।[3] इस महाकाव्य के 18 सर्गों में से केवल 9 सर्ग ही प्रकाशित रूप में प्राप्त होते हैं जिनमें राम जन्म से लेकर शूर्पणखा विरूपण तक की कथा है। समस्त कथानक वाल्मीकि रामायण पर आधारित है। मुख्य रूप से राम के अवतार सन्बन्धी कथानक में परिवर्तन किया है, इसमें राम को विष्णु का पूर्ण अवतार माना गया है तथा लक्ष्मण, भरत, शत्रुघ्न को क्रमशः शेष, सुदर्शन और शंख का अवतार माना गया है। इस काव्य में भी श्रृंगारस का वर्णन मिलता है मिथिला की स्त्रियों का वर्णन, वनवास में वन विलास, सूर्पणखा का वृतान्त आदि शृंगारस से परिपूर्ण है।[4]

नाटक

रामकथा परक महाकाव्य की परम्परा में श्रव्य और दृश्य दोनों विधाओं का महत्त्वपूर्ण योगदान है।

भारतीय नाटककारों ने इस कथा का वर्णन अपने-अपने ढंग एवं लक्ष्य के अनुरूप किया है। नाटकीय शैली का समावेश होने के कारण इस रामकथा में अनेक परिवर्तन और परिवर्धन हुए है। रामकथा सम्बद्ध संस्कृत नाटकों की एक सुदीर्घ परम्परा है। मुख्य रूप से रामकथा परक नाटकों का यहां उल्लेख किया जा रहा है। जो कि राम कथा परक संस्कृत महाकाव्य परम्परा में अभिन्न है।

---

1. *वही*, सर्ग 7-8.
2. *रामकथा*, डॉ. बुल्के पृ. 185.
3. *वही*, पृ. 182.
4. *उदार राघव*, सर्ग 3, 9 से 33.

प्रतिमा नाटक एवं अभिषेक नाटक

उक्त दोनों नाटक महाकवि भास द्वारा रचित है। दोनों ही नाटक राम कथा पर आधारित है। प्रतिमा नाटक 7 अंकों में लिखा गया है। इसमें राम वनवास से लेकर अयोध्या आगमन तक की घटनाओं का वर्णन है।

प्रथम अंक में राम को वनवास दिये जाने की कथा वर्णित है। इसकी मुख्य विशेषता यह है कि शत्रुघ्न की अयोध्या में उपस्थिति।

द्वितीय अंक मे दशरथ मरण तथा उनके द्वारा अपने पूर्वजों के दर्शन वर्णित हैं।

तृतीय अंक में भरत के प्रत्यागमन तथा प्रतिमा गृह में मृत राजाओं की मूर्तियों को देख कर दशरथ की मृत्यु का परिज्ञान होता है।

चतुर्थ अंक अंक में भरत की चित्रकूट यात्रा।

पंचम अंक में सीता हरण का एक नवीन रूप प्रस्तुत किया गया है। जिसमें दशरथ के वार्षिक श्राद्ध के एक दिन पूर्व राम और सीता उसी सम्बन्ध में विचार करते हैं। उसी समय रावण सन्यासी का रूप धारण कर आता है। और भिन्न-भिन्न शास्त्रों का वर्णन करता है।

''प्राचेतस श्राद्ध कल्प'' के आधार पर हिमालय के ''काञ्चन पार्श्व मृग'' से श्राद्ध करने के लिए राम को परामर्श देता है। उसी समय मारीच वैसा ही मृग बनकर सामने आता है। उस समय लक्ष्मण आश्रम से कुलपति का स्वागत करने गये थे। अतः रावण के संकेत से राम स्वयं मृग के पीछे जाते हैं तब रावण छद्म रूप धारण कर सीता का हरण करता हैं।[1]

षष्ठ अंक में भरत सुमन्त्र से सीता हरण का समाचार सुनकर कैकेई की निन्दा करते हुए सेना को संचालन की आज्ञा देते हैं।

सप्तम अंक में रावण का वध करके राम जन स्थान के आश्रम में गए हुए भरत आदि से मिलते हैं और उसी स्थान में राम का राज्याभिषेक कर दिया जाता है। इसके बाद पुष्पक विमान से सभी लोग अयोध्या लौट जाते हैं।

अभिषेक नाटक

महाकवि भास द्वारा रचित यह नाटक छः अंकों में बालि वध से राज्याभिषेक पर्यन्त कथानक को वर्णित करता है। इसकी मुख्य विशेषता यह है कि सेतु बन्ध

1. *प्रतिमा नाटक*, सर्ग 53

के स्थान पर समुद्र विभक्त हो जाता है और सेना समुद्र तल मार्ग से पार करती है।[1] राम तथा लक्ष्मण दोनों माया शीष सीता को दिखाये जाते हैं। अग्नि परीक्षा के समय सीता के लक्ष्मी होने का रहस्योद्घाटन स्वयं अग्नि देव करते हैं। प्रतिमा नाटक में राम को मनुष्य के रूप में वर्णित किया गया है, और इस नाटक में विष्णु के रूप का वर्णन मिलता है।

उत्तर रामचरित

भवभूति द्वारा रचित इस नाटक की कथा वस्तुत: अधिकांश रूप में वाल्मीकि रामयण के उत्तर काण्ड के अनुसार वर्णित है। सीता वनवास, वन में लव-कुश का जन्म, शम्बूक-वध, आदि मूलतः रामायण के अनुसार ही हैं। पुनश्च: लक्ष्मण का लौट आना प्रसवपीड़ से व्याकुल होकर सीता का गंगा में कूदना, गंगा में ही लव-कुश का जन्म होना, पृथ्वी और गंगा द्वारा पुत्र सहित सीता को रसातल में ले जाकर उनका पोषण करना, कुछ बड़े होकर वाल्मीकि को सौंपना इत्यादि अंश कल्पान्तरीय कथा हो सकती है। जो कि भवभूति के ग्रन्थ में नवीनता की द्योतक है। राम की सेना से कुश-लव का युद्ध वर्णित है, जो पद्मपुराण के पाताल खण्ड में विस्तारपूर्वक वर्णित है। इसमें वाल्मीकि के नाटक का अभिनय वर्णन है। इसके अतिरिक्त अन्य सम्पूर्ण कथा पद्मपुराण तथा जैमिनीयाश्वमेध का ही संक्षिप्त रूप है।

महावीर चरित

इस नाटक में 7 अंक हैं। इसमें कवि ने राम-लक्ष्मण के साथ विश्वामित्र जब अपने आश्रम को प्रस्थान करते हैं, इस प्रसंग से कथा प्रारम्भ करके रावण वध पर्यन्त वर्णन किया गया है इस नाटक को भी भवभूति ने लिखा है।

उदात्त राघव

यह नाटक आठवीं शदी का है।[2] इसमें सीता हरण का वृत्तान्त नवीन ढंग से प्रस्तुत किया गया है। राक्षसों द्वारा रामपक्ष द्वारा वानरों का स्वरूप धारण करके अनेक प्रकार से वञ्चना करने का प्रयास भी वर्णित है। एक राक्षस हनुमान का रूप धारण करके सुग्रीव को रावण द्वारा सीता वध का समाचार देता है। इसमें सुग्रीव चिता मे प्रवेश करना चाहते हैं। वास्तविक हनुमान के पहुंचने पर समाधान

1. *अभिषेक नाटक*, सर्ग 4
2. *रामकथा*, डॉ. बुल्के, अनुच्छेद 230.

होता है। अंतिम अंक में एक राक्षस वशिष्ठ का शिष्य बनकर लक्ष्मण के युद्ध में मारे जाने का संदेश भरत को देता है। इस प्रकार अनेक विधि से राम पक्ष को वह स्वरूप बनाकर संदेश देते हैं।

बालरामायण—राजशेखर कृत बाल रामायण की रचना करीब दसवीं सदी ई. में हुई थी।[1] उसकी कथावस्तु रामायण के सीता स्वयंवर से राज्य-अभिषेक पर्यन्त है।[2] इस काव्य के अनुसार मिथला में ही परशुराम मिलते हैं किन्तु लक्ष्मण ही धनुष की प्रत्यन्चा चढ़ाते हैं और दशरथ तथा कैकेयी की अनुस्थिति पाकर मायामय सूर्पणखा तथा एक परिचायिका कैकेयी और मन्थरा का रूप धारण कर राम को निर्वासित करने में सफल होती हैं।

हनुमान्नाटक—डॉ. बुल्के के अनुसार इस नाटक की प्रथम रचना दसवीं शदी ई. में हुई। परन्तु, चौदहवीं शदी तक इसमें प्रक्षेप जुड़ते गए फलस्वरूप इसमें भिन्न पाठ मिलता है।[3] दामोदर मिश्र अथवा बंगला के मधुसूदन का पाठ प्रचलित है। दामोदर मिश्र की पाठ रचना के अत्याधिक निकट और प्राचीन है। वस्तुतः प्रसिद्धि तो ऐसी है कि यह नाटक हनुमान के द्वारा रचित है। कहा जाता है कि हनुमान ने स्वयं राम के साथ रहकर ही बहुत से वृत्तान्तों को प्रत्यक्ष देखा और सुना था। परन्तु, किसी भी महर्षि ने हनुमान की इस राम कथा पर अपनी सहमति नही दी। राम के ही सम्मुख रखने को कहा। राम के सामने आने पर, राम ने उनकी प्रशंसा तो की। पुनश्चः राम चरित्र के सम्बन्ध में वाल्मीकि रामायण को ही सर्वाधिक प्रामाणिक बताया।

कुन्द माला—इसकी कथावस्तु उत्तर रामचरित से मिलती जुलती है। चतुर्थांक में कहा गया है कि वाल्मीकि ने अपने तपोबल से आश्रम की स्त्रियों को अदृश्य होने का वरदान दे दिया था। अतः सीता अदृश्य रहकर राम से मिलती रही। अन्तिम अंक में कुश और लव रामायण का गान करते हैं। सभी लोग रामायण सुनकर प्रभावित होते हैं तथा राम उनसे माता पिता के सम्बन्ध में पूछते हैं तो कुश वनदेवी को अपनी माता बतलाते हैं और पिता के सम्बन्ध में अपनी जानकारी का अभाव बताते हैं। परन्तु लव कहते है कि मुझे मालूम है कि हमारे पिता का नाम ''निरनुकोश'' है क्योंकि हमारी माता ने क्रोधित होकर एकदा ''निरनुकोशतनयौ'' कहा था।

---

1. *वही*, अनु. 239.
2. *वही*।
3. *वही*, अनु. 234.

सभा में सीता द्वारा शपथ लेने पर ही पृथ्वी का प्राकट्य होता है तथा वह सीता की निर्दोषता का साक्ष्य देती है। तदनन्तर सीता को राम स्वीकारते है। पृथ्वी अन्तर्ध्यान हो जाती है। यह कथा भी पद्म पुराण के अनुसार है।

अनर्घराघव—मुरारि मिश्र कृत अनर्घराघव की रचना 900 ई. को मानी जाती है। रामकथा परक महाकाव्यों की परम्परा में एक कड़ी इन्होंने भी जोड़ी है। इस काव्य में सात अंकों में विश्वामित्र के आगमन से प्रारम्भ करके राज्याभिषेक तक का वृत्तान्त वर्णित किया गया है। इस काव्य के तृतीय अंक में रावण अपने दूत शौष्कल को मिथिला भेजकर सीता की मांग करता है।

भवभूति कृत महावीर चरित्र में भी रावण का दूत विश्वामित्र के आश्रम में जाकर रावण की ओर से सीता की मांग करता है।

प्रसन्न राघव—कवि जयदेव ने अपने काव्य (नाटक) प्रसन्न राघव में सात अंकों में कथा वर्णित की है।

इस नाटक की कोमल कान्त प्रसादमयी पदावली में स्पष्ट है कि ''प्रसन्न राघव'' नाम सत्यार्थ ही है।

इनका समय विद्वानों ने तेरहवीं शताब्दी माना है। अपने नाटक की कथा में जयदेव ने सीता स्वयंवर से प्रारम्भ करके रावण वधोपरान्त राम के प्रत्यागमन पर्यन्त वर्णित की है। नाटक के अध्ययन से स्पष्ट होता है, कि प्रसन्न राघव में नाटकीय तत्त्वों की न्यूनता है और कवित्व की अधिकता है।

रामायणीय कथा में यत्र-तत्र परिवर्तन करके कवि ने अपने काव्य की रचना की है। सरल, सुकोमल, सरस और प्रवाहमयी पदावली इनकी विशेषता है तथा प्रसाद गुण से युक्त एवं लालित्य से परिपूर्ण है। द्वितीय अंक में वाटिका वर्णन कवि की अपनी सूझ है तथा उसकी कल्पना की अभिव्यक्ति अत्यन्त ही सुन्दर है। गोस्वामी तुलसीदास जी के रामचरित मानस में प्रसन्न राघव की छाया स्पष्ट झलकती है। अधिकांश चौपाइयों में प्रसन्न राघव की कल्पना का प्राचुर्य है। कहीं-कहीं पर तुलसी ने जयदेव के यथावत् श्लोक भी उद्धृत किये हैं।

चन्द्रहासअरू मम परितापं, रघुपति विरह अनल सज्जातम्।। इत्यादि हैं।

रामलिंगामृत—इसकी रचना काशी निवासी अद्वैत नामक सन्यासी ने वाराणसी में की थी।[1] इसका कथानक राम जन्म से प्रारम्भ तथा राम विवाहोपरान्त

---

1. *राम कथा*, कामिल वुल्के, पृष्ठ 197.

अयोध्या आगमन पर्यन्त है। शेष इसमें 12 सर्ग हैं, परन्तु, आदि के 3 अप्राप्य हैं। शेष 9 सर्ग हैं। इन्द्रवज्रा छन्द का बाहुल्य है।

श्लेष काव्य

रामकथा के साथ-साथ अन्य कथाओं को भी एक ही काव्य में निवद्ध करने की चेष्टा ने अनेक श्लेष काव्यों को प्रस्तुत किया जिनमें राघव पाण्डवीय (प्रथम एवं द्वितीय) राघव नेषधीय रामचरित, राम चरित, राघवपाण्डवयादवीय आदि उल्लेखनीय हैं।

राघव पाण्डवीय (प्रथम)

इस काव्य को धनञ्जय ने लिखा है। इसमें 18 सर्ग हैं। रामायण और महाभारत के कथानक को श्लेष शैली में वर्णित किया गया है। इसमें अयोध्या वैभव से लेकर रामराज्य तक रामायण का कथानक तथा श्लेष से ही हस्तिनापुर वैभव से लेकर युधिष्ठिर राज्य तक महाभारत के कथानक का वर्णन किया गया है।

इस काव्य की निम्नलिखित विशेषताएं हैं—

सभी रानियां स्वाभाविक रूप से गर्भ धारण करती हैं।[1]

कैकेयी के एक वर का ही उल्लेख है। उसका भी विवरण नहीं दिया गया। इसमें सूर्पणखा द्वारा लक्ष्मण पर आक्रमण का वर्णन है तथा उसके नाक कान काटने का उल्लेख नहीं है और बालिवध के प्रसंग में सुग्रीव राम को अपनी कन्या कल्याणी देता है। समुद्र तट पर वानरों का विहार, जलक्रीड़ा आदि का वर्णन किया गया है।[2]

इस प्रकार कथानक की दृष्टि से उक्त विशेषताएं हैं। राम काव्य धारा में यह काव्य भी अभिन्न माना जाता है।

राघव पाण्डवीय (द्वितीय)

इस काव्य के कवि माधव भट्ट है। उक्त काव्य में भी रामायण और महाभारत की श्लिष्ट पदों में कथा का वर्णन है। इसमें 13 सर्ग हैं। ''दशरथ मृगया वर्णन'' से रामाभिषेक तक की कथा का वर्णन है। कथानक की दृष्टि से कोई भिन्नता नहीं है।

---

1. *राघव पाण्डवीय*, 3/3.
2. *वही*, 3/34, 5/30, 9/52 और 15/12-32.

राघव नैषधीय

हरदत्त सूरि ने इस काव्य को लिखा था। राम और नल के चरित्र को श्लेष द्वारा वर्णित किया गया है। उक्त काव्य में राम जन्म से राम स्वर्गारोहण तक की कथा का वर्णन है। कथानक की दृष्टि से इसकी निम्नलिखित विशेषता है—

राम यौवन राज्य के पूर्व नारद आगमन का वर्णन है जो आनन्द रामायण से साम्य रखता है।[1] एक ही श्लोक में रावण कुम्भकर्ण और मेघनाद आदि का वध वर्णित है। अन्तिम सात श्लोकों में सीतापवाद से लेकर राम स्वर्गारोहण का संक्षिप्त वर्णन है।[2]

विलोम काव्य

विलोम पद्धति के काव्यों में अक्षरों को साधारण क्रम से पढ़ने से एक ही अर्थ निकलता है तथा उलटे क्रम से (अर्थात् दाई ओर से बाई ओर) पढ़ने पर दूसरा अर्थ निकलता है। ऐसे काव्यों में कवि के कवित्व की पराकाष्ठा का परिज्ञान सहज ही लग जाता है। इस प्रकार के काव्यों में रामकृष्ण विलोम काव्य, यादव राघवीय, और राघवयादवीय प्रमुख रूप से वर्णनीय हैं।

रामकृष्ण विलोमकाव्य

इस काव्य में कुल 36 श्लोक हैं। इसकी रचना सूर्य कवि द्वारा की गयी है तथा इसकी टीका भी स्वयं कवि ने की है। इसमें रामचरित एवं कृष्ण चरित वर्णन है। श्लोक को पढ़ने से राम का अर्थ निलकता है तथा उसी पद को उल्टा पढ़ने से कृष्ण का अर्थ निकलता है। इसमें विश्वामित्र द्वारा राम लक्ष्मण याचना से रावण वध पर्यन्त कथा वर्णित है।

यादव राघवीय

इस काव्य को वेंकटाध्वरि ने लिखा है। इसमें 300 श्लोक हैं तथा राम और कृष्ण का पूर्ववत् पद्धति से एक साथ वर्णन किया गया है। यह काव्य भी अभी तक अप्रकाशित है और इसकी हस्तलिपि चैन्नई (मद्रास) एवं तंजोर के पुस्तकालयों में हैं।[3]

---

1. *राघव नैषधीय*, 1/36-37.
2. *वही*, 1/108, 1/120-126.
3. *सं. साहि. का इति*, वल्देव उपाध्याय, पृ. 268.

राघव यादवीय

इस काव्य की कथा वस्तु यादव राघवीय के समान ही है। इसके लेखक एवं समय के विषय में कोई जानकारी नहीं है। यह विलोम काव्य भी अभी तक अप्रकाशित है। इसकी हस्तलिपि चैन्नई (मद्रास) तथा इण्डिया आफिस के पुस्तकालयों में है।[1]

चित्र काव्य

चित्र काव्यों में वर्ण विन्यास इस प्रकार किया जाता है कि जिससे किसी वस्तु का चित्र प्रस्तुत हो सके। डॉ. वुल्के ने अपने शोध प्रबन्ध रामकथा में रामलीला मृत और चित्र बन्ध रामायण इन दो चित्र काव्यों का उल्लेख किया है। रामलीला मृत के लेखक कृष्णमोहन हैं जिनका समय एवं स्थान अज्ञात है। 120 छन्दों के इस काव्य में विश्वामित्र के आगमन से रावण वध तक की रामकथा संक्षिप्त में वर्णित है। इसमें पद्मबन्ध, खड्गबन्ध, समबन्ध, गोमूत्रबन्ध, धनुर्बन्ध, और सोपानबन्ध आदि चित्रालंकारों का प्रदर्शन किया है।

खण्ड काव्य

सम्पूर्ण रामचरित का वर्णन करने की अपेक्षा उसके कुछ महत्त्वपूर्ण अंशों को ही प्रस्तुत करने के विचार से संस्कृत में अनेक खण्ड काव्य लिखे गये हैं। जिनका यहां उल्लेख किया जा रहा है—

श्री रामाभ्युदय

यह काव्य नुनन्दा चरण चक्र चूड़ामणि ने लिखा है। इसमें 19 सर्गो में अयोध्या वर्णन से राम विवाह तक का कथानक वर्णित है। इसमें कोई नवीनता नहीं है।

जानकी परिणय

यह खण्ड काव्य चक्र कवि द्वारा ही लिखा गया है। इसमें 8 सर्ग हैं और अयोध्या वर्णन से परशुराम की पराजय तक की कथा लिखी गयी है। कथानक की दृष्टि से इसमें कुछ विशेषताएं है। जैसे-राम लक्ष्मण को विश्वामित्र को देने के दशरथ की अस्वीकृति से विश्वामित्र के कोप से भूकम्प, जलधि, क्षोभ और अग्निवायु स्तम्भादि हो जाने का वर्णन है।[2] अहिल्योद्धार के प्रसंग में कवि अपनी अलंकारिक रुचि का परिचय देते हुए वर्णन करता है कि राम के चरणस्पर्श से अहिल्या

---

1. *रामकथा*, वल्के, पृ. 200.
2. *जानकी परिणय*, 3/58.

के अन्य अंगों के पत्थर रूप का परित्याग कर दिया है। ''स्तन'' पत्थर ही बने रहे।[1] राम सीता का विवाह के पश्चात् विलास का वर्णन किया गया है।[2]

श्री रामचरित

कोटिलिंग राजवंश के युवराज द्वारा यह खण्ड काव्य लिखा गया। इसमें 2 सर्ग है जिनमें विष्णु स्तुति से परशुराम पराजय तक का कथानक समाहित किया गया है। कथानक की दृष्टि से कोई उल्लेखनीय विशेषता नहीं है।

सीता स्वयंवर

इस खण्ड काव्य को हरिकृष्ण भट्ट ने लिखा है। 127 श्लोकों में सीता सौन्दर्य के वर्णन से राम विवाह तक के कथानक को वर्णित किया गया है। कथानक की दृष्टि से इसमें निम्न विशेषताएँ हैं—

आनन्द रामायण की तरह इसमें सीता स्वयंवर के समय रावण द्वारा धनुर्भंग का असफल प्रयास वर्णित किया गया है।[3] धनुर्भंग में राजाओं की असफलता देखकर जनक के क्षोभ का वर्णन है।

चापों न कृष्टः किं राजकस्य शर्वस्य सर्वस्य चवर्ग हरी।
केनापि नाटं किं न चाप्पचालि निर्वीरमुं वींतलमयजातम्॥
सीता स्वयंवर 1/66

सन्देश काव्य

कालिदास के मेघदूत के अनुकरण पर राम कथा सम्बन्धित भी अनेक सन्देश काव्य लिखे गये हैं। जिनमें हंसूदत, भ्रमरदूत और वातदूत आदि प्रमुख हैं।

हंसदूत

इस दूत काव्य के लेखक वेदान्त देशिक हैं। इसमें राम एक हंस द्वारा अपना संदेश सीता को भेजते हैं। लंका तक पहुंचने का मार्ग निर्देश भी करते हैं और सीता के विरहिणी-स्वरूप सौन्दर्य का ऐसा चित्रण करते हैं जिससे हंस अच्छी तरह से सीता को पहिचान सके।

---

1. *वही*, 5/67.
2. *वही*, 8/56-69.
3. *सीता स्वयंवर*, 1/69.

भ्रमरदूत

इस काव्य के लेखक रूद्र न्याय पन्चानन हैं। इस काव्य में भ्रमर को दूत बनाया गया है। जब हनुमान लंका से लौटते है, सीता संदेश और चूड़ा मणि राम को सौंपते हैं, तब राम विरहाग्नि से व्यथित होकर भ्रमर को दूत बनाकर सीता के पास अपना सन्देश प्रेषित करते हैं। भ्रमर द्वारा सरलता के लिए शोक मग्न सीता का यथार्थ वर्णन करते हुए उनकी करुण मूर्ति का एक सजीव चित्र सा प्रस्तुत करते हैं।[1]

वातदूत

इसके रचियता श्रीकृष्ण भट्टाचार्य न्याय पंज्चानन हैं। इसमें सीता वायु को अपना दूत बनाकर राम के पास भेजती है। वायु को सीता दूत कर्म में समर्थ बतलाती हैं क्योंकि उसकी सर्वव्यापकता ही इसमें कारण है—

सीता को विश्वास है कि दोनों का प्रेम कभी भंग नहीं हुआ। राम ने धनुर्भण किया, भार्गव-गर्व भंग किया, अपना अभिषेक भंग किया, परन्तु मेरे स्नेह को कभी भंग नहीं किया।[2]

इस प्रकार यह अत्यन्त सरस दूत काव्य है। इन दूत काव्यों के अतिरिक्त भी दूत काव्यों की रचना हुई जिनमें रामकथा को अनेक स्थलों में स्थान प्राप्त हुआ है।

रूपगोस्वामी के हंसदूत में भगवान के सभी अवतारों का वर्णन करते हुए एक ही श्लोक में राम और कृष्ण दोनों की स्थिति वर्णित की गई है।[3]

चम्पूकाव्य

संस्कृत साहित्य में चंपूकाव्य का अपना प्रमुख स्थान है। गद्य और पद्य से मिश्रित काव्य को चम्पू कहते हैं।[4]

---

1. *भ्रमर दूत*, 86-115.
2. भग्नश्चापस्त्रिपुर जयिनो भार्गवस्यापि गर्वो।
   भग्नो लोकोत्सव विधिरपि स्वीय राज्याभिषेकः।
   एते भग्नास्तदपि न कृतः किंकरी स्नेह भंग,
   स्तेनात्मानं कलयतिभवत्समर्यमाणं जनोऽयम्॥ *वात दूत*, उत्तरः 71.
3. *हंसदूत*, 134.
4. गद्य पद्य मय काव्यं चम्पूरित्यवधीयते। *साहिद*, 10.

चम्पू काव्यों की निर्माण परम्परा का अनुवर्तन प्रथम शताब्दि के पहले ही हो चुका था।[1] सर्वप्रथम नल चम्पू का ही निर्माण हुआ था। इन चम्पु काव्यों का वर्णन क्षेत्र बहुत व्यापक है। रामायण को आधार बनाकर रामकथा परक 75 चम्पू काव्य उपलब्ध होते हैं।[2] चम्पू काव्य तीन प्रकार के हैं—

(क) जिनमें सम्पूर्ण रामकथा संक्षिप्त रूप से वर्णित है।

(ख) जिनमें किसी काण्ड विशेष की कथा को आधार बनाया गया है।

(ग) जिनमें राम के अतिरिक्त रामायण के अन्य प्रमुख पात्रों का चरित्र प्रस्तुत किया गया है।

प्रथम प्रकार के चम्पू काव्यों में रामायण चम्पू (उक्त नाम) के तीन चम्पू मिलते है। अभिनव रामायण चम्पू, रामचन्द्र चम्पू, इत्यादि प्रमुख हैं। द्वितीय प्रकार के चम्पू काव्य। युद्ध काण्ड पर आश्रित भोज के रामायण चम्पू की पूर्ति करने वाले लक्ष्मण कवि के युद्ध काण्ड के उपरान्त लिखे गये है।

नल चम्पू

यह चम्पू त्रिविक्रम भट्ट द्वारा लिखित तथा चम्पू काव्यों में प्रथम एवं साहित्यक सौष्ठव दृष्टि से एक महत्त्वपूर्ण कृति है। नल चम्पू की कथा का मूल स्रोत महाभारतीय नलोपाख्यान है। सात उच्छ्वासों में कथा का वर्णन है। इसमें रमणीय एवं प्रसाद गुण सम्पन्न श्लेष की प्रचुरता है।

रामायण चम्पू

रामायण चम्पू काव्य के रचयिता राजा भोज हैं। इसमें रामायण की विशाल कथा को आधार बनाकर वस्तु समविधान किया गया है। इसमें कुल छः काण्ड हैं। प्रारम्भिक पाँच काण्डों की रचना भोज ने की है। अन्तिम युद्ध काण्ड लक्ष्मण सूरी द्वारा निर्मित है। कथावस्तु के अर्थ ग्रहण में भोज ने पूर्णतः वाल्मीकि रामायण का पदाअनुसरण किया है। वाल्मीकि रामायण की कथावस्तु में भोज ने की कोई परिवर्तन नहीं किया है और न ही पात्रों के चरित्र में।

अमोध राघव चम्पू

इस चम्पू के निर्माता दिवाकर हैं यह चम्पू भी वाल्मीकि रामायण पर आधारित है। इस काव्य की रचना शक (2) (1299 ई.) हुई थी।[3]

1. *संस्कृत साहित्य इतिहास*, वाचस्पति गैरोला, पृ. 780.
2. *च.रा.साहि.* परि. भूमिका, पृ. 20 (करुणा श्रीवास्तव)।
3. *चम्पू. आलोच्य*, अध्ययन छबिनाथ, पृष्ठ 123.

रामकथा को आधार बनाकर अनेक चम्पू काव्यों का निर्माण हुआ परन्तु रामायण के उत्तर काण्ड को अधिकांश कवियों ने अपना वर्ण्य-विषय बनाया है। राम काव्य परम्परा में इन चम्पू काव्यों का भी विशिष्ठ स्थान है।

रामकथा इस प्रकार महाकाव्य, काव्य, नाटक, श्लेष-काव्य, खण्ड काव्य, विलोम काव्य, और चम्पू काव्य में सर्वत्र व्याप्त है। पूर्व वर्णनानुसार सभी काव्यों में रामकथा सर्वत्र व्याप्त है। जनमानस में रामकथा इतनी ग्राह्य हो गयी है कि संस्कृत साहित्य के अतिरिक्त भी अन्य भारतीय भाषाओं में पूर्ण निबद्ध है। विभिन्न सम्प्रदायों में भी रामकथा आज भी अपना विशिष्ठ स्थान बनाए हैं। यह कथा आनन्दानुभूति के साथ ही साथ सर्व जन-जीवन में हृद्यंवन बन गयी है।

पाश्चात्य समालोचकों ने इसे अर्वाचीन माना है। परन्तु, भारतीय जन-मानस में राम सर्वमतानुसार पूर्ववर्ती सिद्ध हुए हैं।

अत: रामकथा परक संस्कृत महाकाव्य परम्परा वाल्मीकि से नि:सृत होकर अद्यावधि पर्यन्त अवाध गति से प्रवाहमान हो रही है। समस्त संस्कृत वांङ्मय में इसकी व्यापकता ही इसका प्रत्यक्ष प्रमाण है।

आनन्द रामायण में विविध प्रक्षिप्तांश एवं वस्तु तत्त्व

यहां विशेष रूप से आनन्द रामायण के विविध प्रक्षिप्तांश एवं वस्तुतत्त्व का विवेचन किया गया है। आनन्द रामायण का कथानक अन्य रामायणों से भिन्न है, क्योंकि आनन्द रामायण में राम के राज्य जीवन का अधिकांश वर्णन किया गया है।

वाल्मीकि कृत रामकथा को आनन्द रामायण के रचयिता ने संक्षिप्त में सार काण्ड में ही वर्णित कर दिया है। तदुपंरान्त रामायण निर्माण एवं राम के शेष जीवन का वर्णन किया है। वाल्मीकि के उत्तर काण्ड की कथावस्तु को आनन्द रामायण में बहुधा परिवर्तन करके वर्णित किया गया है। सीता की पुन: प्राप्ति और राम के पुत्र-पौत्रादि के जन्म विवाहादि का भी सविस्तृत वर्णन किया गया है। मूल रूप से आनन्द रामायण की कथा वाल्मीकि की रामायण पर आश्रित है तथापि कवि ने अनेकानेक अवान्तर कथाओं से मूल कथा की पुष्टि करने का सफल प्रयास किया है।

वाल्मीकि रामायण की कथा को पृथक करने पर आनन्द रामायण की आधिकारिक कथा कितनी है, इसका यहां उल्लेख किया गया है तथा आनन्द

रामायण में अनेक नवीन कथाओं का जो सम्मिश्रण किया गया है, उसका भी यहां उल्लेख किया गया है।

आनन्द रामायण में जिन नवीन कथाओं का वर्णन है, उनका काण्ड क्रम से यहां उल्लेख दृष्टव्य है—

सारकाण्ड

प्रथम सर्ग :

यह सर्ग सम्पूर्ण नवीन है।

1. रघुवंश की संक्षिप्त वंशावली।
2. रावण का ब्रह्मा से अपने मरण का हेतु पूछना, तथा कौशल्या का रावण द्वारा हरण कर तिमिंगल को सौंपना।
3. दशरथ का कौशल्या से गान्धर्व विवाह।
4. देव दानव युद्ध में राजा दशरथ की विजय में कैकेयी का योगदान।
5. दशरथ का अन्य रानियों से विवाह।
6. श्रवण कुमार वध।

द्वितीय सर्ग :

कोई नवीन सामग्री नहीं है। (अपितु राम जन्म एवं उनकी बाललीला का वर्णन है।)

तृतीय सर्ग :

इसमें भी कोई नवीन सामग्री नहीं है। (विश्वामित्र आगमन से परशुराम संवाद तक वर्णन है।)

चतुर्थसर्ग :

दीपावली के अवसर पर पुन: राजा जनक द्वारा दशरथ को बुलाना। राजा दशरथ का जनकपुर से लौटना तथा मार्ग में (सीता स्वयंवर में पराभूत) राजाओं द्वारा असफल आक्रमण। मुद्‌गल मुनि द्वारा वृन्दा वृतान्त राजा दशरथ को सुनाना।

पञ्चम् सर्ग :

1. धर्मदत्त कलहा वृतान्त
2. दशरथ का राम से ज्ञानोपदेश सुनना।

षष्ठम् सर्ग :

1. नारद द्वारा देवताओं का संदेश राम को सुनाना।

नवम् सर्ग :

1. इस सर्ग में हनुमान द्वारा रावण की दाढी मूंछ जलाना नवीन प्रसंग है।
2. लंका का प्राचीन इतिहास गजग्राह की कथा।
3. मुनि द्वारा हनुमान का गर्वापहार।

दशम सर्ग :

शिवजी द्वारा हनुमान को प्राचीन इतिहास सुनाना। विन्ध्य पर्वत की वृद्धि अगस्त्य द्वारा काशी त्याग से विन्ध्य कोश की शान्ति।

एकादश सर्गः

ऐरावण में रावण चरित एवं उनका वध।

यात्रा काण्ड

यात्रा काण्ड के तृतीय सर्ग से अधिकांश नवीन सामग्री मिलती हैं। जिसका यहां उल्लेख है।

सर्ग तृतीय :

पार्वती का शंकर जी से रामदास तथा विष्णुदास विषयक जानकारी प्राप्त करना। सीता तथा राम द्वारा गंगा यात्रा की तैयारी। प्रजा द्वारा उल्लास वर्णन।

चतुर्थ सर्ग :

रामचन्द्र का ज्योतिषी बुलाकर उत्तम मुहूर्त पूछना। रामचन्द्र का गंगा तट को प्रस्थान। यात्राकालीन उल्लास तथा राम का महर्षि मुद्गल का अपने नवीन आश्रम में ले जाना। लक्ष्मण द्वारा बाण से सरयू के दो भाग करना।

पंञ्चम् सर्ग :

सीता द्वारा गंगा पूजन। च्यवन मुनि का राम से अपने कष्टों को व्यक्त करना। राम द्वारा निवारण तथा कुम्भोदर उपाख्यान।

षष्ठम् सर्ग से **नवम् सर्ग** तक राम की भारतवर्षीय यात्रा का वर्णन।

याज्ञ काण्ड

इस काण्ड के 1 से 9 सर्ग तक अश्वमेध यज्ञ का वर्णन किया गया है। जो कि नवीन प्रतीत नहीं होता।

विलास काण्ड

प्रथम सर्ग	—	शिव कृत रामस्तवराज।
द्वितीय सर्ग	—	सीता के सौन्दर्य का राम द्वारा वर्णन।
तृतीय सर्ग	—	देह रामायण का राम द्वारा वर्णन।
चतुर्थ सर्ग	—	राम की दिनचर्या तथा सीता के अलंकारों का वर्णन।
पञ्चम् सर्ग	—	राम सीता जल विहार का वर्णन।
षष्ठम् सर्ग	—	राम सीता का शयन वर्णन। सीता द्वारा छत से विविध कौतुक देखना तथा ब्राह्मणी को मुद्रा दान करना।
सप्तम् सर्ग	—	राम के पास व्यास का आगमन तथा एक पत्नी व्रत की प्रशंसा तथा सोलह हजार सीता की स्वर्ण मूर्ति दान करने से देवांगनाएं प्राप्त करने का उपाय बताना।
अष्ठम् सर्ग	—	गुणवती एवं पिंगला वृतान्त।
नवम् सर्ग	—	राम कुरुक्षेत्र यात्रा।

जन्म काण्ड

प्रथम सर्ग	—	राम सीता का वनविहार।
द्वितीय सर्ग	—	सीता वनवास से पूर्ण जनक द्वारा वन में प्रबंध।
चतुर्थ सर्ग	—	कुश के जन्म के समय राम का विमान द्वारा वाल्मीकि आश्रम पहुंचना।
पञ्चम् सर्ग	—	राम रक्षा स्रोत्र।

षष्ठम् सर्ग से **नवम् सर्ग** तक नवीन सामग्री है।

विवाह काण्ड

सम्पूर्ण काण्ड में नवीन कथाओं की योजना है।

राज्य काण्ड

सर्ग 1 से 9 सर्ग तक की कथा भी नवीन है।

एकादश सर्ग—राम का मृगया वर्णन तथा चार स्त्रियों का उन पर मोहित होना। सर्ग 12 से 14 तक कवि कल्पित कथाएं हैं।

षोडष सर्ग—सर्ग 16 से 24 सर्ग तक।

मनोहर काण्ड

इस काण्ड में द्वितीय सर्ग से 18 सर्ग तक नवीन कथाएं मिलती है।

पूर्ण काण्ड

इस काण्ड में भी कवि ने विभिन्न नवीन कथाओं का वर्णन किया है। दृष्टव्य - सर्ग 1 से 9 तक।

उक्त वर्णनानुसार आनन्द रामायण की पूर्व लिखित सभी नवीन कथाओं का निराकरण करने पर वाल्मीकि रामायण से सम्बन्धित रामकथा अवान्तर कथाओं से परिपूर्ण कितनी रह जाती है। इसका यहां उल्लेख काण्ड क्रम से दिया गया है।

सार काण्ड—सार काण्ड के प्रथम सर्ग से, पुत्रेष्टि यज्ञ।

उक्त काण्ड के सर्ग द्वितीय से तृतीय तक (राम जन्म से परशुराम गर्व भंजन तक)

राम वन गमन से अगस्त्य ऋषि द्वारा रावण आदि चरित्र कथन तक (अर्थात्- षष्ठ सर्ग से त्रयोदश सर्ग तक) वाल्मीकीय कथा वस्तु है।

यात्रा काण्ड

इस काण्ड के प्रथम और द्वितीय सर्ग में जो महर्षि वाल्मीकि का चरित्र एवं उनके द्वारा रामायण निर्माण वर्णन है। वह भी प्राचीन है।

यात्रा काण्ड सर्ग 3 से पूर्ण काण्ड तक अधिकांश नवीन कथाएं वर्णित की गयी हैं। गृद्ध एवं उलूक की जो कथा है उसको समालोचक प्रक्षिप्त मानते हैं। अत: राम जन्म से सीता वनवास पर्यन्त कथा ही वास्तविक कथावस्तु है। अन्य कथाएं कवि ने विभिन्न पुराणों एवं काव्यों से तथा कल्पना करके लिखी हैं।

◆◆◆

द्वितीय अध्याय

तत्कालीन महर्षि, वानर, राक्षस और वन्य विविध जातियाँ

महर्षि

आनन्द रामायण में ऋषि मुनियों का महत्त्व उनके असाधारण ब्रह्मतेज के कारण तो है ही, साथ ही मुख्य नायक-राम के सहयोगी होने के कारण उनकी महत्ता द्विगुणित हो जाती है। वशिष्ठ, वाल्मीकि, भरद्वाज और अगस्त्य आदि कतिपय ऋषि राम को विभिन्न प्रकार के दुलर्भ दिव्यायुधों का दान कर उनकी प्रत्यक्षरूप से सहायता करते हैं।[1] इनके अतिरिक्त शतानन्द, कण्व, गौतम, अत्रि, शंख और सप्तर्षि आदि का प्रासंगिक महत्त्व है।

आनन्द रामायण में कुछ ऐसे ऋषियों का भी नामोल्लेख है जिनका चारित्रिक वर्णन उक्तकाव्य मे नहीं है। राम के अश्वमेध यज्ञ में कुछ ऐसे ही ऋषियों का आगमन होता है- यथा

विभाण्डको नारदश्च तुम्बुरूर्गालवोमुनिः।
शिव दासो भानुदासो हरिदासो महातपाः॥
शिववर्मारूद्रवर्मा शिवशर्मा मुनीश्वराः।
एक श्रंगश्चतुः श्रंगः सप्त श्रंगस्त्रिश्रृंगकः॥

आ. रामा. यागकाण्ड 2/28-40

अन्य महर्षियों का भी वर्णन उक्त काव्य में मिलता है।[2]

अगस्त्य ऋषि

ऋग्वेद में अगस्त्य की उत्पत्ति मित्रा वरुणो द्वारा कही गयी है। उर्वशी को देखकर मित्रा वरुणों का रेत, कमल पर स्खलित हुआ उससे अगस्त की उत्पत्ति

1. ददौ चापं महेन्द्रेण रामार्थंस्थापितं पुरा॥
अक्षय्यौवांणतुणीरौ खड्ग रत्नविभुषितम्॥ *आ.रामा.* सार.7/35-36
2. *आनन्द रामायण*, सारकाण्ड, 3/4-6

हुई।[1] इनसे सम्बन्धित पुराणों में विभिन्न कथाएं मिलती हैं। आनन्द रामायण में अगस्त्य का वर्णन अनेक स्थलों पर मिलता है। वनवासावधि के नव वर्ष व्यतीत होने पर राम अगस्त्य से मिले थे। राम को इन्होंने धनुषतूणीर प्रदत्त किये थे।[2] राज्याभिषेकोपरान्त राम ने इनसे रावणादि चरित्र सुना था।[3] अगस्त्य पत्नी लोपामुद्रा का सीता से शास्त्रार्थ हुआ था जिसमें सीता विजयी हुई थी।[4] अगस्त्य से सम्बन्धित अनेक प्रसिद्ध घटनाओं का संकेत उक्त काव्य मेंमिलता हैं। देवों की प्रार्थना पर अगस्त्य द्वारा विन्ध्याचल पर्वत को दबाने की घटना भी काव्य में मिलती है।[5] अतः काव्य में उक्त ऋषियों को ब्रह्मवेता, तपस्वी, ज्ञानी तथा पूज्य माना गया है।

अत्रि ऋषि

अत्रि एक सूक्त द्रष्टा ऋषि थे। ऋग्वेद में इनकी एक कथावृत्ति की गयी है। जिसमें इन्हें ताप होने के कारण अश्विनी कुमारों ने शान्त किया।[6] स्वायम्भुव मन्वन्तर में ब्रह्मदेव ने मानसपुत्रों की उत्पत्ति की थी। उसमें से एक अत्रि भी थे।[7] कर्दम प्रजापति की कन्या अनुसूया इनकी पत्नी थी। इनके तीन पुत्र थे, दत्त, दुर्वासा और सोम।[8] आनन्द रामायण में अत्रि एक तपोनिष्ठ ब्रह्मवेत्ता के रूप में चित्रित किये गये है। उनकी पत्नी अनुसूया ने सीता को विश्वकर्मा के बनाये हुए दो दिव्य कुण्डल, सूक्ष्मवस्त्र और अंगराग प्रदान किये थे।[9]

सुतीक्षण ऋषि

सुतीक्षण अगस्त्य के शिष्य थे,तथा ज्ञान और कर्म समुच्चय की शिक्षा भी इन्हीं से प्राप्त की थी।[10] रामकुण्ड पर दीर्घ कालीन तपस्या करके इन्होंने त्रैलोक्य

1. *ऋग्वेद* 7/3/13
2. *आनन्द रामायण*, सारकाण्ड 7/35-36
3. *वही*, सर्ग 13
4. इति सीता वचोभिः सा लोपामुद्रा जिता तदा॥ आ.रा.वि.काण्ड 9/27
5. विन्ध्य साधुरसि प्राज्ञोमांचजानासितत्वतः। *सारकाण्ड* 10/109 से 116
   पुनरागमन चेन्मे तावत्खर्वतरो भव॥
6. *ऋग्वेद*, 1/112/7
7. *वायु पु.* 1/9 एवं *मत्स्य पु.* 3/6-8, *भाग.पु.* 3/12/24
8. *भागवत पु.* 3/24/22
9. दिव्ये ददौ कुण्डले द्वे निमिते विश्वकर्मणा।
   अंगराग च सीतायै ददावत्रेस्तु सा प्रिया॥ *आ.रामा.* सार काण्ड 6/126-127
10. *योगवाशि.*

में इच्छानुसार विचरण करने का सामर्थ्य प्राप्त किया था।[1] काव्य में सुतीक्षण से राममिलन प्रसंग वर्णित है। यज्ञ में उक्त ऋषि के आगमन का भी वर्णन हैं।[2]

ऋष्यशृंग

उक्त ऋषि की उत्पत्ति, विभाण्डक के वीर्य को हरिणी के द्वारा पान करने से हुई थी। इसीलिए इनके मस्तिष्क पर ऋष्य मृगवत् शींग था।[3] दशरथ के पुत्रेष्टि यज्ञ में रोमपाद के माध्यम से इन्हें अध्वर्यु बनाया था।[4] आनन्द रामायण में भी दशरथ द्वारा यज्ञ कराने में उक्त ऋषि प्रमुख थे। दशरथ के मित्र रोमपाद ने अपनी कन्या शान्ता ऋष्य शृंग को ब्याह दी थी।[5]

च्यवन ऋषि

ऋग्वेद में उक्त ऋषि को ''च्यवान'' कहा गया है। सर्वप्रथम च्यवन को वेद में एक जरा क्रान्त व्यक्ति के रूप में बताया गया है। इन्हें अश्विनी कुमारों ने पुनः युवावस्था प्रदान की थी।[6] ब्राह्मण ग्रंथों में इन्हें दाधीच कहा है।[7] ये भृगु एवं पुलोमा के पुत्र थे। राजा शर्याति की पुत्री सुकन्या इनकी पत्नी थी।[8]

आनन्द रामायण में च्यवन ऋषि राम के दर्शनार्थ आए थे तथा मगधों से पीड़ित होने की कथा कहते थे। तब राम अपने बाण से उनके आश्रम के पास अलंघ्य खाई खोदते है। वही खाई राम रेखा नदी के रूप में परिणित हुई थी।[9]

दुर्वासा ऋषि

इनके जन्म की तीन भिन्न-भिन्न कथाएं पुराणों में मिलती हैं।[10]

---

1. *स्कन्द पु.* 3/1/18.
2. *आनन्द रामा.* सार काण्ड 7/21/23.
3. *महाभारत* वन पर्व 110.
4. *वाल्मी. रा.* बाल. 9/10.
5. *आनन्द रामायण*, सार काण्ड, 1/69-102.
6. *ऋग्वेद* 1/112/6, 10/117/13, *वही* 118/6 तथा 10/39/4.
7. *शतपथ ब्राह्मण* 4/1/5.
8. *महाभारत* आदि पु.4-6 और आदि प. 98.
9. च्यवनो मुनिवर्यस्तु ज्ञात्वारामं सभागतम्।
   दर्शनार्थ यर्यौशीघ्रं रामेणापिसुपूजितः॥
   रामरेखेति नाम्नाऽसीत तया चैव मता नदी॥ 5/17-27.
10. *भागवत पु.* 4/1 *विष्णु.* 1/25 और *मार्कडे.* 17/9/11.

और्व ऋषि की कन्या कन्दली के साथ इनका विवाह हुआ था परन्तु शाप से उसे भस्म कर दिया था।[1] पुराणों में इनकी अनेक रौद्रमयी एवं अनुग्रह कथाएं मिलती हैं। आनन्द रामायण में दुर्वासा साठ हजार शिष्यों के साथ राम के पास गये थे तथा उनसे भोजन का प्रबंध और पूजा हेतु पुष्प मांगे थे। अतः राम ने इन्द्र से पारिजात एवं कल्प वृक्ष को स्वर्ग से अयोध्या में मंगाया था।[2]

इस प्रकार उक्त काव्य में दुर्वासा को महान तपस्वी, एवं आचार्य के रूप मे बताया गया है।

नारद

नारद ऋषि के सम्बन्ध में अनेक ग्रन्थों में विभिन्न कथानक मिलते हैं। नारद, वैदिक दृष्टा, तत्ववेत्ता, भगवत परायण, पुरोहित और संगीतज्ञ के रूप में जाने जाते हैं। पुराण, इतिहास और महाभारत, रामायण आदि में इनकी भिन्न-भिन्न कथायें मिलती हैं। रामायण में धर्म शास्त्री के रूप में नारद का चित्रण है। इन्होंने शूद्र श्म्बूकवध राम द्वारा कराया।[3] अध्यात्म रामायण में इनके संगीत सीखने की कथा है। आनन्द रामायण में नारद का वर्णन सर्वप्रथम देव संदेशवाहक के रूप में आया है।[4] तथा व्यास को प्रदत्त चार श्लोकों की कथा का वर्णन भी उक्त काव्य में किया गया है।[5]

भृगु ऋषि

इनका वर्णन वाल्मीकि रामायण में आंशिक रूप से मिलता है।[6]

आनन्द रामायण में दण्डकारण्य बनने का कारण भृगु भी है। इक्क्ष्वाकू वंशीय राजा दण्डक ने भृगु की कन्या से बलात्कार किया था। फलतः ऋषि के शाप से

---

1. *ब्रह्मवै पु.* 4/23-24.
2. अतोभोजनमिच्छामि मणिछेन्वंनलैर्विणा ?
   तथामां पूजार्थ हि शमौ पुष्पाणि मानवैः ॥
   अदृष्टान्यानयसवाघ गार्हस्थ्यं चेत्प्रक्षसि।
   कल्पवृक्षं पारिजतं मधवा रघुनन्दनम्॥ *आ.रामा.* राज्यकाण्ड 2/11, 13,34.
3. *वाल्मीकि रामायण* उत्तर काण्ड 74.
4. *आ.रामा.* सारकाण्ड सर्ग 6.
5. *आ.रामा.* यात्रा काण्ड 2/53-55.
6. *वाल्मीकि रामायण* बालकाण्ड 38/11.

उसका राज्य जलकर दण्डकारण्य बन गया था।[1] इन्हीं के वंश को भार्गव कहा जाता है तथा महापराक्रमी परशुराम भी इसी वंश में अवतरित हुए थे।

परशुराम

आनन्द रामायण में परशुराम विष्णु के अंशज एवं ऋषि के रूप में कहे गये हैं। ये अत्यन्त पराक्रमी, तेजस्वी और उग्र स्वभाव के थे। इन्होंने 21 बार पृथ्वी को क्षत्रियविहीन किया था तथा पिता के नाशक कार्तवीर्य का भी वध किया था।[2] परशुराम ने सम्पूर्ण पृथ्वी कश्यप को दान के रूप में दी थी।

भारद्वाज

भारद्वाज महर्षि को उक्त काव्य में वाल्मीकि का शिष्य कहा गया है।[3] इनका आश्रम प्रयाग के निकट गंगातट पर स्थित था। राम ने सीता लक्ष्मण सहित इनके आश्रम में विश्राम किया था—

भारद्वाजाश्रमं गत्वा तस्थौतेनातिमानिनः।
ततः प्रयागे यमुनां तीर्त्वा गत्वा महावनम्॥ आ.रा. सार. 6/81

महर्षि वाल्मीकि

लौकिक संस्कृत में छन्दो वद्ध वाणी के उद्गाता महर्षि वाल्मीकि हैं। इसीलिए आनन्द रामायण में भी इनके इस लोकोपकारी कार्य की चर्चा विशद रूप से की गयी है।[4] अन्य ऋषियों की अपेक्षा वाल्मीकि की महत्ता का सर्वाधिक वर्णन किया

---

1. तद्वृत्तं समुनिः श्रुत्वाऽजलौ कृत्वा जलं क्रुधा।
दण्डेन सह दण्डस्य राज्यं वैशतयोजनम्॥
भवत्यघ क्षणाद्दर्ध मदवाक्याच्य समन्ततः।
अमु देशं वदिष्यन्ति दण्डकारण्य मेव हि॥
आ.रामा. राज्यकाण्ड 17/97, 98, 102
2. कार्तवीयांतकं रामं दृप्त क्षत्रिय मर्दनम्।
ततस्त्रिः सप्त कृत्वस्त्वं हत्वाक्षत्रिय मण्डलम्॥
कृत्सनां भूमिं काश्यपाय दत्वा शान्तिमुपावह॥
आ.रामा. सारकाण्ड 3/347, 367-368
3. *आनन्द रामायण*, यात्रा काण्ड, 1/9
4. *आनन्द रामायण*, यात्रा काण्ड, सर्ग 1 से 2.
मा निषाद प्रतिष्ठांत्वामगमः शाश्वतीसमाः॥
यत्क्रोज्च मिथुनादेकम वधीः काम मोहितम्॥ *आ.रामा.* यात्राकाण्ड सर्ग 1/15-16.

गया है। महाकाव्य में वाल्मीकि के पूर्वजन्म की कथा का भी वर्णन मिलता है। आनन्द रामायण में इनको कर्ता के रूप में कहा गया है। ग्रन्थ में, उनके चरित्रगत सर्वसामर्थ्य, शालित्व एवं दयालुत्व रूप जिन दो उत्कृष्ट एवं परस्पर विरोधी गुणों का उल्लेख किया गया हैं एक ओर उनकी अलौकिकता को घोषित करते हैं और दूसरी ओर अन्य ऋषियों से वैलक्षण्य का आभास दिलाते हैं। कारूणिक ओतप्रोत राम कथा का जैसा वर्णन इन्होंने किया है। वैसा अन्यत्र दुर्लभ है।

वसिष्ठ ऋषि

वसिष्ठ ऋषि ब्रह्मा के दस मानस पुत्रों में से एक माने जाते हैं। ये स्वायम्भुव मन्वन्तर में हुए थे।[1] वसिष्ठ नामक सुविख्यात ब्राह्मण वंश के मूल पुरुष यही थे। यह वंश सदियों तक अयोध्या में इक्ष्वाकू वंश का पौराहित्य करता रहा जो अभी भी यत्र तत्र विद्यमान है। दक्ष की पुत्री ऊर्जा और कर्दम की आठवीं कन्या अरुन्धती इनकी दो पत्नियाँ थीं। वाल्मीकि रामायण में वसिष्ठ एक आचार्य, नीतिविशारद, क्षमाशील, सहिष्णु, ज्ञानी और तपस्वी के रूप में चित्रित किये गये है।[2] आनन्द रामायण में भी उक्त प्रकार से वर्णन मिलता है।[3]

विश्वामित्र

विश्वामित्र एक सुविख्यात महर्षि है जो अपने युयुस्तु, विजगीषु और युगप्रवर्तक के कारण वैदिक एवं पौराणिक साहित्य में अमर हो गये हैं। कान्य कुब्ज देश के कुशिक नामक प्रख्यात क्षत्रिय कुल में इनका जन्म हुआ था। तपस्या के बाद इन्हें ब्रह्मर्षि पद प्राप्त हुआ। इनके नाम की व्युत्पत्ति आरण्यक में ''विश्वमित्र'' शब्दों में कही गयी है।[4] पाणिनि के अनुसार मित्र शब्द के पहले जब विश्व शब्द का उपयोग होता है और उस शब्द का अर्थ ऋषि होता है तब, उक्त शब्द विश्वमित्र नहीं, विश्वामित्र होता है।[5]

आनन्द रामायण में विश्वामित्र राम और लक्ष्मण को विविध शास्त्रास्त्र की शिक्षा प्रदान करते हैं। अतः ये राम और लक्ष्मण के गुरु भी कहे गए हैं।[6]

---

1. *भागवत पुराण*, 3/12/23.
2. *वाल्मीकि रामायण*, 1/52/20 और 1/55-56.
3. *आनन्द रामायण*, सारकाण्ड 2/28.
4. ऐतरे, आरण्यक 1/2/2.
5. *पाणिनि सूत्र*, 6/3/1.
6. ततः प्रहृष्टोगाधेयः स्थितवा कामाश्रमे पथि।
   स,र्व विद्यास्त्ववाप्याथ ह्युभौतौ राम लक्ष्मणौ॥
   आ.रामा., सारकाण्ड, 3/3, और 6.

महर्षि व्यास

अष्टादश पुराण कर्ता का आनन्द रामायण में दो स्थलों पर उल्लेख मिलता है। एक में, उन्हें भागवत कर्ता के रूप में दूसरे में वे राम के एक पत्नी व्रत की प्रशंसा करते हुए कृष्णावतार में अनेक पत्नियों की प्राप्ति का उपाय बताते हैं।[1] शतरामायण के कर्ता व्यास मुनि पृथक् रूप से बताये गये हैं—

पुराणानां च सर्वेषां वाल्मीकियैव गीः प्रिये।
पृथक् कर्तास्मृतो व्यासः श्रीमद्रामायणं शतम्॥ आ.रामा. या 2/49

शंख ऋषि

पुराणों के अनुसार शंख एकपर्ण के पुत्र तथा लिखित ऋषि के भाई थे।[2] आनन्द रामायण में शंख नामक ब्राह्मण का उल्लेख मिलता है जो महान यशस्वी, और पंपा सरोवर के पास निवास करते थे। शंख ने ही वाल्मीकि को उनके पूर्वजन्म का वृत्तान्त सुनाया था।[3]

शतानंद ऋषि

ये ऋषि राजा जनक के कुलक्रमागत पुरोहित थे। आनन्द रामायण में इन्हें अहल्या का पुत्र कहा गया है। दशरथ से अयोनिजा सीता वृत्तान्त इन्हीं ने बताया था।[4]

महर्षि गौतम्

गौतम ऋषि का उल्लेख महाकाव्य में अहल्योद्धार प्रसंग के रूप में किया गया है। पृथ्वी की परिक्रमा करने पर ब्रह्मा ने इन्हें अहल्या दी थी।[5]

वाल्मीकि रामायण में गौतम के प्रभाव का वर्णन करते हुए विश्वामित्र ने उनके लिए देवदानव से दुधर्ष, तपोवलयुक्त, देदीप्यमान, ऋषि श्रेष्ठ आदि विशेषणों का प्रयोग किया हैः-

---

1. *आ. रामा.* यात्रा काण्ड 2/49 एवं विलास काण्ड सर्ग 7.
2. *ब्रह्माण्ड पुराण* 2/30/40 और *वायु पुराण* 72/19.
3. पंपातीरे द्विजः कश्चिच्छंखोनाममहायशाः॥ *आ. रामा.* राज्य 14/42.
4. ततोदशरथोप्राह शतानन्दं पुरोहितम्।
   अहल्या जठरोद्भूत मैथिलाग्रे स्थितं मुनिम्॥ *आ. रामायण* सारकाण्ड 3/186.
5. ब्रह्मणा निर्मिताअहल्या द्विमुखीगोः परिक्रमात्।
   दत्तापुरागौतमाय विसृजयेन्द्रादिकान् सुरान॥ *आ.रामा.* सारकाण्ड 3/18.

गौतमस्यनरः श्रेष्ठाः पूर्वमासीन्महात्मनः।
आश्रमोदिव्य संकाशः सुरैरपिसुपूजितः॥ वा.रामा. 1/48/15

इस प्रकार आनन्द रामायण में विविध ऋषियों का वर्णन मिलता है। इनके अतिरिक्त भी काव्य में अनेक ऋषियों की चर्चा की गयी है परन्तु प्रधानतया इनका ही विशेष उल्लेख किया गया है।

वानर

राम कथा में वानरों का अपना विशिष्ठ स्थान है। यदि वानरों के चरित्र को राम कथा से पृथक् कर दिया जाए तो वस्तुतः राम कथा अपूर्ण हो जाएगी। जो वन मे हो अथवा विचरण करे उसे वानर कहते हैं— वनसि भवः अरण्ये भुवः चरोवा इतिवानरः।

वाल्मीकि रामायण में इनकी उत्पत्ति का वर्णन है। ब्रह्मा के कहने पर सम्पूर्ण देवताओं ने अप्सराओं, गन्धर्वियों, नागों की कन्याओं विद्याधरियों आदि के गर्भ से अनेक पुत्र उत्पन्न किये।[1] आनन्द रामायण में भी ब्रह्मा के कथनानुसार रूद्र गण ही वानररूप धारण करते हैं तथा इन्हें ब्रह्मा का वरदान भी प्राप्त है।[2] रामकथा के वानर तथा राक्षस वास्तव में प्राचीन विन्ध्य प्रदेश तथा दक्षिण की आदिवासी अनार्य जातियां थीं, इसके विषय में प्रायः मतभेद नहीं है।[3]

तत्कालीन समाज में वानर जाति को पूर्ण रूप से मनुष्य माना जाएं अथवा नहीं? इस सम्बन्ध में विद्वानों ने अनेक उदाहरण प्रस्तुत किये हैं। परन्तु आनन्द रामायण में वानरों को रूद्र का ही अंश माना गया है। काव्य में प्रमुख रूप से जिन वानरों का वर्णन मिलता है। दृष्टव्य है—

सुग्रीव

सुग्रीव को आनन्द रामायण में प्रमुख वानर कहा गया है।[4] इसकी उत्पत्ति ऋक्ष विरजा नामक कपि से बताई गयी है। यह कपि एक वावली में कूदने से सुन्दरी

1. अपसरसः तु मुख्यासु गन्धर्वीणां तनूषुच।
किन्नरीणां च गात्रेषु वानरीणाम् तनूषुच॥
सृजध्वं हरिरूपेण पुत्रास्तुल्यपराक्रमान्॥ *वा.रामा.* बाल. 17/11-12.
2. तेडपश्रुत्वा ब्रह्म वाक्यं रूद्रा एका दशामलाः।
संभूय वानरेष्वेव सुग्रीव प्रमुखा इमे॥
तुतोष भगवन्ब्रह्मा ददौ तेभ्योवरान वहून॥ *आ.रामा.* मनोहर काण्ड, 16/28-29, 31.
3. *रामकथा,* डा. कामिल वुल्के, पृष्ठ 117.
4. सुग्रीव प्रमुखाइमे॥ *आ.रामा.*, मनोहर काण्ड, 16/29.

बन गया था, उसको देख कर सूर्य कामासक्त हो गये। अतः सुग्रीव सूर्य द्वारा वालि इन्द्र द्वारा उत्पन्न हुए।[1] किष्किन्धापुरी में राम से सुग्रीव की मित्रता हुई। उक्त काव्य में सुग्रीव को सच्चा मित्र, नीतिवान, बलवान तथा धैर्य का स्वरूप माना गया है। सुग्रीव में अपेक्षित गुण थे। काव्य में सुग्रीव को शिवांश कहा गया है।[2]

हनुमान

हनुमान को सक्षात् शिव कहा गया है।[3]

मैन्दोर्मग तनुः साक्षात् हनुमान भगवान स्मृतः मनो. 16/19

इनका जन्म अंजनि से वायु द्वारा हुआ था। रामकथा के विशेष पात्रों में हनुमान का स्थान सर्वोपरि है। इन्द्र द्वारा वज्र प्रहार से इनकी ठुड्डी टेढ़ी हो गयी थी। इस कारण इनका नाम हनुमान हुआ। ब्रह्मा द्वारा इनको वरदान प्राप्त हुए थे। वायु के समान इनकी गति थी।[4] राम के परम भक्त धैर्य, बुद्धि, ज्ञान, तपबल और समर्थ के रूप में हनुमान का चित्रण मिलता है। आनन्द रामायण के अनेक स्थलों में हनुमान के वचनों और कृत्यों के माध्यम से उनमें चरित्रगत, नम्रता, निर्भीकता, दृढ़ता, दक्षतः, तत्परता, कर्मठता, दूरदर्शिता, निस्वार्थता, निश्छलता आदि अनेक गुणों का उन्मेष हुआ है।

बालि

वानरराज बालि इन्द्र का पुत्र और सुग्रीव का बड़ा भाई था। इनकी पत्नी का नाम तारा तथा पुत्र का नाम अंगद था। आनन्द रामायण में बालि का वर्णन दो स्थलों में प्राप्त होता है। प्रथम में उसकी मृत्यु दूसरे में उसकी वीरता जिसमें उसने रावण को बंदी बनाया था।[5] अतः उक्त महाकाव्य में बालि को वीर एवं बुद्धिमान वानर के रूप में चित्रित किया गया है। उसके चरित्र में किञ्चित न्यूनता का भी संकेत है जो उसको नीति विरुद्ध बताता है।

---

1. *आ. रामायण*, सार काण्ड, 13/142 से 150.
2. मनोहर काण्ड 16/17.
3. हनुमानंजनी सुनौ वायु पुत्रोमहावलः॥ मनोहर 13/8.
4. तदाभग्ना हनुस्त्वस्य हनुमानितिवैयतः॥
   तदा ददौ वराब्रह्मा मारुति पुरूतः स्थितम्॥
   आ.रामा., सार काण्ड, 13/170 और 176.
5. *आ.रामायण*, सार काण्ड, सर्ग 8 एवं 13/97-101

अंगद

बालि पुत्र अंगद किष्किन्धा का युवराज था। काव्य में अंगद को वीर योद्धा, नीतिवान और कुशल सेवक के रूप में वर्णन किया है। ये राम के सेनापति थे तथा लंका के दक्षिण द्वार पर नियुक्त थे। अंगद ने नारान्तक का वध किया था।[1] रावण को समझाने के अवसर पर अंगद की बुद्धिमत्ता का अनुमान लगाया जा सकता है।[2]

नल और नील

नल और नील दोनों शिव के अंशज हैं।[3] नल विश्वकर्मा का पुत्र था। जल में पत्थर तैराने का इसको शाप था, परन्तु वह वरदान बन गया।[4] नल द्वारा सेतु निर्माण किया गया था। लंका केपूर्व द्वार में स्थित ध्रमाक्ष को मारा था—''नलो जघान ध्रमाक्ष''। वाल्मीकि रामायण में भी नल को विश्वकर्मा का पुत्र कहा गया है।[5] आनन्द रामायण में नल को वीर योद्धा वानर माना गया है।

सुषेण

आनन्द रामायण में सुषेण को भी शिव का अंश कहा गया है। वाल्मीकि रामायण में वरूण का पुत्र बताया गया है।[6] लंका के उत्तर द्वार पर सुषेण नियुक्त थे तथा महोदर नामक राक्षस का वध किया था।

जाम्बवान

जाम्बवान की उत्पत्ति ब्रह्मा द्वारा जम्हाई लेने से हुई थी।[7] आनन्द रामायण में इन्हें रूद्रांश कहा गया है। सम्पूर्ण वानर.सेना में जाम्बवान अत्यन्त आदरणीय

---

1. अंगदं दक्षिणद्वारं॥ सार काण्ड 10/258
   नारान्तकं स तारेय...॥ सार काण्ड 11/6
2. *आनन्द रामायण*, सार काण्ड, 10/222-237
3. शम्भुरेष स्मृतो नलः।
   विद्धि दाशरथे नूनं गिरीशो नील एव चं॥ आ.रामा., मनोहर, 16/17
4. विश्वकर्मा सुतश्चायं बरो लब्धी स्त्यनेन हि।
   त्वद्धस्तादिति शापो यं वर एवात्र सस्मृतः॥ सारकाण्ड 10/66-68
5. *वाल्मीकि रामायण*, बाल, 17/11-12
6. *आनन्द रामायण*, मनोहर काण्ड, 16/18 *वाल्मीकि*, बाल, 17/13.
7. जृम्भ्माणस्य सहसा मम बक्त्रादजायत्॥ *वाल्मीकि*, सर्ग 7.

थे। उक्त काव्य में इन्हें नीति निपुण चिन्तक, तथा वीर योद्धा के रूप में वर्णित किया गया है।

आनन्द रामायण में इन वानरों के अतिरिक्त भी जो राम की सेना में सहभागी रहे, उनका विशेष वर्णन अनुपलब्ध है। अपितु नाम संकेत अवश्य प्राप्त हो रहा है। जैसे—गज, गवाक्ष, गवय और मैन्द आदि।[1] अतः काव्यकार ने वानरों को वानर नहीं माना अपितु देवों के अंश से उद्भूत देव ही माना है। वाल्मीकि रामायण में भी वानरों को देवताओं का स्वरूप माना गया है। ये वानर, वीर, महाबली और इच्छानुसार रूप धारण करने वाले तथा गजराज और पर्वत के समान बलशाली थे।[2] आनन्द रामायण में वानरों के चरित्र से अनुमान लगाया जा सकता है कि ये वानर अत्यन्त सुसंस्कृत और सुशिक्षित थे। सुग्रीव के सचिव हनुमान प्रमुख वानर हैं। जिन्होंने अपनी संस्कृति शिक्षा से राम को अतिशय प्रभावित किया। वे वाक्यज्ञ और वाक्य कुशल थे।[3] तत्कालीन समाज की वानर जाति सभ्य थी। वानर जाति के लोग सचमुच वानर दिखाई देते थे, इससे ही उनका यह नाम प्रचलित हुआ। ऐसा सी. वैध भी मानते हैं। रामायण के वानर राम के सहायक रूप में साक्षात् देव ही थे। संस्कृत के मनीषियों ने भी यही स्वीकारा है कि देवता अनेक रूपों में राम की सहायता करने के लिए पृथ्वी पर अवतरित हुए थे।

राक्षस

आनन्द रामायण में अनार्य वर्ग का उल्लेख मिलता है। हम उन्हें राक्षस कह सकते हैं। वैदिक साहित्य विशेष कर के अथर्ववेद में रक्षस्, राक्षस, पिशाच आदि भूतों का उल्लेख मिलता है। ये मनुष्य के शत्रु है। इनके विरुद्ध अथर्व वेद में बहुत मंत्र मिलते हैं।[4] आनन्द रामायण में राक्षसों का चित्रण मायावी, वीर, कपटी और अहंकारी के रूप में हुआ है। सभी राक्षस आकार से भयंकर, कुरूप और विरूप, स्वभाव से क्रोधी, कामी और लोभी, कृत्य से मायावी क्रूर, ऋषिमुनियों के भक्षक,

1. गजोगवाक्षो गवयो मैन्दश्चैते धवानराः॥
रक्षन्तु वानरी सेना द्विविदा घास्तथा परे॥ *आ. रामा.*,सार., 10/17-18.
2. अप्रेम बला वीरा विक्रान्ताः काम रूपिणः।
ते जगा चल संकाश वियुष्यन्तौ महाबलाः॥ *वाल्मीकि* बाल. 7/22.
3. वाक्यज्ञौ वाक्य कुशलः पुनर्नोवाच किंचन॥ *वाल्मीकि* 4/3/24.
4. रामकथा, डॉ. कामिल बुल्के, पृष्ठ 118.

यज्ञ विध्वंसक रक्त और मांस की वर्षा करने वाले नर-मुण्ड धारण कर वनों में भ्रमण करने वाले थे।

अधिकांश राक्षस शापवश हुए, ऐसा उल्लेख मिलता है। वाल्मीकि रामायण की कथावस्तु को ही आधार बनाकर आनन्द रामायण की रचना की गयी है। राक्षसों का वर्णन दोनों महाकाव्यों में समान रूप से मिलता है। आनन्द रामायण कार ने एक ओर कथा का निर्वाह करते हुए दूसरी ओर यह भी प्रयास किया है कि रामायणीय कथा से सम्बन्धित कोई पात्र वंचित न रहे। उसका नाममात्र ही उल्लेख क्यों न हो। अतः राक्षसों का वर्णन जैसा वाल्मीकि रामायण में है, आनन्द रामायण में शैलीगत वैभिन्न होते हुए भी उनके क्रियाकलापों में विभिन्नता नहीं दिखाई देती।

आनन्द रामायण के राक्षसों का हम तीन भागों में वर्गीकरण कर सकते है। प्रथम—दण्डकारण्य निवासी राक्षस, द्वितीय—लंका निवासी राक्षस, और तृतीय—अन्य राक्षस। दण्डकारण्य निवासी राक्षसों में भी स्त्री वर्ग और पुरुष वर्ग। इसी प्रकार अन्य में भी दोनों वर्ग हैं।

दण्डकारण्य राक्षसों की अपेक्षा लंका के राक्षस अधिक क्रूर और शक्तिशाली थे। आनन्द रामायण के वर्गीकरण के अनुसार राक्षसों की क्रम बद्धता देखें—

ताडुका (ताटिका)

ताडुका सुन्द की स्त्री तथा सुकेतु यक्ष की पुत्री थी। इसके मारीच, और सुबाहु दो पुत्र थे। यह सुन्दर अप्सरा थी। परन्तु अगस्त्य के शाप से राक्षसी हो गयी थी। मार्ग में पथिकों का भक्षण करती थी।[1] राम ने एक ही बाण से इसे मार कर अपने रणयज्ञ को प्रारम्भ किया।[2]

विराध

विराध राक्षस पूर्व समय में सुन्दर विद्याधर था। परन्तु क्रोध स्वरूप दुर्वासा के शाप से राक्षस हो गया था।[3] इसके पिता का नाम ''जब'' माता का नाम ''सतहृदा'' था। यह आकृति से भयानक था ब्रह्मा के वरदान के कारण शस्त्र से

1. पथिपांथजन ध्वंस कारिणीनामताटिका।
राक्षसी तस्य शापेन वभूव सुन्दकामिनी॥
मारीचस्य सुवाहश्च सुंदातस्याः सुतावुभौ॥ *आ.रामायण*, सारकाण्ड, 3/7,9.
2. राक्षसी एक बाणेन जघान रघुनन्दन॥ *वही* 8.
प्रारम्भं रणयज्ञस्य चकार रघुनन्दनः॥ *वही* 12.
3. दुर्वाससा हं शप्तुस्तु पुरा विद्याधरः शुभाः। *वही* 7/16.

अवध्य था।[1] परन्तु आनन्द रामायण में इसका वध राम ने अर्धचन्द्राकार बाण से किया।[2] वाल्मीकि रामायण में राम लक्ष्मण द्वारा गड्ढा खोद कर उसका अन्त किया गया, ऐसा वर्णन मिलता है।

साम्ब और सूर्पणखा

साम्ब सूर्पणखा का पुत्र था। जब वन मे वह तप कर रहा था, तब लक्ष्मण द्वारा उसका वध, वृक्षों के काटते समय हो गया था।[3] सूर्पणखा रावण की बहन तथा विद्युत्जिह्व की पत्नी थी। रावण ने उसे दण्डकारण्य दहेज में दिया था।[4] मृतभर्तृका हो जाने पर त्रिसरा एवं खर, दूषण इसकी रक्षा करते थे। पुत्र शोक के कारण ही यह राम के पास गयी थी, तथा अनुचित प्रार्थना करने पर लक्ष्मण ने इसे विरूपित कर दिया। सीता हरण का बीज इसी ने बोया था। आनन्द रामायण में इसे काम, क्रोध और लोभ के रूप में चित्रित किया गया है।

कबन्ध

यह राक्षस पूर्व में गन्धर्वो का राजा था। अष्टावक्र का उपहास करने से इसे यह शाप मिला। यह ब्रह्मा के वरदान से अवध्य था। इन्द्र द्वारा मस्तक पर प्रहार करने से इसके सिर-पैर दोनों पेट में घुस गये थे। राम द्वारा इसके भुजाएं काट डाली गयी तब वह पुनः पूर्ण रूप को प्राप्त हुआ था।[5]

खर-दूषण और त्रिसरा

ये तीनों रावण के मौसेरे भाई थे। सूर्पणखा को विरूपित देखकर राम के पास चौदह हजार सैनिकों को लेकर युद्ध करने गये। परन्तु राम ने सभी का वध कर दिया।[6]

---

1. *वाल्मीकि रामायण* 3/3/5-6.
2. ततो र्धऽर्धचन्द्रकारेण निहतोराघवेण सः॥ *आनन्द रामायण*, सारकाण्ड 7/14.
3. वृक्षगुलो हतः सांम्बस्ततो राघवतब्रवीत॥ *आ.रामा.*,सा. 7/42.
4. रावणोविद्युत्जिहाय ददौ सूर्पणखां तदा।
   पारि ब्रहम् ददौ तस्यै दण्डकारण्यमुत्तमम्॥ *वही*, 13/71.
5. श्रीराम लक्ष्मणौ मार्गे योजनायत बाहुना।
   दृष्टवा तं शिरसाहीनं बाहुविच्छेद तुस्तदा।
   तदा स दिव्यरूपो भून्नत्वा रामं वचोब्रवीत॥ *वही*, 7/152 से 159.
6. हत्वा खरं दूषणं च तथा त्रिसिरं शरैः।
   मुहूर्तेन तु रामेण सहस्त्राणि चतुर्दश।
   मिता सेना खरधैश्चनिहिता गौतमी तटे॥ *वही*, 7/63-64.

रावण

किसी भी महाकाव्य के गुणों का उत्कर्ष बढ़ाने के लिए कवि प्रतिनायक की योजना करता है।

काव्य शास्त्रों में प्रतिनायक का लक्षण दृष्टव्य है। धीरोद्धत, पापाचारी, व्यसनी इत्यादि। यह सभी लक्षण रावण में विद्यमान थे।[1] जिस प्रकार शास्त्रीय लक्षण राम के समस्त गुण वर्णन में असमर्थ है। उसी प्रकार रावण का भी पूर्ण चित्र उपस्थित नहीं कर पाते।[2] वस्तुतः रावण में एक ओर जहां धीरोद्धत प्रकृति के प्रति नायक के सभी दुर्गण अपनी पराकाष्ठा पर पहुंचते हैं वहीं, उसमें तेजस्विता, वीरता, और सौन्दर्य आदि कतिपय गुण भी अपने रूप में विद्यमान है। इस प्रकार रावण का व्यक्तित्व अनेक गुणावगुणों के समन्वय का प्रतिरूप है। रावण के पतन का प्रमुख कारण चाणक्य ने लिखा है।[3] अत्यधिक गर्व या अहंकार से रावण, सौन्दर्य के कारण सीता, अति दान से बलि बाधां गया।

महाभारत की तरह आनन्द रामायण में भी रावण का चरित्र काव्य के प्रारम्भ में भी कहा गया है। रावण पुलस्त्य का पौत्र विश्रवा का पुत्र था। इस की माता का नाम कैकसी था। कैकसी के तीन पुत्र एवं तीन पुत्रियां थीं।[4] आनन्द रामायण में रावण को अत्यन्त बलवान एवं कामी, क्रूर, पापाचारी के रूप में वर्णन किया गया है।

इसके साथ-साथ रावण की पराक्रम की कथाओं का भी वर्णन है। दृष्टव्य (आनन्द रामायण, सार काण्ड, 13 सर्ग)

मेघनाद

मेघनाद रावण का ज्येष्ठ पुत्र था। मन्दोदरी के गर्भ से प्रसूत होते ही मेघवत् गर्जन करने लगा था। अतः मेघनाद नाम हुआ।[5] जब पिता को इन्द्र से मुक्त कराकर इन्द्र को बन्दी बनाकर लंका में लाया, तब इसका नाम इन्द्रजीत हुआ। यह रावण

1. धीरोध्दतः पापकारी व्यसनी प्रतिनायकः॥
   यथारामस्य रावणः *(साहित्य)* द. 3/131 का.
2. *रामचरित मानस का तुल. अध्ययन,* शिवकुमार शुक्ल, पृ. 284.
3. अति रूपेण वैसीता अति गर्वेण रावणः।
   अतिदानात् बलिर्वद्धो ह्यति सर्वत्रवर्जयेत्॥ *चाणक्य नीति दर्पण* 3/12.
4. रावणं कुम्भ कर्णश्य कौज्वी सूर्पणखां शुभाम्।
   कुम्भीनसी कनीयांसं तृतीयं तु विभीषणम्॥ *आ.रामा.* सार., 13/24.
5. जातमात्रस्तु योनादं मेघवत्प्रचकार ह॥ *आ. रामा.,* सार काण्ड, 13/67

से भी बलिष्ठ एवं युद्ध लोलुप था।[1] मेघनाद की पत्नी सुलोचना पतिव्रता स्त्री थी। वह पति के साथ सती हो गयी थी।[2] काव्य में मेघनाद को विविध शस्त्रास्त्रों का ज्ञाता मायावी, क्रूर, पराक्रमी और पितृभक्त कहा गया है।

इन राक्षसों के अतिरिक्त आनन्द रामायण में, माल्यवान ऐरावण मैरावण, अतिनाद, प्रहस्त, दरीमुख, निकुम्भ, नारान्तक, पौण्ड्रक, मूलकासुर, और वाणासुरा आदि का वर्णन भी मिलता है।

कुम्भकरण के पुत्र मुलकासुर का वध सीता द्वारा हुआ था।[3] पौण्ड्रक द्वारा विभीषण की लंका पर स्वामित्व कर लेने पर, राम पुनः लंका गये तथा पौण्ड्रक का वध किया।[4] पौण्ड्रक के साथ शतानन (सौ शिरों वाला) रावण का भी वध किया। अतः आनन्द रामायण में राक्षसों का वर्णन वाल्मीकि रामायण से साम्य रखता है। यत्र-तत्र अन्य ग्रन्थों से भी साम्यता मिलती है। रावण का आंशिक चरित्र पूर्व में वर्णित है। इसी प्रकार महाभारत के रामोपाख्यान में भी रावण का चरित्र पूर्व में कहा गया है। इस प्रकार आनन्द रामायण कालीन राक्षसों का वर्णन मिलता है।

विविध वन्य जातियाँ

आनन्द रामायण में विविध पशु-पक्षियों के वर्णन के साथ-साथ कुछ वन्य जीवों का वर्णन मिलता है। इनमें सिंह, व्याघ्र, श्वान, बिल्ली, भेड़, हाथी, उलूक, काक, हंस, मयूर, मैना और कोयल इत्यादि का प्रासंगिक वर्णन उल्लेखनीय है। प्रस्तुत महाकाव्य में इन पशु-पक्षी तथा वन्य जीवों के साथ ही साथ प्रधान रूप से जटायु, सम्पाती ओर काग का वर्णन है। जो कि राम कथा में सहायक के रूप में मिलते हैं।

जटायु

जटायु पक्षी अरूण का पुत्र, सम्पाती का अनुज तथा दशरथ का श्रेष्ठ मित्र था।[5] पंचवटी में वह सीता की रक्षा करता था।[6] सीता हरण के समय उसने रावण

1. रावणादपि यश्चासीद्बलिष्ठः समरप्रियः॥ *वही* 13/82
2. भतृदेहेन सयोज्य विवेशाग्निं यथा विधिः॥ *वही* 11/216
3. चण्डिकास्त्रं तु विच्छेद मूलकासुर सच्छिरः॥ *आ.रामा.* राज्य 6/20-22
4. विभीषणयतां लंकां हत्वा तं पौण्ड्रकं ददौ॥ *वही* 4/85
5. जटायुषं नगाकारमरूणात्मजमुत्तमम्॥
   सखायं स्व पितुश्चापित सम्भाष्याध विवेशतम्॥ *आ.रामा.* सार. 7/37-38
6. सीता संरक्षयामाय जटायु पक्षिराट् स्वयम्॥ *वही* 39

से युद्ध किया था। पश्चात् पक्षविहीन होकर राम की प्रतीक्षा करता रहा राम ने उसकी पिण्डदानादिक क्रिया भी की थी।[1]

सम्पाती

यह जटायु का अग्रज था। इसका सीतान्वेषण के समय वानरसेना से वार्तालाप हुआ था। दोनों भाई सूर्य को स्पर्श करने की प्रतिस्पर्धा करते थे उस समय सम्पाती के पंख जल गये थे। परन्तु मुनि के अनुग्रह से वानरों के दर्शन से यह पुनः सपक्ष हो गया था।[2] तथा वानरों को सीता का पता इसी ने बताया था।

काग

चित्रकूट में जब राम सीता की गोद में शयन कर रहे थे। उस समय देवराज इन्द्र के पुत्र जयन्त ने सीता पर अपनी चोंच से प्रहार किया था। वही जयन्त (काग) बाद में राम की शरण में गया। उस समय राम ने उसको एक आंख विहीन करके छोड़ दिया था।[3]

मृग

आनन्द रामायण में मृगों का वर्णन अनेक स्थलों में मिलता है। जैसे--- राम का मृगया विहार, तथा यत्र-तत्र मृगमांस का उल्लेख भी मिलता है।[4] अतः उक्त महाकाव्य में मृगों का भी प्रासंगिक महत्त्व बताया गया है।

विविध पक्षी

विविध पक्षियों में मयूर, हंस, कोयल आदि का भी काव्यमय वर्णन मिलता है। इन पक्षियों के द्वारा सीता राम की स्तुति का वर्णन मिलता है।[5] ये पक्षी रानियों ने सीता को दिये थे।

---

1. ज्ञात्वातं योजयामास वहिनना जीवित क्षये॥ *वही* 136
2. गृद्धत्वाद् दूरद्रक्चाऽहं सीता मां दृश्यते गिरौ।
   सीता शुद्धिं कथयसि तदा पक्षौभविष्यतः॥ *वही* 8/114-118
3. *आनन्द रामायण* सार काण्ड 6/86-90
4. हरिणीगणतंत्रस्ता
   कृत्वामसैर्मृगोद्भूतैवलिं दत्वा रघूतमः॥ *आ.रामा.* सार. 6/86
   रामोपि निज बाणेन मृगं हत्वा बने चरत्॥ *मनोहर.* 12/6
5. येषु वै कोकिनोहंसाः सारसाः सारिकाशुकाः॥ आ.रामा. विलास काण्ड 2/22-23
   लावकाः कोकिलाघश्च नाना येस्य पतत्रिणः॥

गृध एवं उलूक

महाकाव्य में उक्त दोनों पक्षियों का भी सांकेतिक वर्णन है। राम से न्याय प्राप्ति हेतु दोनों पक्षी अयोध्या गये थे तथा राम ने इनका न्याय किया था।[1] यह कथा वाल्मीकि रामायण में भी मिलती है। परन्तु डॉ. बुल्के इस कथा के तीन सर्ग प्रक्षिप्त मानते है। दृष्टव्य—(रामकथा, बुल्के, पृष्ठ 405)

इन वन्य जीवों के अतिरिक्त आनन्द रामायण में सिंह, हाथी, गरूण, गज, गृह और गाय-वत्स इत्यादि का भी वर्णन मिलता है।[2] निर्विवाद हम कह सकते है कि आनन्द रामायण में वानर, राक्षस, एवं वन्य जीवों का यथा अवसर वर्णन किया गया है। इन जीवों के वर्णन से रामकथा का सौन्दर्य अत्यधिक रुचिकर हो गया है।

अतः रामकथा में पशु पक्षियों का भी विशेष महत्त्व दिखाई देता है। इस प्रकार आनन्द रामायण कालीन महर्षि, वानर, राक्षस और वन्य विविध जातियों का उल्लेख महाकाव्य में मिलता है।

◆◆◆

1. एवस्मिन्नन्तरेमार्गे गृधालूकौ निरीक्षतौ।
विवादमानौ रामेण चात्मानं द्रष्टुमागतौ॥ *आ.रामा.*, राज्य काण्ड, 10/123-140
2. आनन्द रामायण राज्य काण्ड सर्ग॥
सकेशरी महा वेगस्तीक्षण द्रष्टोभया वह॥
सारकाण्ड 9/363 से तथा *मनोहर काण्ड* 2/70 से

तृतीय अध्याय

आनन्द रामायण के भौगोलिक स्थल

सप्तदीप वसुमति और भारतवर्ष

आनन्द रामायण में भौगोलिक वर्णन, राम की तीर्थ यात्रा और विजय यात्रा के माध्यम से किया गया है। उक्त काव्य का भौगोलिक वर्णन पुराणों के भौगोलिक वर्णन से साम्य प्रतीत होता है।

आनन्द रामायण में राम द्विविध प्रकार की यात्रा करते हैं। प्रथम यात्रा में राम, भारतवर्ष के विविध तीर्थों का भ्रमण करते हैं। तथा द्वितीय, में किं पुरूष और सप्त दीप की विजय यात्रा करते हैं। इन्हीं दोनों यात्राओं में विविध तीर्थों, सप्त द्वीपों तथा भारतवर्ष का वर्णन भी किया गया है। उक्त काव्य में सात द्वीपों का वर्णन मिलता है और पुराणों में सप्त द्वीपों का वर्णन है। परन्तु इनके क्रम के सम्बन्ध में पुराण मतैक्य नहीं है। परन्तु, सप्त द्वीपीय सिद्धान्त समग्र पुराणों का है। आलोच्य काव्य में सप्त द्वीपों का वर्णन निम्न प्रकार से किया गया है।

सप्त द्वीप

आनन्द रामायण में जिन सात द्वीपों का वर्णन मिलता है उनके नाम इस प्रकार हैं[1]—1. जम्बू द्वीप, 2. प्लक्षद्वीप, 3. शाल्मली द्वीप, 4. कुश द्वीप, 5. क्रोञ्च द्वीप, 6. शाकद्वीप, 7. पुष्कर द्वीप।

प्रत्येक द्वीप अपने पूर्व द्वीप से आयाम से द्विगुणित है, तथा प्रत्येक द्वीप एक-एक समुद्र से आवेष्टित है, और प्रत्येक में सात नदियों एवं सात पर्वतों का उल्लेख है। आनन्द रामायण के द्वीपों का यह क्रम कुछ पुराणों से मिलता जुलता है। जैसे—वायु पुराण, विष्णु भागवत, और मार्कण्डेय इत्यादि।[2] मत्स्य पुराण के अनुसार द्वीप क्रम इस प्रकार है[3]—1. जम्बू द्वीप, 2. शाक द्वीप, 3. कुश द्वीप, 4. कौञ्च द्वीप, 5. शाल्मल द्वीप, 6. गोमेद द्वीप, 7. पुष्कर द्वीप।

---

1. *आनन्नद रामायण* सारकाण्ड सर्ग 8 से 9.
2. *विष्णु पुराण* 2-4, *भागवत पुराण* 5/20, *मार्गण्डेय पुराण* 54/6.
3. *मत्स्य पुराण* अध्याय 121-122.

अन्य पुराणों में भी किञ्चित् क्रम भिन्नता पाई जाती है।

जम्बू द्वीप

जम्बूद्वीप की लम्बाई-चौड़ाई एक लाख योजन है।[1] इसमें आठ उपद्वीप हैं[2]—1. स्वर्णप्रस्थ, 2. चन्द्रशुक्ल, 3. आवर्त, 4. रमणक, 5. मन्दर हरिण, 6. पाञ्चजन्म, 7. सिंहल, 8. लंका।

जम्बूद्वीप वर्तुलाकार है। इसमें एक विशाल जम्बू का वृक्ष है, इसीलिए इसका नाम जम्बूद्वीप है। इसमें अनेक नदियां, पर्वत हैं। यह द्वीप लवण समुद्र से आवेष्टित है। पौराणिक कल्पना के अनुसार जम्बू द्वीप मध्य में तथा सप्त द्वीपो से वेष्टित है। परन्तु, आनन्द रामायण के अनुसार यह मेरू पर्वत के दक्षिण में विद्यमान है।[3]

प्लक्ष द्वीप

यह द्वीप दो लाख योजन विस्तृत है। इसमें सात देश है। यहां के आराध्य सूर्य है। इस द्वीप में हिरण्यमय विशाल प्लक्ष (पाकड़) का वृक्ष है। इसीलिए इसका यह नाम पड़ा। यह मेरू पर्वत की पूर्व दिशा में है। इस में सात पर्वत तथा सात नदियां है। इसमें प्राकृतिक वर्णन बड़ा ही रोचक है।[4]

शाल्मली द्वीप

यह द्वीप पूर्व द्वीप से द्विगुणीत योजन विस्तृत है। इसमें एक विशाल शाल्मली (सेंमर) का वृक्ष है। सात नदियों एवं सात पर्वतों का वर्णन है। और इक्षुरस समुद्र से आवृत है। इस द्वीप में सात देश हैं यथा—1. सुरोचन, 2. सौमस्य, 3. रमणक, 4. देववर्ष, 5. पारिभद्र, 6. आप्यायन और 7. अविज्ञात।[5]

कुश

सुरा समुद्र को पार करके राम कुश द्वीप गये। यह 8 लाख योजन विस्तृत है। इस द्वीप के आराध्य अग्नि देव हैं।[6] इस द्वीप में कुश का एक बहुत बड़ा वृक्ष

---

1. एवं जम्बूद्वीपमायामविस्ताराभ्यांलक्षयोजनपरिमितम्..॥ *आ.रामा.*, राज्य 8/31.
2. जम्बू द्वीपस्योपद्वीपानष्टौ हैक उपदिर्शीन्त॥ *वही* 8/38.
3. मेरोदक्षिणादिविक्स्थतेमेस्मदरपवर्ती तविराजमाने समुन्नतजम्बूवृक्षम्-
   अतिविशालंजम्बूद्वीपाख्यसूचकम्॥ *वही* 8/8.
4. *आनन्द रामायण*, राज्य काण्ड, सर्ग 9, श्लोक 1-18.
5. वही, 20-26.
6. सुरोदं चचतुर्लक्षमितंतीर्त्वापयोनिधिम्। *आ.रामा.*,राज्य काण्ड,
   कुशद्वीपमष्ट लक्ष्यमितं रामायमौ क्षण्णत्।। 9/28-29.

है। इसी कारण इसका उक्त नाम हुआ इसमें भी सात देश, सात नदियां तथा सात पर्वत हैं।

कुश द्वीप की पहचान कुछ विद्वानों ने की है। इस द्वीप से सम्बन्धित कुछ शिलालेख प्राप्त होते हैं। जो फारसी भाषा में है। कुश देश की स्थिति मिस्र देश के बाहर अफ्रीका के पूर्वोत्तर भाग में मानते हैं। उदाहरणार्थ : दारयवहु अंग्रेजी में डैरियस (522-486 ई.पूर्व) के हम दान लेख में उसके राज्य की सीमा बतलायी गयी है। ''सोग्दियाना से पार रहने वाले शकों के देश वहां से कुछ दूरी तक सिन्धु (भारतवर्ष-सिन्ध नदी) से स्वर्दा तक (ऐशिया माइनर) उसके राज्य की सीमा है। यहां कुश देश का नाम उल्लिखित है।[1]

कौञ्चद्वीप

इस द्वीप की लंबाई चौड़ाई पूर्वोक्त द्वीप से द्विगुणित है। कौञ्च नामक पर्वत के नाम से इस द्वीप का नाम पड़ा। इसमें सात देश, सात पर्वत तथा सात नदियां है।[2]

शाकद्वीप

32 लाख योजन विस्तृत शाक द्वीप में राम गये। इसमें द्वीप के नाम को चरितार्थ करने वाला एक विशाल शाक वृक्ष है। इसमें वायुदेवता के उपासक रहते हैं। पुरोजवादिसात देश सात नदियां तथा उरू श्रंगादि सात पर्वत है।[3]

पुष्कर द्वीप

यह द्वीप 64 लाख योजन विस्तृत है। शुद्धोदनामक समुद्र से आवेष्टित है। इसमें दो देश है—1. रमणक, 2. घातकी। ब्रह्मा के पद्मासन स्वरूप स्वर्ण पंखुड़ियों से युक्त पुष्कर (कमल) के कारण इस द्वीप का नाम पुष्कर हुआ।[4] इस द्वीप के मध्य में से दश हजार योजन ऊंचा मानसाथल पर्वत है। इस पर्वत के चतुर्दिक पुरियां है। पूर्व मे इन्द्र की देवयानी पुर, पश्चिम में वरूण की निम्नलोचिणी, उत्तर में कुबेर की अल्कापुरी तथा दक्षिण में यम की संयमनीपुरी है।

1. *पुराण विमर्श*, आ. वल्देव, अध्याय पृष्ठ 324.
2. कुशद्वीपाच्य स ज्ञेपो द्विगुणो द्वीप उत्तम्ः। *आ.राम.* राज्य.9/38.
3. शाकद्वीप ययौराम द्वात्रिंशलक्ष्य संमितम्।
   द्वीपाख्या कृच्य यत्रास्ति शाकवृक्षो तरज्जनः॥ *वही* 48-49.
   तत्रा प सप्त वषाणि कध्यन्ते पूर्व वन्मया॥
4. ददर्श पुष्करं तत्र द्वीपाख्या कारण परम्।
   कमलासनत्थ यज्ज्ञेय ब्रह्मणः परमासनम्॥ *आ.रामा.*, राज्य. 9/61-62

अलका पुरी का सौन्दर्य वर्णन मेघदूत में कालिदास ने किया है।[1] वहां साक्षात् कुबेर के मित्र रहते हैं।

इस प्रकार आनन्द रामायण में सप्तद्वीपों का भौगोलिक दृष्टि से वर्णन है। इसमें प्राकृतिक सम्पदाओं का बहुधा उल्लेख मिलता है। उक्त द्वीपों की वर्तमान भौगोलिक स्थिति का पता लगाना दुःसाध्य है। कुश द्वीप के सम्बन्ध में संकेत मात्र उपलब्ध है।

वसुमति

वसुमति के सम्बन्ध में वायुपुराण में वर्णन मिलता है, कि पृथ्वी चतुर्द्वीपा है।[2] इस वर्णन के अनुसार यह कल्पना अत्यन्त प्राच्य प्रतीत होती है। इसी प्रकार का वर्णन मत्स्य पुराण में भी मिलता है। भद्राश्व, भारत, केतुमाल और उत्तरकुरु ये चार देश कहे गये हैं।

भुवन कोष के विषय में प्राचीन मत यही था कि पृथ्वी चतुर्दीपा है। मत्स्य पुराण में भी चतुर्द्वीपीय वर्णन है।[3] जो मेरूपर्वत के चारों दिशाओं में स्थित थे। आगे चलकर सप्त द्वीपा वसुमति की कल्पना जागृत हुई और पुरानी चतुर्दीपा कल्पना के साथ, अभिनव कल्पना का सम्मिश्रण हो जाने से समस्या उत्पन्न हो गयी। परन्तु, अन्वेषण करने पर पहचाना जा सकता है।[4] आनन्द रामायण में सप्त द्वीप वसुमति का वर्णन मिलता है।[5] जो भागवत पुराण से साम्य प्रतीत होता है।[6]

---

1. हस्ते लीला कमल मलके वाल्कुन्दानु विद्धं॥
मत्वादेवं धनपतिसखं यत्र साक्षाद्वसनतम्॥ (उ.मेघ) *कालिदास* श्लो.1-13
2. पद्माकारा समुत्पन्ना पृथिवी सघन दुमाः।
महाद्वीपास्तु विख्याताश्चत्वारः यत्र संस्थिता।
ततः कर्णिक संस्थानो मेरूर्नाम महाबलः *वायु पुराण*, 34/45-46
3. स तु मेरूः परिवृतो भुवनैर्भूत भावनैः।
यस्येने चतुरो देशानाना पार्श्वेषु संस्थिता॥
भद्राश्वं भारतं चैव केतुमालं च पश्चिमे।
उत्तराश्चर्चैव कुशवः कृत पुण्य प्रतिश्रयः॥ *मत्स्य पुराण* अ. 112 श्लो.43-44
4. *पुराण विमर्श*, आ. बलदेव उपाध्याय, पृ. 320
5. *आ.रामा.*, राज्य काण्ड, सर्ग 8-9.
6. *भागवत पुराण* 5/20.

भारतवर्ष

पूर्व में भारतवर्ष अजनाभ तथा हैमवत नाम से विख्यात था।[1] प्राचीन निरुक्ति के अनुसार ऋषभ के ज्येष्ठ पुत्र भरत के नाम से यह देश भारत नाम से प्रख्यात हुआ।[2] परन्तु आनन्द रामायण में वर्णन है कि दशरथ कैकेयी पुत्र भरत के नाम से भारत नाम हुआ। लक्ष्मण से अनुमोदन कराकर राम ने भरत को अधिपति बनाया। इस भावी वार्ता को जान कर ही वसिष्ठ ने कैकेयी पुत्र का नाम भरत रखा था।[3]

आनन्द रामायण में भागवत के अनुसार ही सप्त द्वीपीय वर्णन के पश्चात् भारतवर्ष का वर्णन किया गया है।

महाकवि ने भारत को पांच भागों में विभक्त किया है—

1. उत्तरा पथ,
2. दक्षिणा पथ,
3. पूर्व भाग,
4. पश्चिमी भाग,
5. मध्य देश।

इस प्रकार भारत के अनेक प्रान्तों का मनोरम चित्रण करते हुए तत्तद्देश के पर्वत नदी और तीर्थो का भी वर्णन किया है।

विविध तीर्थ स्थल तथा नदियां

धर्मशास्त्र का इतिहास के अनुसार तीर्थ का सम्बन्ध उस स्थान या स्थल (नदी, प्रपात, जलाशय आदि) से है जो अपने विलक्षण स्वरूप के कारण मानव में पुण्यार्जन की भावना को जागृत करता है।[4]

---

1. *भागवत पुराण* 5/7/3 तथा वायुपुराण 35-52.
2. *क-वायु पुराण* 33/51-52 *भागवत पु*.11/15-17.
   ख-भरणात् प्रजानार्चत मनुर्भरत उच्येत।
   निरक्त वचनश्चैव वर्ष तद्भारत स्मृतम्॥ *मत्स्य पुराण* 114/5-6.
3. चकार पाधिविर्युक्तो लक्ष्मणानुमतेन सः॥
   रामः स्वभ्रातरं विप्रैर्भरतं भारताधिपम्।
   विचिन्त्येद भावि वृन्तं जात कर्माणिनिश्चितम्॥ *आ.रामा.*राज्य. 9/90-91.
4. *धर्म शास्त्र का इतिहास* डा. पीवी. काणे, तृतीय भाग, पृ. 1301.

वेदों में भी तीर्थ शब्द का प्रयोग मिलता है। उत्तर वैदिक कालीन में तीर्थ का अर्थ आध्यात्मिक शुद्धि माना गया है। रूद्र से प्रार्थना की गयी है कि जो तीर्थो में भ्रमण करते हैं वे रूद्र हम पर अनुकूल हों।[1] अथर्ववेद में वर्णन है कि जिस प्रकार यज्ञ करने वाले यजमान यज्ञादि से पुण्य लोक की प्राप्ति करते है तथा तीर्थयात्रा से बड़े-बड़े पापों और आपत्तियों से मुक्त होकर पुण्य लोक की प्राप्ति करते हैं।[2]

आनन्द रामायण में विष्णु की प्रसन्नता साधन तीर्थ यात्रा को ही माना गया है।[3] महाभारत में और पुराणों में भी यही भावना किञ्चित विकसित अवस्था में है। वेदों और स्मृतियों के अवलोकन से ज्ञात होता है। कि महाभारत पुराण, रामायण इत्यादि में जिन तीर्थो का वर्णन है। वह वेदों का ही उपवृंहण है। तीर्थो का सम्बन्ध भारतीय संस्कृति, राजनीति और धार्मिक स्थिति से है। भारतीय जनमानस में भी तीर्थयात्रा धर्म का पर्याय है। आनन्द रामायण में तीर्थयात्रा के समय सत्यानुष्ठान एवं नियमों के पालन का आदेश भी दिया गया।[4]

महाकवि ने तीर्थो का उल्लेख राम की तीर्थयात्रा के प्रसंग में किया है, तथा सम्पूर्ण भारत के तीर्थो को यथा क्रम से उल्लेख किया है।

पूर्व के तीर्थ

यात्रा काण्ड सर्ग 6 में पूर्व उद्धरित तीर्थो का क्रम देखें।

काशी

यह तीर्थ भारत के पूर्व में स्थित है। काशी में अनेकानेक उप तीर्थ भी है। यहां पर विश्वनाथ, कालराज, देहली गणेश दुण्ढिराज, अन्न पूर्णा, भैरव, योगिनी और नवदुर्गा के मन्दिर हैं।[5]

---

1. ये तीर्थानिप्रचरन्ति सृ काहस्ता निषंडिगणः।
   तेषां सहस्र योजने वधन्वानितन्मसि॥ *यजुर्वेद* 16-61.
2. तीर्थैस्तरन्ति प्रवतो महीरिती।
   यज्ञ कृतः सुकृतो यनयन्ति॥ *अर्थव.* 18/4/7.
3. अत्माभिस्तव तोषार्थ तीर्थयात्रा विधयते॥ *आ.रामा.*, याग काण्ड, 4/67.
4. ब्रह्मचयदिनियमै ऋतुकालागमन च।
   सत्यसंभाषणापि तीर्थमेवं प्रसाघ च॥ *आ.रामा.* यात्रा. 6/58-59.
5. नत्वापुनविश्वनार्थय कालराजं गणाधियम्।
   अन्य पूर्णा दण्डपाणिं दृष्टवास्तुत्वा प्रणम्य च॥ *आ.राम.* वही 6/59-60.

गया तीर्थ

आनन्द रामायण के अनुसार गया फल्गु नदी के पूर्व में स्थित है। गया के महात्म्य पुराणों में भिन्न-भिन्न कथाएं मिलती हैं। वायु पुराण में गया महत्म्य अग्नि पुराण में गया श्राद्ध का विधान बताया गया है। गया में पञ्च तीर्थ हैं। इस पञ्च तीर्थ से प्रतशिला जाकर राम ने श्राद्ध किया।

धर्मारण्य

यह गया में ही विद्यमान एक प्रसिद्ध तीर्थ स्थल है जहां धर्म ने यज्ञ किया था।[1]

प्रयाग

यह पूर्व दिशा में स्थित अति प्रसिद्ध तीर्थ स्थल है। स्मृतियों, पुराणों, एवं अन्य धर्मग्रन्थों में इसका अत्यन्त महत्त्व है। राम ने प्रयाग में बहुविद्य स्नान व दान किये।[2]

ब्रह्मतीर्थ

यह तीर्थ मगध नामक देश में है। इसका जल उष्ण है। आनन्द रामायण में सुमति के स्वयंवर प्रसंग में इसका वर्णन है।[3]

सर्वतीर्थ

सर्वतीर्थ कान्तीपुर में स्थित है। यहां पर वरदराज विष्णु तथा एकाम्बर नामक शिव के पूज्य स्थल है। यह तीर्थ सभी पापों का नाशक बताया गया है।[4]

हनुमान तीर्थ

यह तीर्थ काशी में जाह्नवी के तट पर है।

हरिहर क्षेत्र

हरिहर क्षेत्र भारत के पूर्व तीर्थो में प्रसिद्ध स्थल है नेपाल के पशुपति नाथ के दर्शन करके राम हरिहर क्षेत्र गये। यहां पर अनेक तीर्थ स्थल हैं।[5]

---

1. धर्मारण्यततोगत्वा कृत्वैकोनयदेषु हि। *वही* 6/116.
2. गत्वा स्थात्वा ततोयत्र कालिंदीसंडगता वि। आ.रामा. यात्रा. 6/133.
3. ब्रह्म तीर्थ सदा क्रीडां हेमन्ते भा भामिनि॥ *आ.रामा.* विलास.3/13.
4. *आ.रामायण*, विलास काण्ड, 3/16-18.
5. दृष्टवा हरिहर क्षेत्रं ययौ रघुकुलोद्वह।
   एवं कुर्वनॅ सतीथानि सर्वाणि रघुनन्दनः॥ *आ.रामा.* यात्रा. 6/72.

दक्षिण भारत के तीर्थ स्थल

अगस्त्य कुण्ड

यह स्थल उघन्तक पर्वत माला के मध्य में है। यहां ऋषियों ने कठिन तपस्या करके मुक्ति प्राप्त की थी।[1]

अग्नि तीर्थ

यह तीर्थ यमुना तट पर स्थित कहा गया है।[2]

कन्या कुमारी

यह तीर्थ स्थल भारत के दक्षिण दिशा में है। इसका एक मुनि कन्या के नाम से ही नामकरण हुआ था।[3]

कुम्भ काशी

इस नाम के तीर्थ की स्थिती दक्षिण में बतायी है। परन्तु, विशेष उल्लेख नहीं मिलता। श्रंगगिरि के आस पास विद्यमान है।[4]

गजेन्द्र मोक्ष

यह तीर्थ ताम्रपर्णी नदी के तट पर स्थित है। जो भारत के दक्षिण दिशा में है।[5] इस स्थल का नाम विष्णु द्वारा गजेन्द्र को ग्राह से मुक्त कराने के कारण गजेन्द्र को मोक्ष हुआ।[6]

चम्पकारण्य

वर्तमान में जो बिहार प्रान्त का चम्पारन है वही चम्पकारण्य पूर्व में था।[7] आनन्द रामायण के अनुसार यह भारत के दक्षिण में स्थित है।[8]

दक्षिण भारत के इन तीर्थो की भांति महाकवि ने अन्य तीर्थो का भी वर्णन किया है। यथा—चित्रगंगा, छायावन, जटायुतीर्थ, जम्बुकेश्वर, जेपाल नगर,

1. *पौराणिक कोश*, रामा प्रताप शर्मा, पृष्ठ 9.
2. अग्नितीर्थे ततः स्नात्वा धनुष्कोट्या विगाह्यव। *आ. रामा.* यात्रा. 7/31.
3. कन्या कुमारीकां दृष्टवा सिन्धु तीरनिवासिनी। *वही* 40-50.
4. कुम्भ काशीं ततो गत्वा गत्वा कोटीश्वरंशिवम्। *वही* 65.
5. गत्वा गजेन्द्रमोक्षं च ताम्र पर्णा तटस्थितम्। *वही* 57.
6. *पौराणिक कोश*, शर्मा राणा प्रताप शर्मा, पृष्ठ 12.
7. *धर्मशास्त्र का इतिहास*, डॉ. काणे, पृष्ठ 1434.
8. *आनन्द रामायण*, यात्रा काण्ड, 7/58-59.

त्रयम्बकेश्वर, दभशयनतीर्थ, पक्षितीर्थ, पानक नृसिंह तीर्थ, ब्रह्मकुण्ड, मल्लिकार्जुन, विष्णुकाञ्ची, वेङ्कटेश्वर वैद्यनाथ, शिव काञ्ची श्री रहगश्यन, श्वेतारण्य, सारनाथ, सेतुवन्धमाधव, सौन्दरेश्वर आदि दक्षिण के प्रसिद्ध तीर्थो का उल्लेख मिलता है।[1]

पश्चिम के तीर्थ स्थल

देववाट

यह तीर्थ पश्चिम भारत में है। यहां नृसिंह भगवान का मन्दिर है। देव वाटे नारसिंह नत्वारामश्च सीतया। आ.राम. यात्रा. 8/11

द्वारिका

यह तीर्थ, गुजरात प्रान्त के काठियावाड़ में समुद्र तट पर स्थित है। यहां द्वारिका नाथ का मन्दिर है। इसे द्वारावती भी कहते हैं। सप्त पुरियों में भी यह मोक्ष दायिका कही गयी है।[2]

पुष्कर तीर्थ

यह तीर्थ अत्यन्त प्रसिद्ध है। अजमेर से 16 कि.मी. की दूरी पर एक प्रसिद्ध झील है। यहां पर ब्रह्मा ने यज्ञ किया था। तब उनके हाथ से कमल का पुष्प गिरने से इसका पुष्कर नाम हुआ।[3] महाभारत के अनुसार अर्जुन ने अपने वनवास का अधिक समय इस स्थान में व्यतीत किया।[4] आनन्द रामायण में राम ने यहां पर काशी से कोटि गुणा दान-पुण्य किया तथा यहां के निवासियों को अनेक वस्तुएं प्रदान की।[5]

प्रभास क्षेत्र

यह एक प्रसिद्ध तीर्थ स्थल है। सौराष्ट्र में यह स्थित है। यहां सोमनाथ का मन्दिर है।[6] इसी मन्दिर को महमूद गजनवी ने तोड़ा था।

---

1. *वही*, सर्ग 7.
2. गोमत्यां विविधयवत्स्नात्वा द्वारा वत्यां विवेश सः॥ *वही*, 8/11.
3. *पौराणिक कोश*, प्रताप राणा प्रताप शर्मा, पृष्ठ 317-318.
4. *रामायण और महाभारत में प्रकृति*, कान्ति किशोर भरतिया, पृ.349.
5. तैस्तीर्थवासिभिर्युक्तो ययौ पुष्कर मुत्तमम्।
   दत्वा दान्यनेकानि काश्याः कोट्यधिकानि तु। *आ.रामा.* यात्रा. 8/48-49.
6. महानदी जले स्नात्वा प्रभासं च ततो ययौ।
   सौ राष्ट्रस्यं सोम नाथे द्रष्टवा स भ्रमती नदीमृ। *वही* 8/14-15.

शंखोद्धार तीर्थ

यह तीर्थ स्थल कच्छ की खाड़ी के अन्त में दक्षिण-पश्चिम भाग में स्थित है। यहां किया गया श्राद्ध अत्यन्त पुण्यतम होता है।[1]

उत्तर भारत के तीर्थ

कुरुक्षेत्र

यह तीर्थ उत्तर भारत के प्रसिद्ध तीर्थो में से एक है। यह अम्बाला (पंजाब) और इन्द्रप्रस्थ (दिल्ली) के मध्य स्थित है। इसे संवरण के पुत्र महाराज कुरू ने स्थापित किया था।[2] आनन्द रामायण के अनुसार राम कुरु क्षेत्र में स्नान करके इन्द्रप्रस्थ गए।[3]

केदारेश्वर

यह तीर्थ स्थल द्वादश ज्योतिर्लिंगों में से एक है। केदारेश्वर बद्रिकाश्रम से दक्षिण में हिमालय पर्वत के पास ही केदारेश्वर नाथ का मन्दिर है।[4]

ज्वालामुखी

इस नाम का मन्दिर कांगड़ा में स्थित है।[5]

नैमिषारण्य

यह तीर्थ स्थल उत्तर प्रदेश के सीतापुर जिले में है। यहां सती देवी लिङ्ग धारिणी देवी के रूप में स्थापित है। वाराह पुराण के अनुसार यहां गौरमुख मुनि ने निमिषमात्र में असुरों की सारी सेना नष्ट कर दी थी इसलिए इसका नाम नैमिषारण्य हुआ।[6]

बद्रिकाश्रम

यह तीर्थ अत्यन्त प्राचीन एवं प्रसिद्ध तीर्थो में से एक है। उत्तरा खण्ड में भगवान विष्णु का हिमालय के दक्षिण में मन्दिर है।[7]

---

1. *धर्म शास्त्र का इतिहास*, डॉ. काणे, खण्ड॥। पृष्ठ 1488.
2. *वही*, खण्ड 3, पृष्ठ 1373.
3. कुरू क्षेत्र विगाह्याथ हीन्द्रपस्थं ततो ययौ॥ *आ.रामा.*, यात्रा, 9/28.
4. बद्रिकाश्रमे रामः केदारेश विलोक्य सः॥ *वही* 9/5.
5. *पौराणिक कोश*, शर्मा राणा प्रसाद, पृष्ठ 282.
6. *पद्म पुराण* 1/37/8.
7. महापथ ततो गत्वा ययौ तन्मानसं सरः। *आ.रामा*, यात्रा, काण्ड 9/6.

महापथ

केदार के बायें भाग को महापथ कहते हैं। इसी मार्ग से पाण्डव स्वर्ग को गये थे। यह स्थल अत्यन्त पवित्र तीर्थो में माना जाता है।[1]

सीता कुण्ड

यह कुण्ड गंगा तट पर है। इसका जल उष्ण है। इसमें स्नान करने से पति की आयु वृद्धि होती है। सीता ने यहां पर शपथ ग्रहण की थी। उसी समय से उष्ण उच्छवास के कारण गर्म जल रहता है।

हरिद्वार

पुराणों में इस तीर्थ का नाम गंगाद्वार भी वर्णित है। गंगा पर्वत माला के बीच से होकर यहां मैदान में आती है। इस तीर्थ में स्नान का अत्यन्त महत्त्व है। वर्तमान में यह सहारनपुर जिले में है। उत्तराखण्ड जाते समय यह तीर्थ मार्ग में मिलता है।[2]

इन तीर्थो के अतिरिक्त भी आनन्द रामायण में अन्य तीर्थो का वर्णन भी मिलता है। यथा, हिमाद्री, मानसरोवर, मेरूपर्वत, कैलाश, मथुरा-वृन्दावन, गौवर्धन इत्यादि राम अयोध्या जाते समय हस्तिनापुर उज्जैन आदि भी गये ऐसा वर्णन मिलता है।[3]

नदियां

गंगा

गंगा नदी की उत्पत्ति राम रूप विष्णु के चरणों से हुई है। भगीरथ अपने पूर्वजों को मुक्त कराने के लिए गंगा को पृथ्वी पर लाये इसीलिए इसका नाम भागीरथी हुआ। एक बार जह्नु ऋषि इसको पी गये थे। पश्चात् प्रार्थना करने पर अपनी जंघा से गंगा को निकाला इसीलिए इसका नाम जाह्नवी हुआ। यह सभी नदियों में पवित्रतम् नदी है।[4]

---

1. सीतायाः शपथो यत्र जाह्नव्या दक्षिणे तटे।
सीता कुण्ड मिति ख्यातं तत्र तीर्थ वभूवतत्॥
वर्तते द्यापि तत्तीर्थं सीतोष्णवास कारणात् *आ.रामा.* जन्म. 8/81-82.
2. भागीरथ्यास्तटे नैव हरिद्वारं ययौ जवात्। *आ.रामा.* यात्रा. 9/28.
3. महाकाल पुरस्कूत्य पश्यन्तीर्थान्य नेकशः।
दृष्ट्वा गजाह्वयं क्षेत्रं सागर कूपमीक्ष्य च॥ *वही* 9/30-31.
4. *आ.रामा.*, याग काण्ड, 4/68, यात्रा काण्ड, 4/89-90, राज्य, 8/44-45.

सरयु

वैवश्वत मनु के शर के द्वारा लाई जाने के कारण इसका नाम सरयु हुआ तथा मान सरोवर से निकलने के कारण भी सरयु कहलाई। इसके तट पर अयोध्या नगरी है। इसका अत्यन्त महत्त्व प्रतिपादित किया गया है।[1]

यमुना

यमुना सूर्य की पुत्री है, भारतवर्ष की पवित्रतम पांच नदियों में से एक है। यमुना का उद्‌गम स्थल हिमालय है। जिसका नाम यमुनोत्री है। यही कालिंदी गिरी की प्रतीति होती है। जिस कारण इसका नाम कालिंदी हुआ।[2]

नर्मदा (रेवा)

नर्म अर्थात् आनन्द को देने वाली होने के कारण इसका नाम नर्मदा हुआ। यह अत्यन्त प्रसिद्ध नदियों में से एक है। इसका उद्‌गम स्थल अमरकंटक है। राम ने पश्चिम दिशा की यात्रा के समय इसमें स्नान किया था—गत्वास्नात्वा व रेवायामोंकारं परिपूज्य॥ आ.रामा., यात्रा, 8/13

पुनपुना नदी

यह गंगा की सहायक नदी है। मगध देश में इसकी स्थिति है यथा—कीट केषु गया पुण्या नदी पुण्या तु पुनपुना।[3]

तुंगभद्रा

यह नदी कृष्णा की सहायक नदी है। मैसूर राज्य के अन्तर्गत कुडूर जिले के कुण्डली ग्राम में तुंग तथा भद्रा नाम की दो नदियां समीप में ही निकलती हैं। शियोगा वस्ती से कुछ आगे चलकर दोनों एक हो जाती हैं तथा उक्त नाम पड़ जाता है।[4] आनन्द रामायण के अनुसार तुंगा नामक नदी श्रंगी पर्वत के समीप से बहती है।[5]

---

1. आनीता सा शरेणैव सरयूचेतिकथ्यते।
   सरोवरात् समुद्रभूता सरयूश्चेतिकेचन॥ आ.रामा., यात्रा काण्ड, 4/88.
2. *कालिदास की कृतियों मं भो. प्रत्याभि*, पृ.98.
3. *आ.रामा*, यात्रा काण्ड, 5/26.
4. *भारत की नदियां*, ब्रजरत्नदास, पृष्ठ 128-129.
5. तुंगानदी तटे श्रंगी गिरौ नत्वा तुशारदाम्। *आ.रामा.*, यात्रा, 7/65.

कावेरी

दक्षिण भारत की प्राचीन नदियों में कावेरी का महत्त्व अधिक है। इसका श्रोत एक निर्झर है। जो पश्चिमी घाट की शृंखला ब्रह्मगिरि से सम्बन्धित है, इसे चक्रतीर्थ भी कहते हैं। यह नदी 28000 वर्ग मील का बेसिन बनाती हुई लगभग 475 मील लम्बा मार्ग पूर्ण कर बंगाल की खाड़ी में गिरती है। कांची, कावेरी पट्टम इत्यादि प्रसिद्ध नगर तथा कावेरी और चोल देश इसके तट पर हैं।[1]

कृष्णा नदी

यह भारत की पवित्रतम नदियों में से एक है। लम्बाई की दृष्टि से यह गोदावरी से छोटी है। महाराष्ट्र प्रान्त के मुम्बई के पास सतारा जिले में महाबलेश्वर के स्थान के उत्तर में पहाड़ी के नीचे एक कुण्ड के गौमुख धारा से इसका उद्गम है। इसको नील गंगा भी कहा जाता है।[2]

गौतमी

गोदावरी नदी का उत्तरी भाग गौतमी कहा जाता है। गौतम पर्वत से निकलने के कारण इसका यह नाम हुआ। ब्रह्मपुराण में इसे गौतमी गंगा तथा नन्दा भी कहा गया है।

राम रेखा

यह नदी मगध देश में है। मगध के राजा दूतां से च्यवन ऋषि की रक्षा के लिए राम ने बाण से आश्रम के पास एक रेखा खींच दी थी जो कि राम रेखा के रूप में परिणित हो गयी।[3]

पिनाकिनी

यह नदी मैसूर राज्य में नन्दी दुर्ग पर्वत से निकलती है इसे पिनाक भी कहते हैं। पुष्पगिरि के समीप से बहती है।[4]

फल्गु नदी

यह नदी गया के बाहरी भाग में है। इसका अत्यन्त विस्तार है। निरन्जन तथा मोहन नदियों के संयुक्त रूप को फल्गु कहते हैं। बौद्ध गया के नीचे पहाड़ी में ये दोनों नदियां मिलती हैं।

---

1. *कालिदास की कृतियों में भी प्रत्य*, कैलाश नाथ द्विवेदी, पृ. 114.
   आ.रामायण, यात्रा काण्ड, 7/22.
2. *भारत की नदियां*, बृजरत्न दास, पृ. 101.
3. *आ.रामायण*, यात्रा काण्ड, 5/20-23.
4. *आनन्द रामायण*, यात्रा काण्ड, 7/7.

गया बहिः फल्गुरेव ज्ञेया स तु महानदी आ.रामा. यात्रा. 6/124

मत्स्य नदी

यह नदी तुंग भद्रा नदी के पास मिलती है। पितरों के श्राद्ध के लिए उपर्युक्त एवं पवित्र मानी गयी है।[1]

चन्द्रभागा (चिनाव)

चन्द्र तथा भागा नाम की दो नदियों से उक्त नदी बनी है। हिमालय के अन्तर्गत एक पर्वत पर जिस पर ब्रह्मा ने देवताओं तथा पितरोंके निमित्त चन्द्रमा के भाग किये थे। यहीं से चन्द्र भागा नदी का उद्‌गम स्थल माना जाता है।[2] यहां की भूमि व्रातों और म्लेच्छों को मिल गयी (भाग. 12/1/39 विष्णु पु. 4/24/69)। कालिका पुराण के अनुसार चन्द्र भाग पर्वत से शीला नामक नदी उत्पन्न हुई चन्द्रमा को स्पर्श करती हुई एक सरोवर मे् गिरी। इसी जल से चन्द्रभागा नाम की कन्या का जन्म हुआ जिसका विवाह समुद्र से हुआ था। पश्चिम समुद्र में गिरती है। चन्द्रमा ने अपनी गदा से पहाड़ में दरार कर दी जो इस नदी का उद्‌गम स्थान बन गया।[3]

पूर्णानदी

ताप्ती नदी के एक भाग को पूर्णा कहते हैं। यह नदी वंगदेव नामक ग्राम पर मिलती है। सूरत जिले में समुद्र में गिरती है।[4]

ताम्रपर्णी

यह नदी मलय पर्वत से निकल कर दक्षिण समुद्र में गिरती है। यह मद्रास (चैन्नई) के तिन्नवेली जिले की पूर्व वाहिनी है। यह स्थानीय भाषा में ताम्रा वरी कही जाती है। इसका उद्‌गम स्थल अगस्त कूट या अगस्त कुण्ड है।[5] आनन्द रामायण के अनुसार जब राम दक्षिण की यात्रा कर रहे थे तब इस नदी में स्नान किया था। उक्त काव्य में इस नदी को पश्चिम वाहिनी बताया गया है।[6]

सरस्वती

सरस्वती नदी का वर्णन वेद, पुराण, काव्य आदि में बहुविधि होता है। यह

---

1. *मत्स्य पुराण*, 22/49.
2. *पौराणिक कोश*, राणा प्रसाद, पृष्ठ 164.
3. *भागवत पुराण* 5/19/18 *ब्रह्माण्ड पुराण* 5/12/15 *वायु पुराण* 45/95/77.
4. *धर्म शास्त्र का इतिहास*, पृष्ठ. 1456.
5. *कालिदास की कृतियों में भो. प्रत्यभिज्ञान*, कैलाश, पृ. 115.
6. ज्ञातव्या ताम्रपर्णा सा त्वन्या पश्चिम वाहिनी। *आ.रामा.* यात्रा. 7/52.

अत्यन्त प्रसिद्ध एवं पवित्रतमनदी है। इसकी महत्ता अनेक महाकवियों ने वर्णित की है। आनन्द रामायण में भी इसे श्रेष्ठ माना गया है।[1]

सिन्धु नदी

यह एक महानद है। सिन्धु को इन्डस भी कहते हैं। यह पश्चिमी तिब्बत की कैलाश के उत्तर पूर्व भाग से निकल कर उत्तर पश्चिम की ओर बहती है। सिन्धु की वाम तटीय प्रधान सहायक नदियों में सतजल है, दाहिने तट पर व्यास, आगे चिनाव। दाहिनी ओर की सहायक झेलम, तथा रावी को साथ लेकर पञ्चनद का रूप धारण करती है।[2]

क्षीर और मणिमुक्ता

राम दक्षिण प्रदेश की यात्रा के समय इन दोनों नदियों के तट पर स्थित तीर्थ भी गये तथा वहां स्नान भी किया—

पुष्पकेण ततः शीघ्रं क्षीर नद्यां विगाह्यच च॥
मणिमुक्ता नदी तीरे वृद्धा चल मगात्ततः॥

आ.रामा. यात्रा काण्ड 7/17-19

निर्विन्ध्या

यह नदी विन्ध्य श्रेणी से निकलती है। जो इन्दौर जिले के पास मालवा पठार में विस्तृत है। यह चम्बल की सहायक के रूप में बेतवा के पश्चिमी भूभाग मालवा प्रान्त में प्रवाहित है, वहां इसे सम्प्रति काली सिन्धु कहा जाता है।[3]

तापी

तापी विन्ध्य पर्वत से निकल कर सूरत के पास अरब सागर में गिरती है। इसे ताप्ति भी कहते हैं। अनेक पुराणों में इसका वर्णन आया है।[4]

मही

पुराणों के अनुसार यह नदी कुश द्वीप की सात नदियों में से एक है। भारत में भी यह नदी है। परन्तु आनन्द रामायण में इसे कुश द्वीप में नहीं कहा गया है,

---

1. *आ.रामायण*, राज्य काण्ड, 8/48.
2. *कालिदास कृतियों में भौगोलिक प्रत्यभिज्ञान*, पृष्ठ 95-96.
3. *कालिदास की कृतियों भौ. प्रत्य.*, कैलाश, पृष्ठ 106.
4. *मत्स्य पुराण* 124/26, *ब्रह्मा* 27/33, *अग्नि पुराण* 109/22.

अपितु, भारतवर्ष की नदियों में वर्णित किया गया है।[1] यह हिमालय से निकलने वाली है दशमहानदियों में से एक है। ''ग्वालियर रियासत'' से निकलकर खंभात के पास दक्षिणाभि मुख होकर समुद्र से गिरती है।[2]

शोण नदी

यह एक महानद है। जिसका नाम हिरण्यवाह् भी है। आनन्द रामायण में ''सिन्धु शाणश्च नदौ'' राज्य 8/48 कहा है। पुराणों के अनुसार गोण्डवाना मे भृक्ष पर्वत से निकलता है। और बाकी पुर से कुछ मील दूर गंगा में मिल जाता है।[3]

चर्मण्वती (चंबल)

यह नदी चंबल के नाम से जानी जाती है। पुराणों में भी इसका उल्लेख मिलता है। यह मालवा के दक्षिण पश्चिम लगभग 9 मील दूर से निकलती है। और इटावा के पूर्व में पच्चीस मील दूर यमुना में मिलती है। चर्मण्वती नाम इसलिए हुआ कि यहां पर राजा रन्तिदेव के यज्ञों में बलि दिये हुए पशुओं की खाल का समुह (चमड़े का ढेर) रखा हुआ था।[4] चर्मण्वती नाम पाणिनी ने भी प्रयोग किया है।[5] अन्य बहुत पुराणों में इसका वर्णन मिलता है।

अरुणा

आनन्द रामायण कार ने राम की प्लक्ष द्वीप की यात्रा के समय इस नदी का वर्णन किया है। वहां राम ने स्नान किया था—

नदीयत्रारूणानाम्नी सर्वपाप प्राणाशिनी।
तस्यां स्नात्वा रघु श्रेष्ठः शीघ्र तदवर्शय ययौ॥ आ.रामा. राज्य. 9/5

प्लक्ष द्वीप की सात नदियों में इसका नाम है।[6]

नृम्णा

इस नदी को भी आनन्द रामायण में प्लक्ष द्वीप में वर्णन किया है। नृम्णा नदी जले स्नात्वा ययौ याव यसेश्वम्॥ वही 9/9

1. *आनन्द रामायण*, राज्य काण्ड, 8/48.
2. *धर्म शास्त्र इति.*, काणे, पृ. 1470.
3. *वही*, पृ. 1492, मत्स्य पु. 222/35, *वायु पु.* 45/19.
4. *पद्म पु.* 1/24/3, *मेघदूत* 145 श्लोक
5. *अष्टाध्यायी* 8/2/12 (पाणिनी)
6. *भागवत पु.* 5/20/4.

सुप्रभाता

सुप्रभाता और ऋतम्भरा इन दोनों नदियों की स्थिति काव्य कार ने प्लक्ष में ही बतायी है। सत्यम्भरा भी उसी द्वीप में है जो अभय नामक देश में हैं—

ऋतम्भरा नदी तोये चकार स्नानमादरात्॥
सत्यम्भरा नदी तोये स्नात्वा स रघुसत्तमः॥ आ.रा.रा. 9/16

वेदस्मृती

इस नदी का नाम महाभारत में वेदस्मृता मिलता है।[1] यह पारियात्र से निकलती है।[2] आनन्द रामायण में इसे भारतवर्ष में बताया है।

वितस्ता

यह वर्तमान में झेलम नदी के नाम से जानी जाती है। शंकर ने अपने त्रिशूल से एक वितस्ति (बारह अंगुल) का छिद्र कर दिया था। और सती देवी नदी के समान बुलबुला छोड़ती हुई निकल आई इसीलिए इसका वितस्ता नाम पड़ा।[3] यह पंच नद की गणना में है।

रोधस्वती

इस नदी का वर्णन आनन्द रामायण में भारत की नदियों के प्रसंग में आया है।[4]

अक्सिनी

निरुक्त के अनुसार इसका नाम काले रंग के पानी के कारण पड़ा है। आगे चलकर इसका नाम चन्द्रभागा हुआ जो चिनाव नदी के नाम से जानी जाती है।[5]

विश्वा

इस नदी का नाम संकेत भागवत एवं आनन्द रामायण में आया है। परन्तु, इसके उद्गम स्थल आदि के सम्बन्ध में सामग्री नहीं मिलती है।[6]

---

1. *महाभारत*, अनु. पर्व, 165/25.
2. *धर्मशास्त्र इतिहास*, डॉ. काणे, पृ. 1486.
3. *धर्मशास्त्र का इतिहास*, डॉ. काणे, तृ.भाग, पृ. 1481.
4. *आ.रामा.*, राज्य काण्ड, 8/48.
5. *धर्म शास्त्र का इतिहास*, डॉ. काणे, पृ.1405/निरूक्त 9/26.
6. *भागवत पुराण*, 5/19/18.
   आनन्द रामायण, राज्य काण्ड, 8/48.
   सा चांग विषयः श्रीमान यत्रांग स मुमोचह॥ *वाल्मी.रामा.* 1/23/13-14.

''अक्सिनो विश्वेति महानद्यः'' आ.रामा. राज्य. 8/48

इन नदियों के अतिरिक्त भी नदियों का वर्णन आनन्द रामायण में मिलता है परन्तु, मुख्य रूप से इन्हीं का वर्णन किया गया है—

भारतेस्मिन् वर्षे सरिच्छेलाः सन्ति वहवः॥

आ.रामा. राज्य काण्ड, 8/46

ऐसा कहकर पर्वत एवं नदियों के नाम महाकवि ने गिनाये हैं।

नगर एवं विविध राज्य सीमाएँ

आनन्द रामायण में भारत वर्ष के विविध राज्यों एवं नगरों का वर्णन किया गया है। जिनका यहां संक्षिप्त उल्लेख किया जा रहा है।

उक्त काव्य में दो स्थानों में विविध राज्यों का वर्णन है। 1. राम के अश्वमेध यज्ञीय अश्व का भ्रमण, 2. राम की भारतवर्ष पर विजय नामक प्रसंगो के माध्यम से देशों का चित्रण किया गया है। यहां काव्य वर्णनानुसार ही क्रम से देशों का वर्णन उल्लिखित हैं।

अंग, वंग और कलिंग देश

उक्त तीनों देश भारत के पूर्व दिशा में हैं।[1] राम का अश्वमेधीय अश्व तीनों देश में गया था। वर्तमान में अंग देश में बिहार प्रान्त, वंग में बंगाल और कलिंग गञ्जाम का क्षेत्र माना जाता है। वाल्मीकि रामायण के अनुसार शंकर के क्रोध से कामदेव के सभी अंग जीर्ण हो गये थे, तथा जहा उसने अंग का परित्याग किया। वही भूखण्ड अंग देश कहलाने लगा।[2]

आंध्र प्रदेश

आंध्र एक असभ्य जाति थी। महाभारत में इसे विश्वामित्र के निर्वासित पुत्र तथा शवर व पुलिन्द के समान ही अनार्य जाति कहा गया है।[3] इनकी राजधानी आन्ध्रपुर, ततेल वाहा नदी पर स्थित थी।

---

1. ततो वाजी पूर्ण देशानंगवंग कलिंगकान॥ *आ.रामा.*, याग काण्ड, 3/21.
2. तस्य गात्रं हत निर्देग्धस्यमहात्मना।
   अशरीरः कृतः कामः क्रोधात् देवेशवरेण ह॥
   अनंगइति विख्यातस्तदा प्रभृति राघव।
3. गोदावरी नदी तीर्त्वा देशमान्ध्रं चन्द्रामिमम्॥ *आ.रामा.*, याग. 3/22.
   महाभारत, शान्वि पर्व, 207/42.

कोंकण

यह प्राचीन जनपद है। पश्चिमी घाट तथा अपव सागर के बीच में स्थित था। इसे अपरान्ह भी कहा जाता है।[1]

महाराष्ट्र

यह प्रान्त कृष्णा और गोदावरी नदी के मध्य में स्थित है। इसकी राजधानी माल्यखेड़े थी। महाराट्ट ही महाराष्ट्र कहा जाने लगा। आनन्द रामायण में गौतम नदी के तथा भीमा नदी के बीच में बताया है—

भीमान्देशान्त सकलान्शयामकर्णः शुभावहः॥
पश्यन्ययौ महाराष्ट्र गौतमी ता विलंध्य च॥ आ.रामा.याग.13/27-28

विदर्भ देश

यह देश दक्षिणापथ का था।[2] गरुड़ पुराण के अनुसार इसे दक्षिण में बताया गया है।[3] डा. डी.सी. सरकार आधुनिक बरार तथा उसके आस-पास के क्षेत्र को विदर्भ मानते हैं।

आभीर

जहां आभीर जाति निवास करती थी उसे आभीरमण्डल कहा गया। पुराणों में इसे उत्तर में स्थित कहा गया है। आलोच्य काव्य में विदर्भ के पास इसकी स्थिति कही गयी है—

विदर्भ समति क्रम्य यायावाभीर मण्डलम्। याग काण्ड 3/28

मालवा

मालव मध्यकालीन प्रसिद्ध देश है। इसकी प्राचीन राजधानी अवन्ति या उज्जैन थी। 8वीं शती के पूर्व इसे अवन्ति कहा जाता था।[4]

गुजरात

जहां गूजर जाति निवास करती थी उसे गुजरात कहा जाता था। दक्षिणी मारवाड़ को ही गुजरात कहते हैं। महाकाव्य में गुर्जर देश कहा गया है।[5]

1. *रघु वंश* 4/4 कोकणं समतिकम्य तत्तददेश नृपैसह॥ *आ.रामा.*, याग.
2. *वाल्मीकि रामा.*, किष्कि.41/10 उत्तर काण्ड 78/3.
3. कलिंगवंगपुण्ड्राउ्गा वेदभिमूलकास्तथा।
   विन्ध्यान्तर निलया देशा पूर्व दक्षिणतः स्मृतः *गरूण पु.* 55/12.
4. *दश कुमार चरित* पृ.9
5. तीर्त्वा स भ्रमती समतिक्रम्य गुजर्रम्॥*आ.रामा.* याग काण्ड 3/29.

द्रविण देश

यह दक्षिण का देश है। जिसे प्रमिल भी कहा जाता था।[1] मद्रास से लेकर श्रीरंगपट्टनम तथा कुमारी अन्तरी तक फैलते हुए भू-खण्ड को डॉ. नन्दलाल के द्रविण कहते हैं। मनुस्मृति के अनुसार इसकी राजधानी कांचीपुर थी।[2]

चोल देश

चोल दक्षिण का प्रसिद्ध देश है। इसकी राजधानी कांची थी। मद्रास प्रान्त के तज्जवुर तथा तिरूचिरपल्ली प्रान्तों में इसकी स्थिति मानी गई है। आनन्द रामायण में इसका उल्लेख दृष्टव्य है—

कांची प्रदेशान्तकलान्नानाविधान्पश्यन्छुमान ॥
कावेरी समितिक्रम्य चोलदेशं विलंघ्य च॥ आ.रामा. याग. 3/23

केरल

केरल दक्षिणी भारत का प्राचीन तथा प्रसिद्ध देश है। मलावार तट पर स्थित है। इसमें ट्रावनकोर तथा कोचीन के स्थान सम्मिलित हैं। प्राचीन केरल का विस्तार वर्तमान की अपेक्षा अधिक विस्तृत था क्योंकि मुरला (काली नदी) जो अब पश्चिमी मैसूर तट में बहती है, कभी केरल में बहने वाली नदी थी।[3] राम का अश्व केरल भी गया था।[4]

कर्नाटक

महाकवि ने कर्नाटक को दक्षिण देशों में वर्णित किया है। इसका प्राकृत नाम कण्णाड है जो कन्नण देश का द्योतक है। डॉ. डे.विजय नगर कोमी कर्नाटक बताते है तथा इसकी राजधानी कल्याणपुर थी। आनन्द रामायण में इसको महादेश भी कहा गया है।[5]

---

1. *काव्य मीमांसा* 1/8/13.
2. *महाभारत* वन. अ. 118.
3. *कालिदास की कृतियों में भौ. स्थलों का प्रत्यभिज्ञान*, कैलाशनाथ द्विवेदी पृ.162
4. ताम्रपर्णी विलंध्याथ समतिक्रम्य केरलान।
   द्विष्ट प्रकारान्देशांश्च गोकर्ण चततो यपौ॥ *आ.रामा.* याग.3/25
5. कर्नाटक महादेशं सममिक्रम्य सत्वरं *वही* 3/26

आनर्त्त

द्वारिकापुरी के आस पास का क्षेत्र आनर्त्त कहलाता है। जो उत्तर नर्मदा खण्ड में है।[1] काव्य मीमांसा में इसे पश्चिम का देश कहा गया है। राम का अश्व प्रभास क्षेत्र को पार करके आनर्त्त गया था—

प्रभासं च ततोगत्वा धयावानर्त्तमुत्तमम्॥ याग. 3/30

पाञ्चाल देश

पाञ्चाल प्राचीन जनपद था इसमें पांच नगर सम्मिलित थे। इसीलिए इसे पाञ्चाल कहते थे—

पाञ्चालः पज्य विषयाः॥ भागवत पु. 4/29/7

आनन्द रामायण के अनुसार यज्ञ का अश्व सूरशेन, पाञ्चाल, और कुरुक्षेत्र में गया।[2]

भिल्ल देश

जहां भील जाति के लोग निवास करते थे उसे भिल्लदेश कहते थे। इस देश से राम का अश्वमेधीय अश्व गॉड़ देश, शक देश, भवन देशों को पार करता हुआ हरिद्वार गया था।[3]

आर्यावर्त्त

पूर्व तथा पश्चिम समुद्र के बीच तथा हिमालय ओर विन्ध्य पर्वत के नीचे में स्थित भू-खण्ड को आर्यावर्त कहा है—

पूर्वापरयोः समुद्रयोहिर्मवद्विन्ध्ययोश्चान्तरमार्यावर्त्तः॥

काव्य मीमा. 1/17 पृष्ठ. 83

इसी प्रकार मनु ने भी कहा है। आलोच्य ग्रन्थ के अनुसार अश्व विविध देशों को भ्रमण करता हुआ आर्यावर्त्त को गया था।[4]

---

1. *वायु पुराण* 45/131
2. शूरशेनानतिक्रम्य पाज्वाला स्तुरगोयमी।
   कुरूं क्षेत्रं ततो गत्वा ति क्रम्य कुरू जांगलात्॥ *आ.रामा.* या. 3/32
3. मिल्ल देशं गॉडदेशं शक देश ययौहयः
   यवनास्ताम्र देशांश्च समतिक्रम्य वेगतः॥ *वही* 3/33-37
   हरिद्वार ययौ वाणी ततौ गंगातटेन हि॥
4. नाना देशानति क्रम्य ह्यार्यावर्त्त ययौ हयः॥ *आ.रामा. याग.* 3/39

अन्तर्वेदी

पश्चिम में विनसन से पूर्व में प्रयाग तक गंगा और यमुना नदियों के बीच का भू-भाग अन्तर्वेदी कहलाता है।[1]

द्रष्टवा काशीं त्रिवेणी च ह्यंतर्वेदी ययौ जवात्॥

आ.रामा. यागकाण्ड 3/40

ब्रह्मावर्त

ब्रह्मावर्त सरोवर का वर्णन उक्त महाकाव्य में मिलता है।[2]

कौशल देश

सम्पूर्ण कौशल का विस्तार उत्तर में हिमालय श्रेणियों, दक्षिण में विन्ध्य, पूर्व में विदेह तथा मगध तक पश्चिम में यमुना नदी तक विस्तृत था यह दो शासन क्षेत्रों में विभक्त था—उत्तर कौशल तथा कौशल। उत्तर कौशल की राजधानी श्रावस्ती थी तथा लव इसके शासक थे दक्षिण कौशल की राजधानी कुशावती थी। राम के बाद कुश ने इस पर शासन किया था।[3]

इस प्रकार आनन्द रामायण में देश एवं नगरों का वर्णन है। इन राज्यों के अतिरिक्त भी महाकाव्य में अनेक नगरों, राज्यों का वर्णन मिलता है। परन्तु मुख्य रूप से इनका वर्णन किया गया है। राम द्वारा भारतवर्ष की यात्रा के समय महाकवि ने उक्त देशों और नगरों की पुनरावृत्ति की है।[4] याग काण्ड में अधिकांश राज्यों का तथा राज्य काण्ड में नगरों का विशेष उल्लेख मिलता है।

इसी प्रकार भारतवर्ष के पर्वतों का भी महाकवि ने वर्णन किया है। सप्त द्वीपीय पर्वतों का वर्णन पृथक् है तथा भारतवर्षीय पर्वतों को स्थल में सामूहिक रूप से उल्लेख किया है।[5]

पर्वत

आनन्द रामायणकार ने विविध तीर्थ, नदियों और राज्यों के वर्णन के साथ-साथ अनेक पर्वतों का भी वर्णन किया है। जम्बूद्वीप की विजय यात्रा के प्रसंग में महाकवि ने भारतवर्षीय पर्वतों का नामोल्लेखित किया है—

1. विनशन प्रयागयोः गंगा यमुनयोश्चान्तरमन्त वेंदीति। *का.मी.* 1/17 पृ.94
2. ब्रह्मावर्त सरोगत्वा पश्चन्देशान्यनोरमान॥ *आ.रामा.* याग. 3/41
3. *कालिदास की.भौ.प्रत्य.*, कैलाशनाथ द्विवेदी, पृ.148 से 150.
4. *आ.रामा.* राज्य काण्ड 7 सर्ग.
5. *वही*, 8/47.

भारते स्मिन् वर्षे सरित्छैलाः सन्तिवहवः॥ आ.रामा.राज्य. 8/46

इस प्रकार कह कर निम्नलिखित पर्वतों का नामोल्लेख किया है।[1] मलय, मंगलप्रस्थ, मेनाक, त्रिकुट, ऋषभ, कुटक, सह्योदेव, ऋष्यमूक श्री शैल, वेंकट, महेन्द्र, वारिधर, विन्ध्य, शक्तिमान, ऋक्षगिरि, पारियात्र, द्रोण, चित्रकूट, गोवर्धन, रैवतक, ककुभ, नील, गोकामुख, इन्द्रकील, तामगिरि, इत्यादि।शत सहस्र पर्वतों की चर्चा कवि ने की है। उनमें मुख्य रूप से इन्हीं का वर्णन है। सप्त द्वीपों के वर्णन में भी पर्वतों का मनोरम चित्र कवि द्वारा प्रस्तुत किया गया है।[2]

◆◆◆

1. तद्यथा मलयोमंगलप्रस्थो मेनाकीस्यकूट : ॠषभ कुटक: सह्योदेव गिरिश्रृष्यमूक: श्री शैलो वेंकटो महेन्द्री वारिधरा विन्ध्य: शा शक्तिमानवृखगिरि: परियात्रो द्रोणाश्चित्रकुटो गोवर्धनो रेवतक: ककुभो नीलो गोकामूख इन्द्रकील: कामगिरिश्चेत्येन्चे च शयत ज्ञ सहस्रश: शैलास्तैषां नितम्बप्रभव: नदा नवश्च सत्संख्याता:॥
2. *वही*, सर्ग 9.

चतुर्थ अध्याय

सामाजिक स्थितियाँ

वर्णाश्रम

वर्ण—वर्ण शब्द की व्युत्पत्ति ''वर्णोवृणुते'' से हुई है, जिसका अर्थ है-वरण करना, वरण करने योग्य। वर्ण व्यवस्था और जाति व्यवस्था लगभग पर्यायवाची हैं। यह वर्ण व्यवस्था नूतन नहीं है, ऋग्वेदकालीन वर्ण व्यवस्था पर दृष्टिपात करने पर यह ज्ञात होता है कि ब्राह्मण, क्षत्रिय वैश्य और शूद्र का अवश्य विभाजन था।[1] वर्ण व्यवस्था के उद्‌भव एवं विकास के सम्बन्ध में पाश्चात्य विद्वानों ने पर्याप्त विचार-विमर्श किया है। परन्तु गम्भीर विचार करने पर भी मतैक्य नहीं है। यह नितान्त सत्य है कि वर्ण व्यवस्था मूल रूप में वैदिक काल में ही थी। उस काल का वर्गीकरण वर्ण व्यवस्था के रूप में व्यवस्थित हुआ था। वर्ण व्यवस्था का वर्णन वैदिक संस्कृति से अद्यावधि पर्यन्त चला आ रहा है। मनु स्मृतिकार ने चार वर्णो का क्रमशः वर्णन किया है। धर्म सूत्रों में भी यत्र-तत्र इसका उल्लेख मिलता है।

अतः वर्ण व्यवस्था का आधार कर्म विभाजन है। सामाजिक स्थिति में यह व्यवस्था चार स्तम्भों में थी—ब्राह्मण, क्षत्रिय, वैश्य और शूद्र। इन चार वर्णो के पृथक्-पृथक् कार्य थे। वैदिक काल में ब्राह्मण का अत्यन्त उच्च पद था, जो समाज के मार्ग का निर्देश करता था। क्षत्रिय सुरक्षा, वैश्य व्यवसाय तथा शूद्र सेवा का कार्य करते थे।

आनन्द रामायण में वर्ण व्यवस्था का स्तर युगीन प्रभाव से शिथिल हो गया। उक्त काव्य का उपजीव्य काव्य वाल्मीकि रामायण है। अतः वाल्मीकि विश्वामित्र और अगस्त्य इत्यादि के चरित्र का उच्चादर्श वर्णन, दूसरी ओर समाज में सम्पत्ति छीनने, हत्या, गृह निष्कासन इत्यादि के वर्णन से कलियुग का प्रभाव दिखाई देता है।

---

1. ब्राह्म्णोस्य मुखमासीद् बाहू राजन्यः कृतः
ऊरूं तदस्ययद्वैश्यः पद्म्यां शूद्रोऽजायत ऋग्वेद/90/12

आनन्द रामायण में जन्मतः वर्णो का विभाजन है।[1] महाकाव्य युग में वर्ण व्यवस्था का विभाजन गुण और कर्म था।[2] पौराणिक समाज को देखने से ज्ञात होता है कि तत्कालीन सामाजिक जीवन का मूलाधार वर्ण व्यवस्था ही थी। ऊंच-नीच, भेद-भाव, खान-पान और छूआ-छूत का कठोरता से पालन किया जाता था। आनन्द रामायण में जन्म पर आधारित चार वर्णो के अतिरिक्त, लौहकार, चर्मकार, तक्षक, कुम्भकार, रजक और नर्तक आदि व्यवसायगत अन्य जातियों का भी उल्लेख है।[3]

विभिन्न वर्णो के कार्य तथा उनकी स्थिति

1. ब्राह्मण वर्ण

आनन्द रामायण में महाकवि ने ब्राह्मण के महत्त्व को प्रतिपादित किया है[4] और भूसुर, द्विजोत्तम, विप्र, श्रोत्रिय इत्यादि विशेषणों से उल्लिखित किया है। तत्कालीन समाज में ब्राह्मण अध्ययन-अध्यापन, पौरहित्य, तथा कृषि कार्य भी करते थे।[5] जबकि धर्म शास्त्रों में ब्राह्मणो के षट् कर्म ही कहे गये हैं। उक्त काव्य में शास्त्रों के अनुसार ही उनकी महत्ता बतायी गयी है। आनन्द रामायण कालीन समाज में प्रतिग्रह का अधिकार केबल ब्राह्म्ण तक सीमित नहीं था अपितु,जो द्विजाति गुरुकुल में रहकर विधिवत् वेदाध्ययन करता था उनको भी था। ब्राह्मणेतर जाति का मनुष्य किस प्रकार दान की पात्रता रखता था।[6] इस प्रकार ब्राह्मणों का कार्य बहुविध बताया गया है। कुछ ब्राह्मण पौराणिक, शाब्दिक, वैदिक, गणक, ज्यौतिषी, दार्शनिक और तार्किक के रूप में राज दरबार में सेवा वृत्ति करते थे।[7]

---

1. जन्म मात्रं द्विजत्वं में शूद्राचार रतः सदा *आ.रामा.* राज्य काण्ड 14/1
2. चातुर्वर्ण्य मया सृष्टं गुण कर्म विभागतः। *गीता*
3. लौहकारश्तक्षकारश्च चर्मकारास्ततः परम॥ *आ.रामा.* याग काण्ड 8/21
4. देवानाम् तु यथा विष्णुर्वर्णानां ब्राह्म्णों यथा॥ *आ.रामा.* मनोहर काण्ड 10/10
5. ब्राह्म्णायद्विजश्चापि तां कर्षायतुमुद्यतः। *आ.रामा.* सार काण्ड 3/255
6. कस्मै दानं प्रकर्तव्यं सुवर्णस्येतरस्य वा
   कयं वा पात्रतामेति ब्राह्म्णेवेत रोडथवा॥
   वसद गुरू कुले यस्तु भिक्षान्नाशी श्रुतिं पठन
   अधीत्य शाखां पूर्णास यथोक्तं लभते फलम॥ *आ.रामा.* मनोहर काण्ड 8/9-10
7. पौराणिकाञ्छब्दविदो गणकांश्च चिकित्सकान। *आ.रामा.* जन्म काण्ड
   नाना कौशल्य निपुणांस्तया वृद्धान द्विजादिकान॥ 7/18

महाकवि ने ब्राह्मण की पतित एवं ह्रास स्थिति को, समाज द्वारा वर्णाश्रम व्यवस्था का पालन और ब्राह्मणों की उच्च श्रेणी निर्धारण करने का अथक् प्रयास किया है। उनको अवध्यत्व और कर से मुक्ति आदि का अधिकार देने का प्रयत्न किया है।[1] तथा ब्राह्मण के धन हरण करने वाले को श्वान योनि का विधान किया है।[2]

उक्त प्रकार से तत्कालीन समाज में ब्राह्मणों की स्थिति का वर्णन मिलता है।

क्षत्रिय वर्ण

राजन्य वंश का वर्णन काव्य में, सम्प्रभुता, ऐश्वर्य, और सम्मान युक्त मिलता है क्योंकि आनन्द रामायण में जिन क्षत्रियों का वर्णन किया गया है, वे पदासीन राजा हैं। अतः प्रजा द्वारा उनके प्रति सम्मान प्रदान करना स्वाभाविक ही था। यत्र-तत्र जिन क्षत्रियों का वर्णन है। उनकी स्थिति सामान्य थी। अन्य समाज की अपेक्षा इनकी आर्थिक स्थिति अच्छी थी।

वैश्य

आनन्द रामायण में वैश्य वर्ण का उल्लेख तो उपलब्ध है परन्तु कवि ने उनके कार्यों एवं स्थिति का स्पष्टतः वर्णन नहीं किया है। और व्यवसायिक वर्ग का भी उल्लेख मिलता है। अतः उक्त वर्णनों के आधार पर वैश्यों के व्यापार करने का संकेत मिलता है। काव्य में जो ''वसन हट्टातु'' आया है[3] उससे भी वैश्य के व्यापार का अनुमान लगाया जा सकता है।

शूद्र

धर्मशास्त्रों के अनुसार शूद्रों को वैदिक मंत्र सुनने का अधिकार नहीं है।[4] परन्तु, आनन्द रामायण में उनको राममन्त्र एवं जपकीर्तन का अधिकार वर्णन

---

1. दातव्यः कर भारो हि विना विप्रैर्नृपापिह। *आ.रामा.* राज्यकाण्ड 14/120
2. विप्रभोजनद्रव्यस्य होमद्रव्यस्य हारिणः।
   गच्छन्ति वै शुनो योनिं सत्यमेतत् वचोमम्। राज्य. 10/42-43
3. ततोवसन हट्टान्तु वस्त्रकोशान्विलुण्ठयच। *आ.रामा.*सार.9/187
4. अथ हास्यवेद मुपश्रृण्वतस्तत्रयुजभ्यां श्रोत्रप्रतिपूरण उदाहरणे जिहाच्छेदो धारणे शरीर भेदः॥ *गौतम धर्मसूत्र* 2/3/4

किया गया है।[1] शूद्र की आजीविका द्विजातियों की सेवा से ही चलती थी।[2] वे द्विजाति के द्वारा दिये गये वस्त्र पहनते थे।[3] अतः शूद्रों के कर्म धर्म शास्त्रों के अनुसार ही कहे गये है। परन्तु आनन्द रामायण में वैदिक काल की अपेक्षा शूद्रों की स्थिति किञ्चित समीचीन थी।

अन्य जाति

आनन्द रामायण में चातुर्वर्ण्य के साथ-साथ अन्य जातियों का भी उल्लेख मिलता है जिनमें श्रमजीवी वर्ग, मनोरंजक वर्ग और प्रशस्ति गायकों का वर्णन है।[4]

इन विभिन्न व्यवसायियों के अतिरिक्त कतिपय चाण्डाल, अन्त्यज, और वर्णसंकर इत्यादि का भी वर्णन मिलता है। व्रतनियम, जप आदि करने वालों को उक्त अन्त्यजादिकों से वार्ता करने का निषेध है।[5]

इस प्रकार आनन्द रामायण कालीन समाज में चारों वर्णों के अतिरिक्त अन्य जातियों का भी वर्णन मिलता है। धर्म शास्त्रों में उक्त वर्णों का जिस प्रकार उल्लेख है। उसी प्रकार का वर्णन आलोच्य ग्रन्थ में भी प्राप्त होता है।

आश्रम

भारतीय संस्कृति में वर्ण व्यवस्था तथा आश्रम व्यवस्था का महत्त्वपूर्ण स्थान माना जाता है। यदि इन व्यवस्थाओं को भारतीय संस्कृति का मूलाधार कहा जाए, तो अतिश्योक्ति न होगी।

सम्पूर्ण समाज के कल्याणार्थ वर्ण व्यवस्था तथा व्यक्तिगत उत्कर्ष के लिए आश्रम व्यवस्था के सिद्धान्तों को स्वीकारा गया है। प्रत्येक मानव का वास्तविक लक्ष्य पुरुषार्थ चतुष्टय की प्राप्ति ही है और आश्रम सिद्धान्त इसी पुरूषार्थ चतुष्टय की प्राप्ति कराता है।

---

1. ममं रामेतियन्नाम तच्छूद्रेः सर्वदैवहि जपनीयंकीर्तिनीयं चिन्तनीयं मुहुमहुंः॥ *आ.रामा.* राज्यकाण्ड 10/109
2. शूद्रेश्च द्विजशुश्रश्रूषा सदाकायाजितभक्तिः॥ *वही* 10/104
3. वस्त्रालंकार भूषाभिः भूषणीया द्विजादयः। *आ.रामा.* विलास काण्ड 6/34
4. लौहकारश्चक्षकारश्च चर्मकारास्ततः परम्
   भूमिमान् प्रर्काहारो रज्जू कुद्दाल हस्तकः॥ *आ.रामा.* योग काण्ड 8/21 से 22
   वन्दिनोमागधाःसूता नर्तक्यश्चनटादयः। *आ.रामा.* विलास काण्ड 4/2
5. रजस्वलां त्यजम्लेच्छ पतित वाट कैस्सह
   द्विज द्विह् वेद वाहौश्च न वदेत सर्वदाव्रती॥ *आ.रामा.* मनोहर काण्ड 10/78

आश्रम शब्द श्रम ''प्रयत्ने'' धातु से निष्पन्न होता है जिसका अर्थ है-श्रम या उद्योग। ''आश्रयन्त्यस्मिन्निति आश्रम'' जिसका आश्रय लिया जाए उसे भी आश्रम कहते है। धर्म शास्त्रों में आश्रम चार कहे गए है—1. ब्रह्मचर्याश्रम, 2. गृहस्थाश्रम, 3. वानप्रस्थाश्रम, और 4. संन्यासाश्रम।

इसी प्रकार आनन्द रामायण में भी चार आश्रम कहे गये हैं।[1] इन्हीं चार आश्रमों में व्यक्ति की आयु का विभाजन किया गया है तथा चार रूपों में उसके पुरूषार्थ चतुष्टय की प्राप्ति का साधन वर्णन किया गया है।

1. ब्रह्मचर्याश्रम

ब्रह्मचर्याश्रम में मनुष्य नियम, संयम, तथा ब्रह्मचर्य का पालन (इन्द्रियनिग्रह) करते हुए शिक्षा एवं ज्ञानार्जन करता था। द्विजाति बालक का यज्ञोपवीत संस्कार के पश्चात् गुरु कुल में अध्ययन कराया जाता था।

यज्ञोपवीत कराने का समय मुनस्मृति में इस प्रकार कहा है कि ब्राह्म्ण, क्षत्रिय और वैश्य क्रमशः गर्भ से 8, 11, और 12 वर्ष में उपनयन कराये जाते थे।[2] इसी प्रकार याज्ञवलक्य स्मृति में भी कहा गया है।[3] आनन्द रामायण में उपनयन की आयु इस प्रकार कही गयी है।

ब्राह्मणस्याष्टमें प्रोक्तो द्वादशे क्षत्रियस्य च।
वैश्यस्यत्य षोडशे वर्षे व्रतबन्धः मुनीश्वरैः॥

ब्राह्मण का उपनयन आठवें वर्ष में, क्षत्रिय का बारहवें, और वैश्य का सोलहवें वर्ष में करना चाहिए। ऐसा श्रेष्ठ मुनियों ने कहा है। आनन्द रामायण कालीन समाज में भी ब्रह्मचर्याश्रम का पालन किया जाता था। परन्तु उक्त व्रत का विशेष वर्णन नहीं मिलता संकेत अवश्य मिलता है।

लव कुश का उपनयन इत्यादि का वर्णन तथा उनका वेदाध्ययन इस बात का द्योतक है कि गुरु ने लव कुश को स्वर्ण के तारो से बनी करधनी (मेखला),

---

1. निवससन्ति द्विजाः मन्त्र वन्द्याः सर्व महीभुजाम्
चतु वर्गफलोपेतं चातुराश्रममुज्ज्वलम्। *आ.रामा.* मनोहर काण्ड 11/234
2. गर्भाष्टमेडव्दे कुर्वीत ब्राह्म्ण्स्योपनयनम
गर्भादेकादशे राज्ञो गर्भान्तु द्वादशे विशः। *मनु.* 2/36
3. गर्भाष्टमेष्टमेवाब्दे ब्राह्मणस्योपायनम
राज्ञा एकादशे सैके विशामेकेयथा कुलम्। *याज्ञ.स्म.*

मृग चर्म और कौपीन धारण कराया तथा दण्ड कमण्डल देकर विधिपूर्वक गायत्रीमन्त्र का उपदेश दिया।[1] इसके पश्चात् वसिष्ठ ने कुश को ब्रह्मचर्यादि के नियमों का उपदेश दिया।[2] धर्मशास्त्रों में अध्ययन के उपरान्त शिष्य गुरु को दक्षिणा देकर अपने माता-पिता के घर जाता था।

आनन्द रामायण में कुशादि के अध्ययन के उपरान्त सभी पुत्रों की तीर्थ यात्रा का वर्णन है कि सभी पुत्रों ने जब गुरुमुख से वेदादि का ज्ञान प्राप्त कर लिया तब गुरु, मन्त्रियों और सेना के साथ तीर्थ यात्रा के लिए प्रस्थान किया।[3]

इस प्रकार तत्कालीन समाज में ब्रह्मचर्याश्रम की मान्यता थी। कवि द्वारा ब्रह्मचर्याश्रम का सैद्धान्तिक रूप से वर्णन धर्म-शास्त्रों के अनुरूप ही किया है। परन्तु, उक्त व्रत का समाज द्वारा पालन करने का वर्णन अधिकता में नहीं मिलता था। अतः लोग उक्ताश्रम को भलीभांति जानते थे परन्तु, कुछ लोग ही ब्रह्मचर्याश्रम का पालन करते थे।

2. गृहस्थाश्रम

आनन्द रामायण में गृहस्थाश्रम का वर्णन धर्मशास्त्रों के अनुसार ही बताया गया है। यह आश्रम ब्रह्मचर्याश्रम की समाप्ति के पश्चात् प्रारम्भ होता है। याज्ञवलक्य स्मृति में गृहस्थ को प्रति दिन स्मार्त और श्रौतकर्म सम्पन्न करने को कहा है।[4] मनुष्य गृहस्थाश्रम में रह कर पुरुषार्थ चतुष्टय की प्राप्ति कर सकता है। इसी आश्रम से ही शेष तीनों (ब्रह्मचर्य, वानप्रस्थ, और संन्यासाश्रम) का भरणपोषण होता है। इसीलिए इसको ''धन्योगृहस्थाश्रम'' कहा गया है।

आनन्द रामायण में गृहस्थाश्रम का शास्त्रोक्त विधि से वर्णन मिलता है।[5] मनुस्मृति में जिस प्रकार नारी का स्थान बताया गया है। कि जहां नारियों का सम्मान होता है वहीं देवता रमण करते हैं।[6]

---

1. विधिं कृत्वाऽथ कौपीनं दण्डचाऽथ कमण्डलुम
   वद्‌ध्वादौ रूक्मजां मौजीं बबन्धैराजिनं तदा। *आ.रामा.* जन्मकाण्ड 9/95-96
2. *आ.रामा.* जन्म काण्ड 9/97-108
3. वेदादीनां गुरूमुखाल्लब्ध्वा ज्ञानं गुरूस्ततः
   जग्मुः तीर्थानि वै कर्तुसेनया गुरू मन्त्रिणः॥ *आ.रामा.*9/120
4. कर्म स्मार्त विवाहाग्नौ कुर्वीत प्रत्यहं गृही
   दायकालाहृते वापि श्रौतं वैतानिकाग्निषु॥ *याज्ञ.स्मृ.* आचाराध्याय 97
5. पूजनीयाः सदा देवाः कार्यो धर्मा निरन्तरम्।
   रामतीर्थेषु सर्वत्र कार्यो धर्मो विशेषतः॥ *आ. रामा.* राज्य काण्ड 24/89-90
6. यत्र नार्यस्तु पूज्यन्ते रमन्ते तत्र देवताः *मनु* 2

उसी प्रकार आनन्द रामायण में भी स्त्री को दुःखित करना तथा दिवा निद्रा वर्जित है।

न खेदयेद्वधू स्वीयां दिने निद्रान कारयेत॥

गृहस्थ को सर्वथा धर्म कर्म तथा दानादि कर्म करते रहने का निर्देश किया गया है। तत्कालीन समाज में बहु पुत्रवान होना अच्छा नहीं समझा जाता था। एक ही पुत्र हो जो कुल को तार सके। सैकड़ों पुत्र दुष्टमार्गी हो तो क्या लाभ?[1] और जो शास्त्रों में बहुपुत्रवान होने की बात कही गयी है। उसका कवि ने राम द्वारा खण्डन कराया है।

एष्टव्यः वहवोपुत्राः यद्वाकोपि गयां व्रजेत।

इति यद्वचनं सीते सामान्यं विद्धिनोवरम्॥ आ.रा. राज्य. 19/130

बहुत पुत्रों की इच्छा रखनी चाहिए क्योंकि उनमें से एक भी गया श्राद्ध करने जाये तो अच्छा किन्तु यह बात सामान्य है श्रेष्ठ नहीं। अतः एक ही पुत्र होना श्रेष्ठ है।

इस प्रकार गृहास्थ आश्रम को तत्कालीन समाज मानता था इस आश्रम में नित्यकर्म, पञ्चमहायज्ञ, दान-धर्म और कर्म की विशेषताओं का समावेश किया गया है।

आनन्द रामायण के अनुसार मनुष्य गृहस्थाश्रम में ही रहकर पुत्र, धन एवं सांसारिक मोह को त्याग कर, शान्ति, आर्जव, क्षमा, इन्द्रिय निगृह आदि करके परब्रह्म की प्राप्ति कर सकता है।[2]

3. वानप्रस्थाश्रम

वानप्रस्थाश्रम तृतीय आश्रम है। इस आश्रम में मनुष्य अपने सम्बन्धियों को छोड़कर नियम-संयम पूर्वक तपस्या करने के लिए वन में प्रस्थान करता था तथा भिक्षावृत्ति करके ब्रह्मोपासना करता था। स्मृतियों में लिखा है कि द्विजाति

---

1. एकः स तनयो धन्यः कुलयस्तारयेन्निजम।
   कृमि तुल्याश्च ते पुत्राः शतशोदुष्टमार्गगाः॥ *आ.रामा.* राज्य काण्ड 19/131
2. देह गारसुतस्त्रीषु मामकेति चया मतिः॥
   उप सहंत्य वुद्ध्वा संन्यस्य ब्रह्मणि चिद्धने॥
   सत्यंशौचंदयाशान्ति क्षमाचेन्द्रिय निगृहः॥
   अहिंसा भागवृद्धक्तिर्वेद मार्गानु वर्तनम्॥ *आ.रामा.* सार. 5/112-15 तक

अपनी पत्नी को पुत्र के संरक्षण में छोड़ कर अथवा अपने साथ लेकर, अग्नि लेकर, ब्रह्मचर्य व्रत को धारण करते हुए वानप्रस्थ होवे।[1] आनन्द रामायण में भी वानप्रस्थाश्रम का वर्णन है। राम के यज्ञ में बहुत से ऋषिगण जो वानप्रस्थाश्रम के नियमों को धारण किये हुए थे वे सभी उपस्थित हुए थे। वानप्रस्थी को वायु पान करके पन्चाग्नि सेवन करके तथा जल मात्र पान करके रहना चाहिए।[2] इसी प्रकार के नियमों को पालन करने वाले ऋषियों का वर्णन आनन्द रामायण में मिलता है—

केचित्पर्णाशिनाः केचिद्वायुभक्षास्तथाऽपरे॥
कुशाग्रजलपानाश्च केचित्यक्ताशनास्तथा॥
भिक्षाशनास्तथा केचित् परदताशनाऽपरे॥
आयाञ्चा व्रतिनः केचित्यकतसंभाषणाऽपरे॥
केचित्वल्कल संवीताः केचित्काशाय वस्त्रिणः।
मृग चर्म धराः केचित् केचिदाकाशवस्त्रिणः॥
वृक्षपल्लव वस्त्राश्च केचित्पञ्चाग्निसाधकाः।
धूम्रपानव्रताः केचित केचित्यक्तेषणापरे॥
एवं नानावनाराम गिरिदुर्गाश्रमादिषु।
वासिलः ते समायातः सदारश्चसबालकाः आ.रामा.यागकाण्ड 2/34-3

जो ऋषिगण राम के यज्ञ में आये थे उनमें कुछ पत्ते खाते थे। कुछ वायुपान करते थे एवं कोई कुशाग्रभाग से जल पीते थे। कुछ ने भोजन को त्याग दिया था। कुछ अग्नि को स्पर्श नहीं करते थे। कुछ पञ्चाग्नि का सेवन करते थे। कुछ कपास वस्त्र धारी एवं कुछ दिगम्बर थे। इस प्रकार के ऋषि जंगल, पर्वत, और कन्दराओं में रहने हेतु सपरिवार आये थे।

इस प्रकार वानप्रस्थ जीवनयापन करने वालों का वर्णन आनन्द रामायण में मिलता है। राम ने गंगा तथा सरयू नदी के संगम पर वानप्रस्थ ऋषियों का पूजन-अर्चन किया था, दूतों को राम ने आज्ञा दी थी कि कोई भी उनकी पूजा ग्रहण किये बिना न जाएं।[3]

---

1. क-सुत विन्यस्त पत्नीकस्तया वाश्रुगतो वनम्।
वानप्रस्थो ब्रह्मचारी साग्निः सोपासनोव्रजेत्॥ *याज्ञ.स्म.* वानप्रस्थ प्रक.श्लोक 45/पृ.436
ख-गृहस्थस्तु यदा परयेत् बलीपलितभात्मनः।
अपत्यस्मैववाऽपत्यं तदारण्यं समाश्रयते॥ *मनु.स्मृ.*/6/2
2. द्रष्टव्य-*याज्ञवलक्यस्मृति* मिताक्षरापुक्त पृ.436 से 442 तक
3. ब्रह्मचारी गृहस्थो वा वानप्रस्थाश्रमी यतिः।
यः कश्चिद्वा समायाति पाथिका स ममाज्ञया॥ *आ.रामा.* यात्राकाण्ड 5/15

आनन्द रामायण में धर्मशास्त्रों के अनुरूप ही आश्रमों का वर्णन मिलता है।

4. संन्यासाश्रम

संन्यासाश्रम चतुर्थाश्रम कहलाता है। याज्ञवलक्य-स्मृति में कहा गया है कि वानप्रस्थ अथवा गृहस्थ के पश्चात् वेद सम्मत दृष्टि करके अग्नि के आत्मा में समारोप करके, अध्ययन, जप, और पुत्रवान् होने के बाद यज्ञ करके मोक्ष की इच्छा करें।[1]

संन्यासाश्रम का फल ''मोक्ष'' है- ''मौक्षेक फलकश्चतुर्थाश्रमः''

पुरुषार्थ चतुष्टय का अन्तिम मोक्ष पुरुषार्थ संन्यासाश्रम का हेतु माना जाता है। इसमें मनुष्य अपनी इन्द्रियों का निगृह करके अन्तःकरण शुद्ध कर ब्रह्मात्मभाव को प्राप्त होता है। शम, दम, तितिक्षादि इसके प्रमुख नियम हैं। धर्मशास्त्रों के अनुसार ही आनन्द रामायण में सन्यासी को अत्यन्त पूजनीय माना गया है।

विद्वान, तपस्वी, जितेन्द्रिय, ज्ञानी और संन्यासी क्रमशः उत्तरोत्तर श्रेष्ठ माने गये हैं।[2] इस प्रकार संन्यासाश्रम को महत्त्व दिया जाता था। सम्पूर्ण काव्य के अनेक स्थलों पर वैराग्य विषयक उपदेश का उल्लेख मिलता है। राम ने राजा दशरथ को भी वैराग्योपदेश दिया था।[3]

अतः काव्य में वैराग्य का अधिक मात्रा में वर्णन मिलता है। पुनश्च कवि ने गृहस्थाश्रम को सर्वश्रेष्ठ माना है। उक्ताश्रम में रहते हुए भी पूर्वोक्तभावों से मुक्त होकर इन्द्रिय निगृह, अहिंसा और भगवत्भक्ति तथा वेद रहित कर्मो को करके मोक्ष प्राप्त करें।[4] तत्कालीन समाज में चारों आश्रमों का यथाशक्ति पालन किया जाता था, और आश्रम सिद्धान्त को जीवन के अभ्युदय का मार्ग माना जाता था।

---

1. वनाद् गृहाद्वा कृत्वेष्टिं सर्ववेद सदक्षिणाम्।
प्राजापात्यां तदन्ते तानग्निसारोप्यचात्मनि॥ *याज्ञ.स्मृति यति* धर्मप्रकरण प्रायः अ./56
2. विद्वद्भिश्चतपो निष्ठास्तपो निष्ठै जितिन्द्रियः।
जितेन्द्रियै र्ज्ञान निष्ठा ज्ञानभिः शिवलिडिगनः॥ *आ.रामा.* राज्य का 15/6
3. यक्तिज्चित्भासतेऽत्र ततन्नारायणात्मकम्।
पश्यत्वं सर्वभावेन मुच्यतेभवसंकटात॥ *आ.रामा.* सारकाण्ड 5/114
4. सत्यं शौचंदया शान्तिः क्षमा चेन्द्रिय निगृहः।
अहिंसा भगवद्भक्तिर्वेद भार्गानुवर्त नम॥ *वहीं* 5/114-115

देवाराधन

देवाराधन से हमारा अभिप्राय आनन्द रामायण में विविध प्रकार के देवों की उपासना से है। उक्त काव्य में विभिन्न देवोपासना के साथ-साथ प्रधान रूप से रामोपासना की अधिकता है।

तत्कालीन समाज में जो उपासना की प्रक्रिया दिखाई देती है। वह पौराणिकी उपासना से अधिक साम्य रखती है। आनन्द रामायण काल में ज्ञान, कर्म और भाव की प्रधानता युक्त देवाराधन किया जाता था। इस देवाराधन में अनेक सम्प्रदायों के मतों का समावेश किया गया है जैसे—वैष्णवोपासना में पाञ्चरात्र सिद्धान्त का अनुकरण कर मण्डल निर्माण षोडषोपचार मूर्ति का पूजन और मन्त्र जप को माना है। शिवोपासना में, लिङ्गोपासना, शक्तिउपासना में वाममार्गी पद्धति के प्रभाववश, मांस, मदिरा का प्रयोग किया गया है।

इसके अतिरिक्त व्रत, तीर्थ, और दानादि को भी देवाराधन का अंग माना गया है। उक्त काव्य में प्रमुख रूप से विष्णु आराधन का सर्वाधिक वर्णन मिलता है। राम की उपासना विष्णु उपासना मानी गयी है। अतः सम्पूर्ण काव्य में वैष्णव धर्म की प्रधानता दृष्टिगोचर होती है। परन्तु, यह वैष्णवोपासना अन्य धर्म शैव, शाक्त, सौर और गाणपत आदि का विरोध नहीं करता अपितु, सभी को आत्मसात् करता हुआ दृष्टिगत होता है। काव्य में सभी देवों के व्रत, तीर्थ और उपासना इसका साक्षात् प्रमाण है।

तत्कालीन समाज में विष्णु के दश अवतारों को अधिक महत्त्व दिया जाता था। आनन्द रामायण में उक्त दशावतारों का वर्णन इस प्रकार किया गया है।

1. मत्स्यावतार

यह अवतार विष्णु ने चैत्र शुक्ला पंचमी को धारण किया था।[1] इस अवतार का हेतु आनन्द रामायण में स्कन्द पुराण के अनुसार ही वेदोद्धार निमित्त शंखासुर के वध के प्रसंग में किया गया है।[2] जबकि भागवत में मत्स्यावतार प्रलय के समय मनु की रक्षा हेतु वर्णित किया गया है।

---

1. चैत्रेतु शुक्ल पञ्चम्यां भगवान्मीन रूप धृक। *आ.रामा.* मनो.3/36
2. शंखासुरो महा दैत्यः पूर्ण जातो महोदधौ।
   येन वेदाहृताः सर्वे सत्य लोकात् कृतयुगे॥
   तदर्थ मत्स्य रूपेण ह्यवतारोमया धृतः॥ *आ.रामा.* राज्य 20/24-25

2. कूर्मावतार

कूर्तावतार, समुद्र मंथन के समय डूबते हुए मंदराचल पर्वत को पीठ पर धारण करने हेतु किया था। यह अवतार ज्येष्ठ शुक्ल द्वादशी को हुआ था।[1] वाल्मीकि रामायण, अग्निपुराण और विष्णु पुराण की तरह ही आनन्द रामायण में भी वर्णन मिलता है।[2]

3. वाराह अवतार

विष्णु ने वाराह अवतार चैत्र शुक्ल नवमी को धारण किया था।[3] आनन्द रामायण में इस प्रकार अवतार का हेतु भागवतादि के अनुसार हिरण्याक्ष को माना है।

4. नृसिंहावतार

यह अवतार विष्णु का संयुक्तावतार है अर्थात पशु और मानव का। जब प्रह्लाद अपने पिता हिरण्यकशिपु से विविध प्रकार की यातनाओं से पीड़ित किया जा रहा था, उस समय वैशाख शुक्ल चतुर्दशी को नृसिंहावतार हुआ था।

वैशाखेऽभूत चतुर्दश्यां शुक्ल पक्षेनृकेशरी॥ आ.रामा. मनोहरकाण्ड 3/27

पुराणों में भी इस अवतार का हेतु, हिरण्यकशिपु को कहा गया है।[4]

5. वामनावतार

राजा वलि के अहंकार को नष्ट करने के लिए विष्णु ने भाद्रपद शुक्ल द्वादशी को वामनावतार धारण किया था।[5] भागवत आदि पुराणों में भी इसी प्रकार वर्णन मिलता है।

6. परशुराम अवतार

आनन्द रामायण में परशुराम को विष्णु का अंशावतार कहा गया है।

---

1. ज्येष्ठे तुशुक्लद्वादश्यां कुर्म रूप धरो हरिः। *आ.रामा.* मनोहर काण्ड 3/36
2. क-*वाल्मीकि* बाल. 45/29 *विष्णु पुराण* 1/9/88 और *अग्नि* पु.अ.3
   ख-ततः समुद्रमथने मज्जं तं मन्दराचलम्।
   द्रष्टवा धृत्वा कूर्म रूपं स्व पृष्ठे पर्वतोधृतः॥ *आ.रामा.* राज्य. 20/27
3. चैत्र कृष्ण नवम्यां तु हरिर्वाराह रूप धृक्॥ *आ.रागा.* मनो. 3/37
4. *भागवत।*
5. मासि. भाद्रपदे शुक्ले द्वादश्यां वामनस्त्वभूत्॥ *आ.रामा.* मनोहरकाण्ड 3/38

श्री विष्णोस्तु चिदंशेन जामदग्न्स्त्वया स्मृतः॥ आ.रामा.सार. 3/39

परशुरामावतार वैशाख शुक्ल तृतीया को हुआ था।[1] इस रूप में विष्णु ने 21 बार पृथ्वी को क्षत्रिय विहीन करके सहस्त्रार्जुन का वध किया था।[2]

7. रामावतार

रामावतार विष्णु का पूर्णावतार है।[3] कवि ने राम का सर्वोपरि अवतार माना है। चैत्रमास शुक्ला नवमी को राम अवतरित हुए थे। राम को समस्त जगत के चराचर का स्वामी और पापनाशक एवं मोक्षदायक कहा गया है।[4]

8. कृष्णावतार

यह अवतार भी श्री विष्णु का पूर्णावतार माना गया है। मथुरा में भाद्रपद कृष्णाष्टमी को कृष्ण अवतरित हुए थे। आनन्द रामायण में पुराणों के अनुसार ही कृष्ण जन्म के हेतु का वर्णन मिलता है।[5]

9. बुद्धावतार

यह अवतार कलियुग में पौष शुक्ला सप्तमी को हुआ था।[6] इस अवतार में हिंसायुक्त यज्ञों का विरोध और अहिंसा का उपदेश किया था।[7]

10. कल्कि अवतार

आनन्द रामायण में भी भागवत और महाभारत के अनुसार ही कल्कि अवतार होने का वर्णन किया गया है। इस अवतार की तिथि माघ शुक्ला तृतीया कही गयी है।[8] कल्कि अवतार का हेतु दुष्टों का संहार कहा गया है।

---

1. वैशाखे जामदग्न्यस्तु तृतीयायांसिते त्वभूत॥ *आ.रामा.* मनोहर काण्ड 3/38
2. एक विशतिवारं हि निः क्षत्राः पृथ्वी कृता॥
   सहसार्जुन नामा समहावीरो हतस्तदा॥ *आ.रामा.* राज्यकाण्ड 20/38
3. राम कृष्णावतारौच पूर्णरूपेणतौधृतौ॥
   ज्ञेयो रामावतारो हि नानेन सदृशः परः॥ *आ.रामा.* सार.3/392-393
4. तत्वं वद महाभाग रघुवीरस्थ चेष्टितम।
   रम्यं पवित्रमानन्द दायकं पातकापहम्॥ *आ.रा.* यात्रा काण्ड 3/12
5. *आ.रामा.* राज्य काण्ड 20/42-46
6. पौष शुक्ला सप्तमीयां बुद्ध जन्म तिथिस्तुसा। *आ.रामा.* मनोहर 3/40
7. ततो दैत्यानवज्ञ कर्मसक्तान्द्रष्ट्वा पुनस्त्वहम्। *आ.रामा.* राज्य काण्ड 20/59
   अहिंसनवृतं सर्वान दर्शयष्याम्यहं जनान्॥ *वही* 62
8. माघ शुक्ल तृतीया तु कल्निकनः सा तिथिस्मृता॥ *आ.रा.* मनोहर. 3/40

इस प्रकार प्रधान रूप से विष्णु के दश अवतारों का वर्णन है। अन्य 44 अवतारों का नामोल्लेख आनन्द रामायण में है। परन्तु, मुख्य दश अवतारों की प्रधानता मानी जाती थी तथा उनकी जयन्ति पर विशेष पूजा आराधना की जाती थी।[1]

आनन्द रामायण में देवाराधन या पूजन विधि शास्त्रोक्त नीति ही मानी गयी है। देवापासना तीन प्रकार की कही गयी है[2]—1. देवों की आराधना को सात्विकी, यज्ञ और राक्षसों की उपासना को राजसी और भूत प्रेतादि की उपासना को तामसी कहते हैं।[3]

पञ्च देवोपासना को महत्त्व दिया जाता था। इन्हीं पञ्चदेवों की पूजा ग्राह्य कही गयी है।[4] पञ्च देवों में शिव, सूर्य, गणेश, शक्ति और विष्णु को माना गया है।

शैवा सौराश्च गाणेशाः शक्ताश्चवैष्णवास्तथा॥

आ.रा. मनोहर काण्ड 3/20

पूजा विधि

आनन्द रामायण में दो प्रकार की पूजाविधि कही गयी है—1. मानसी, और 2. बाह्य विधि।[5]

मानसी

अपने इष्टदेव का जब मन में ध्यान करते हुए मन से ही पूजा की जाती है। उसे मानसी विधि कहते हैं।[6]

बाह्यविधि

इस विधि में उपासना के द्वारा अपने इष्टदेव अथवा देव को पूजा द्रव्य,

1. विशेषाज्जन्म दिवसे कार्यतत् पूजनं मुदा। *आ.रामा.* मनोहर. 3/43
2. उपासनास्त्रयः सन्ति सात्विकी राजसीत था।
   तामसी च तृतीया सा...... ॥ आ.रा. *वही* 3/18
3. सा ज्ञेमा तामसी घोरा देवानां सात्विको स्मृता
   याज्ञानां राक्षसानां च याज्ञेया सा तु राजसी॥ *वही* 19-20
4. अवतारास्त्वसंख्याता पंचानां सन्ति भूतले।
   तेषामुपासनाग्राह्या गुरोरात्या द्विजातिभिः ॥ *वही* 21
5. कार्यो वै मानसी पूजा वहिःपूजा तथा शुभा॥ *आ.रामा.* मनोहर का.3/1
6. शुद्धेन मनसा रामं पूजयेत् सततं हदि॥ *वही* 3/60

जलाक्षत चन्दनादि स्वयं हाथ से समर्पित किया जाता है। इस विधान में कवि ने पृथक्-पृथक् देवताओं को भिन्न-भिन्न वस्तुओं का वर्णन किया है। जैसे—राम पूजन में उपासक द्वारा शरीरादि की शुद्धि के पश्चात् लकड़ी के पट्टे पर 10008 राम नाम अंकित करके भद्रासन बनाये जाते थे और सर्वतोभद्रादि का निर्माण किया जाता था। राम के साथ लक्ष्मण और सीता का भी पूजन किया जाता था। इनके बिना राम की पूजा विघ्नों वाली होती है।[1] अतः तीनों को षोपचार पूजन करके नव पुष्पान्जलि दी जाती है।[2] क्योंकि राम भी नव कहे गये हैं तथा राम को नव संख्या अतिप्रिय बतायी गयी है।[3]

शिवपूजन

आनन्द रामयण में कवि ने आठ प्रकार की मूर्तियां बतायी हैं।[4] राम द्वारा स्फटिकलिङ्ग की उपासना की जाती थी।[5] भगवान शिव के पूजन में उपासक द्वारा ध्वनादि भी करना चाहिए। इस प्रकार पूजा का विधान बताया गया है। आराधना में मनुष्य के व्याधि का प्रशमन होता है।

इसी प्रकार आनन्द रामायण में शक्ति पूजन का वर्णन भी किया गया है तथा शक्ति के विभिन्न स्वरूपों लक्ष्मी, दुर्गा, विन्ध्यवासिनी आदि का उल्लेख किया गया है। साथ ही कवि ने गणेश, सूर्य आदि की भी पूजन पद्धति वर्णित करते हुए मन्त्र-जप की विधि पर प्रकाश डाला है। उक्त काव्य में राम के विविध मन्त्रों के स्वरूप तथा उनके विधान का वर्णन किया है।[6]

---

1. सीतानुजौ विना पूजा राम स्येकस्यनाचरेत।
   कृताचे द्रिध्नकर्त्री सा भवदेस्यन श्संयः॥ *वही* 3/148
2. एभिर्नवविषैः पुष्पैर्मन्त्र पुष्पाणिराघव॥ *वही* 3/198
3. नवदुर्गा यथा त्वम तथा रामा नवस्मृताः॥ *वही* 247
   तस्मान्नव विधैः पुष्पैराज्जलिस्तप्रियोमताः॥ *वही* 249
4. शैली दारूमयी लौही लेप्या लेख्या च सैकती।
   मनोमयी मणिमयी प्रतिमाष्ट विधा स्मृता॥ *आ.रामा.* मनोहर काण्ड 3/160-161
5. स्फटिक च लिडगस्थ कर्मभार्ग यथा विधि।
   लोकानां शिक्षणार्थाय कृत्वा पूजन मुल्तनम॥ *आ.रामा.* सारकाण्ड 5/77
6. एवं चे मानवा लोक विधानं परिकुर्वते।
   व्याधिं मुक्त्या सुखा सी नास्त्वन्ते यात्यक्षयं पदम्॥ *आ.रामा.* मनोहर काण्ड 16/138-139

अतः तत्कालीन समाज में देवाराधन उक्त प्रकार से किया जाता था। पूजन के साथ-साथ विविध व्रतादि भी किये जाते थे समाज में रामायण का अधिक महत्त्व था तथा राम को सर्वाधिक मानते हुए उनकी पूजा अर्चना की जाती थी।[1] राम नाम से मोक्ष की प्राप्ति होती है। ऐसा वर्णन करते हुए कवि ने समाज में राम भक्ति का प्रचार किया है।

महापातकिनस्तस्य मुक्ति यान्ति न संशयः॥ आ.रा.मनोहर. 7/95

यज्ञ-विधान

यज्ञ शब्द यज् धातु से बनता है। भाव में नङ् प्रतय करने पर प्रत्यय, (यज्ञ शब्द) निष्पन्न होता है। ''यजत्यनेन इतियज्ञः'' जिसका अर्थ है, देव पूजादि कार्य। जिसमें, देवता को उद्देश्य करके द्रव्य का अग्नि में प्रक्षेप किया जाता है उसे यज्ञ कहते हैं।[2]

यज्ञ सम्पादन के लिए हवनीय द्रव्य, वेदमन्त्र, ऋत्विक एवं पत्नी की उपस्थिति अनिवार्य है। यज्ञों की इसी प्रकार दुरूहता और अर्थ शाध्य के कारण आनन्द रामायण कालीन समाज में इनका पालन कम हो गया था। परन्तु, पूर्णरूप से लोप नहीं हुआ था क्योंकि राजकीय वर्ग के लोग यज्ञों को सरलतापूर्वक करते थे।

तत्कालीन समाज में पंचमहायज्ञ; अग्निहोत्र, अश्वमेध और रूद्र यज्ञों का प्रचलन था। इन यज्ञों का विधान उक्त काव्य में द्रष्टव्य है।

पंचमहायज्ञ

यह यज्ञ द्विजाति गृहस्थ को अनिवार्य कहा गया है। इसमें भूतयज्ञ, पितृयज्ञ, नरयज्ञ, देवयज्ञ और ब्रह्मयज्ञ किये जाते हैं। इसीलिए इसे पञ्च महायज्ञ कहते हैं। वलि वैश्व देव को भूतयज्ञ, तर्पण और श्राद्ध को पितृयज्ञ व यज्ञ, धर्मग्रन्थों का अध्ययन ब्रह्मयज्ञ और अतिथियों का सत्कार मनुष्यज्ञ होता है।[3] आनन्द रामायण में इन यज्ञों का वर्णन कवि ने अनेक स्थलों पर किया है।

---

1. सदा रामं पूजयेत् सदारामं विचिन्तयेत्। *वही*/7/91
   श्री रामचरितन्येव श्रोतुकायाचयच्छतिः॥ *वही*/7/93
2. यह मीमांसा ''वेणीराम शर्मा पृ.5
3. बलिकर्म स्वधाहोम स्वाध्यायातिथिसत्क्रियाः।
   भूतपितृममर ब्रह्म मनुष्याणां महामखाः॥ *याज्ञ वाल्यस्मृति* 1/102

भूतयज्ञ

भूतयज्ञ में जीवों को, दधिभात, दीप तेल से बने पदार्थ सरसो, नमक, उड़द, आदि की बलि दी जाती है। काव्य में कुशादि के उपनयन संस्कार में राम द्वारा बलि दी गयी है।[1]

पितृयज्ञ

इस में पितरों का श्राद्ध किया जाता है। उक्त काव्य में कवि ने दधिश्राद्ध, नान्दीश्राद्ध, गया श्राद्ध और पिण्डदानादि तर्पण का वर्णन किया है।[2]

आनन्द रामायण में मनुष्ययज्ञ, ब्रह्मयज्ञ, और देवयज्ञ, का विस्तृत वर्णन नहीं मिलता है परन्तु, कवि द्वारा यत्र-तत्र उल्लेख होने से अनुमान लगता है कि तत्कालीन समाज में भी उपरिलिखित यज्ञों की बहुलता थी।

अग्निहोत्र

गृहस्थ द्विज को प्रतिदिन अग्निहोत्र करना चाहिए ऐसा स्मृतियों का कहना है। स्मार्त कर्म विवाहाग्नि में या आहिताग्नि में और अग्निहोत्रादि श्रौत कर्म आवाहनीय अग्नि में करना चाहिए।[3]

अग्नि होत्र दोनों संन्ध्याओं में किया जाता है। इसमें तण्डुल, दुग्ध, दधि और घृत की आहुति दी जाती है।

आनन्द रामायण में अनेक स्थलों पर अग्निहोत्र का वर्णन मिलता है। राम ने सीता के साथ स्थित होकर अग्निहोत्र किया था।[4]

अतः तत्कालीन समाज में द्विजाति अग्निहोत्र के महत्त्व से भलीभांति परिचित थे।

---

1. क-दध्योदन यवैर्दीपैः पक्वानैस्तैलपाचितैः।
सर्पषिर्लवर्णभाषैस्तोयकुम्भैश्च सादरम॥ *आ.रामा.* जन्मकाण्ड 9/127
ख- ''दत्वाभूत बलिं चाऽपि'' बहिस्त्यक्तवा कावलिम राज्य 19/77
2. तर्पयित्वापितृश्चापि नैवेद्यान शम्भवै ददौ॥ *आ.रामा.* राज्य.76
3. कर्मस्मार्त विवाहाग्नौ कुर्वीत प्रत्यहंगृही।
दायकालाहृतेवापि श्रौतं वैताणिकाग्नि॥ *याज्ञ वल्क्य स्मृति* 1/97
4. क-गत्वाग्निहोत्र शालायां सीतयाऽऽसश्रितः।
अग्निहोत्रादि विधिना बह्निहूत्वाततः परम्॥ *आ.रामा.* सारकाण्ड 5/76.
ख-हुताग्निहोत्र विधिना कृत्वा देवार्चनं गृहे॥ ,,विलास,,4/15.

अश्वमेध यज्ञ

यह यज्ञ चक्रवर्ति सम्राट द्वारा विजय लाभार्थ, विघ्ननिवार्णार्थ और विपुल सम्पदा की कामना से किया जाता था। उक्त काव्य में इस यज्ञ के विधान का वर्णन मिलता है। सर्वप्रथम भूमि को स्वर्ण से बने हल से जोत कर शुद्ध किया जाता था।[1] उस भूमि पर मण्डप निर्माण करके एक सहस्र वेदियों का निर्माण किया जाता था।[2] कुण्ड में खदिर का गोमुख और रंग-बिरंगे अष्टदल कमल बना करके चौबीस स्वर्ण स्तम्भों वाला सर्वतोभद्र बनाया जाता था।

श्याम पुच्छ तथा श्याम पैर वाले यज्ञीय घोड़े को सुसज्जित करके भूमि की प्रदक्षिणा हेतु, उसके मस्तक पर लिखा हुआ ताम्रपत्र बांध कर छोड़ा जाता था, उसके रक्षार्थ सैनिक भी भेजे जाते थे।[3] इसके पश्चात् यजमान को यज्ञ की दीक्षा दी जाती थी। इसमें गौरी गणेश पूजन, स्वस्तिपुण्यांह वाचन कार्य किया जाता था। तत्पश्चात् यज्ञ क्रिया प्रारम्भ होती थी। घोड़े द्वारा समस्त पृथ्वी की प्रदक्षिणा करने के बाद ब्राह्मणों द्वारा उस घोड़े का वध कर दिया जाता था और घृत, पायस तथा विविध द्रव्यों से उसे सम्मिलित करके हवन किया जाता था।[4] इसके बाद अवभृथ स्नान करके यज्ञ की समाप्ति की जाती थी।

रूद्रयज्ञ

जो यज्ञ भगवान शंकर को उद्‌देश्य करके किया जाता है उसे रूद्र यज्ञ कहते हैं। रूद्रयज्ञ को कलियुग का यज्ञ कहा गया है। इसके लघुरूद्र, अतिरूद्र और महारूद्र आदि भेद कहे गये हैं।[5] आनन्द रामायण में इन यज्ञों का विस्तृत विवेचन नहीं मिलता है। परन्तु नामोल्लेख अवश्य प्राप्त होता है। राम ने अपनी प्रजा को यज्ञ

1. रामतीर्थे यज्ञ भूमिः शोधनीया हलादिभिः। *आ.रा.* याज्ञ काण्ड 1/7.
2. वेधः सहस्रशः कार्याः सुघया चेष्ट कादि भिः।
   करणीय महत्कुण्ड..................॥ *वही* 1/12.
3. द्रष्टव्य-*आनन्द रामा.* याग काण्ड सर्ग 3.
4. सम्मन्यापि शमित्रातं निहन्युर्द्विज पुङगवाः॥
   तन्मांसिखण्डै राज्यात्कै र्होम चक्रु सनिस्तरम्।
   तथा नाना विधैर्दिव्यै संत्कुपायस गोधृतैः॥ *आ.रामा.* याग काण्ड 6/2-3.
5. महारूद्रोडितरूद्रश्च लक्ष्य होमस्ततः परम।
   कोटिहोमस्ततःपश्चात् विष्णुयागः प्रशस्यते॥
   एते पज्यमहायज्ञाः कलौ कार्या द्विजाति भिः।
   अन्ये हिंसात्मका यज्ञाः कलौ सर्वे विर्पीजताः॥ *यज्ञ मीमांसा* पृ.172.

सम्पादन के लिए आदेश दिया था कि सभी लोग भक्ति भावना से युक्त होकर लघुरुद्र, महारूद्र, अतिरूद्रादि यज्ञ करें।[1]

इस प्रकार आनन्द रामायण कालीन समाज में यज्ञों का महत्त्व था। इन यज्ञों के अतिरिक्त भी अन्य यज्ञों का उल्लेख यत्र-तत्र मिलता है। गोमेध, और सोम यज्ञ सम्भवतः उक्त काल में नहीं किये जाते थे। कुछ यज्ञों का तो वर्णन वाल्मीकि रामायण एवं अन्य पुराणों के प्रभाव से किया गया है। ऐसा प्रतीत होता है क्योंकि आनन्द रामायण का जो काल चौदहवीं एवं पन्द्रहवीं सदी माना जाए तो स्पष्ट है कि उस समय अवश्य यज्ञ नहीं होता था। परन्तु समाज में उसकी महत्ता प्रतिष्ठा अवश्य प्रचलित थी।

अन्य यज्ञ भी तत्कालीन समाज द्वारा आयोजित किये जाते थे।

व्रत और आचार

वस्तुतः हमारे समाज में व्रतों का विशेष महत्त्व है। प्रत्येक प्राणी इसे अपनाता है। नियम, आज्ञा, कर्तव्य, धार्मिक कार्य एवं आचरण की वृत्तियों को धर्म शास्त्रों में ''व्रत'' कहा गया है।[2] जो स्मृतियों में नियम बताये गये हैं उनके करने से पापादि का प्रशमन हो जाता है और मानसिक प्रवृत्ति भी शुद्ध हो जाती है। मनुष्य के अन्तःकरण की शुद्धि व्रत आदि करने से ही होती है इसीलिए चान्द्रायणादि व्रत को प्रायश्चित तथा पापक्षय का साधन कहा है।[3] आनन्द रामायण में भी व्रत दानादि को पाप शमन का साधन माना है।[4]

उक्त काव्य में जिन व्रतों का वर्णन किया गया है, वे अधिकांशतः पुराणों में कहे जा चुके है। काव्य में व्रतों का अध्ययन करने से ज्ञात होता है कि वैष्णव व्रतों की सर्वाधिक महत्ता तत्कालीन समाज में थी। जिन व्रतों का प्रचलन था उनका वर्णन इस प्रकार है— (मास क्रमानुसार)

चैत्रमास के प्रमुख व्रत :- (नवरात्र एवं रामनवमी)

चैत्रमास का नवरात्र व्रत दुर्गा की तथा विष्णु की प्रसन्नता हेतु किया जाता था। यह व्रत चैत्र शुक्ला प्रतिपदा से नवमी तक किया जाता है। सीता ने इस व्रत

---

1. कर्तव्यानि नरैर्भक्त्या सदैवापिच कारपेत्।
   लघुरूद्रान्महारूद्रानतिरॅद्रान्समाचरेत्॥ *आ.रामा.* 24/125.
2. *धर्मशास्त्र का इतिहास* डा.पी.वी.काणे, भाग 4, पृ.1-6.
3. प्रायश्चित्तानि पापक्षयसाधनानि चान्द्रायणादीनि। *वेदान्तसार,* (गंगाटीका) पृ.15.
4. विलयंयान्ति पापानि तीर्थदान व्रतादिभिः॥ *आ.रामा.* सारकाण्ड 5/1.

को किया था।[1] पुराणों एवं धर्मशास्त्रों में इस नवरात्र में देवी की प्रसन्नता हेतु व्रत करने को कहा गया है।[2] परन्तु आनन्द रामायण में राम और दुर्गा दोनों की प्रसन्नता हेतु महाव्रत बताया गया है।[3]

एकादशी द्वादशी—चैत्र शुक्ला एकादशी एवं द्वादशी को कवि ने श्रेष्ठ कहा है। द्वादशी को दधि, ओदन से यम का पूजन कर जल कुम्भ देना चाहिए तथा एकादशी का व्रत करना चाहिए।[4] इन व्रतों के अतिरिक्त चैत्रस्नान का भी महत्त्व है। जो कवि ने मनोहर काण्ड के 11वें सर्ग में बताया है। चैत्रमास के मुख्यव्रत द्रष्टव्य है।

1. वसन्त सीतला गौरी व्रत[5] (चैत्र शुक्ल तृतीया से वैशाख तृतीया तक)।
2. ध्वजारोहण व्रत (राम नवमी और दशमी को हवनादिपूर्वक ध्वाजारोपण)।

वैशाखमास के व्रत

काव्य में वैशाख कृष्ण चतुर्थी का व्रत करने को कहा गया है। इसमें राम की पूजा करके ध्वजादि पूर्ण कर रात्रि जागरण करना चाहिए।[6]

आषाढ़ मास के व्रत

चातुर्मास व्रत- यह व्रत आषाढ़ मास की एकादशी या पूर्णिमा से प्रारम्भ किया जाता है, और कार्तिक शुक्ल द्वादशी को समाप्त होता है।[7] आनन्द रामायण में भी यह व्रत करने का निर्देश किया गया है।[8]

---

1. सत्वरं नवरात्रं च सखीभिक्षच करोम्यहम्॥ *आ.रा.* राज्यकाण्ड 5/35.
2. *धर्मशास्त्र का इति.* डा.पी.वी.काणे भाग 4 पृ.63.
3. प्रतिपद्दिन मारभ्य नवरात्रमुपोष्येत्।
   प्रत्यहं रघुवीरस्य पूजनं चैव कारयेत्॥ *आ.रामा. मनोहर.* 10/105.
4. चैत्रेमासि सितेपक्षे यावैह्येकादशी तिथिः।
   सर्वाषु तिथिषु श्रेष्ठा चोपोष्यावृत कारिभिः॥
   श्रेष्ठा सा द्वादशीज्ञेया तस्थां तु यम पूजनम्।
   कार्य तु दध्योदनं दत्वा जलकुम्भः प्रदीयताम्॥
   आ.रामा. मनोहर काण्ड 10/143-144.
5. चैत्र शुक्ल तृतीयायां यावद्वैशाख संभवा।
   तृतीयाया शुक्ल पक्षस्य ह्यक्षय्येति स्मृता त्र॥ *आ.रामा.* मनोहर का. 10/
6. वैशाखे कृष्ण पक्षेतु चतुर्ध्या समुपोष्यय। *आ.रामा.* सर्ग 9/144.
7. *धर्मशास्त्र इति.* डा.काणे, 4 भाग पृ.49.
8. चतुर्मास्य वृतादीनि कर्तव्यानि व्रतानिहि॥ *आ.रामा.* राज्य. 24/92.

भाद्रपद मास का व्रत (कृष्ण जन्माष्टमी)

भाद्रपद कृष्ण अष्टमी को भगवान कृष्ण का जन्म हुआ था। इसीलिए अष्टमी का व्रत समाज एवं वल्लभ सम्प्रदाय में आज भी आदर के साथ मनाया जाता है।

आश्विन मास (नवरात्र व्रत)

आश्विन मास में शुक्ल पक्ष अष्टमी को पार्वती पूजन एवं ध्वजारोपण विधि का विधान बताया गया है। अतः कवि ने नवरात्र व्रत का ही संकेत किया है। तत्कालीन समाज में शारदीय नवरात्र किया जाता था। इसका पालन प्रत्येक हिन्दू वर्ग के लोग करते हैं।[1]

कार्तिक व्रत

आनन्द रामायण में इस व्रत का विधान संक्षेप में बताया गया है। कार्तिक व्रत तीर्थ, दान और यज्ञ से भी श्रेष्ठ कहा गया है।[2]

इन व्रतों के अतिरिक्त भी तत्कालीन समाज में अन्य बहुत से व्रत किये जाते थे। जिनका उल्लेख काव्य में मिलता है। अतः काव्य में मुख्य रूप से उक्त व्रतों का वर्णन है। आनन्द रामायण कालीन समाज में धर्म, कर्म, और कर्तव्यपरायणता का दर्शन होता है। वैदिककालीन समाज की अपेक्षा उक्त काव्य कालीन समाज में दृढ़ता की न्यूनता थी। रामभक्ति शाखा का सर्वत्र महत्त्व था। प्रायः पुराण एवं रामायण आदि का पाठ किया जाता था।[3] (दृष्टव्य आ.रामा.राज्य काण्ड 24 सर्ग श्लोक 86 से 130)

उत्सव-मनोरंजन एवं अनेक प्रथायें

प्रत्येक प्राणी भारतीय उत्सवों के प्रति सतर्क रहता है। विभिन्न प्रकार के उत्सवों को मनाना भारतीय संस्कृति की चिर प्रतिष्ठित लोक परम्परा है। ये उत्सव पर्वों तथा किसी हर्षोत्पादन करने वाली क्रियाओं पर मनाये जाते थे।

---

1. आश्विनस्य सिताष्टम्यां मद्योर्वा गिरिजा गृहे॥ *आ.रामा.* याग. 7/38.
2. कार्तिक व्रतपुण्येन न साम्य यान्ति सर्वथा।
   यज्ञ दानानि तीर्थानि व्रतान्यापि ततों ध्रुवम्॥ *आ.रा.* सार.5/5
3. पौराणिकाः स्थापनीयाः गेहे ग्रामे पृथक्-पृथक्।
   नित्य नैमित्तकं कर्म न त्याज्यं वै कदाचन॥ *आ.रा.* राज्य 24/86

भारतीय समाज में ये उत्सव अनेक प्रकार के मनाये जाते थे तथा आज भी उत्सव मनाने की परम्परा प्रचलित है। आनन्द रामायण में भी विविध उत्सवों की चर्चा है। मुख्य रूप से निम्नलिखित उत्सव तत्कालीन समाज में मनाये जाते थे—

1. दीपावली उत्सव,
2. होली,
3. वसन्तोत्सव,
4. रामनवमी,
5. पुत्र जन्मोत्सव।

1. दीपावली

आलोच्य ग्रन्थ में, दीपावली उत्सव मनाने का वर्णन मिलता है।[1] यह उत्सव कार्तिक कृष्ण अमावस्या को मनाया जाता है। इस उत्सव में लोक धारणा है कि राम जब वनवासोपरान्त अयोध्या आये तो समाज द्वारा दीप जलाकर उत्सव मनाया गया। परन्तु, आनन्द रामायण में यह उत्सव राजा बलि के राज्य प्राप्ति के कारण मनाया जाता था। ऐसा वर्णन है कि राजा बलि का राज्य इसी दिन से प्रारम्भ हुआ था तब समाज ने दीपोत्सव मनाया।[2] दीपोत्सव में राजा जनक मे दशरथ को सपरिवार बुलाकर विविध उपहार दिये थे।[3]

2. होली

होलिकोत्सव भी हमारे समाज में चिरकाल से मनाया जाता है। कहा जाता है कि हिरण्यकशिपु ने जब प्रह्लाद को अग्नि में जलाने का आदेश होलिका को दिया, तो भगवान राम के प्रभाव से प्रह्लाद बच गये किन्तु होलिका जल गयी। उसी काल से होलिका उत्सव मनाने की परम्परा बन गयी। लोग रंगों के साथ फाल्गुन मास में आपस में होली खेलते हैं। फाल्गुन मास में रंग से क्रीड़ा करने का वर्णन आनन्द रामायण में मिलता है।[4]

---

1. *आनान्द रामायण* सार काण्ड सर्ग 4
2. दीपोत्सवैमहापुर्यैर्वलि राज्यप्रवर्तते।
   आनन्दः सर्व लोकानां मंगलानि गृहे गृहे॥ *आ.रा.* सार. 4/16
3. गोदासदासीदानैश्च हस्त्यश्व रथवत्तिभिः॥
   चकारतुष्टान जामातृन जनको नृपतिंतथा॥ *वही* 16-18
4. क्रीड़ा परिमल द्रव्यै फाल्गुने सा श्रुतापुरा।
   क्रीड़ा परिमल द्रव्यै पौराश्चक्र सदाऽत्रते॥ *आ.रा.* राज्य 16/85

3. वसन्तोत्सव

वसन्तोत्सव चैत्रमास में मनाया जाता है। इसमें कामदेव का पूजन होता है। आनन्द रामायण में भी इस उत्सव को राम द्वारा मनाये जाने का वर्णन मिलता है[1] तथा इस उत्सव का वर्णन अनेक कवियों ने किया है यथा माघ, कालिदास आदि के उदाहरण दृष्टव्य हैं।[2]

4. रामनवमी

चैत्र शुक्ल पक्ष की नवमी को राम का जन्म हुआ था। इसी कारण समाज नवमी को उपवास और पूजन इत्यादि करता है। आनन्द रामायण में रामनवमी का महत्त्व तथा पूजन बहुत विस्तार से बताया गया है।[3]

5. पुत्र जन्मोत्सव

यह उत्सव पुत्रोत्पत्ति होने पर मनाया जाता है। जन्मोत्सव मनाना यह हमारी भारतीय संस्कृति का उपहार है। इस उत्सव में विविध मंगलगीत नृत्यादि होता है। शास्त्रीय परम्परा अनुसार नान्दी श्राद्ध तथा दानादि कर्म किये जाते हैं। आनन्द रामायण में कुशादि के जन्मोत्सव को मनाया गया था।[4] समाज में जन्मोत्सव मनाने की परम्परा प्रचलित थी।

अतः काव्य में इस प्रकार उत्सवों को मनाने का वर्णन मिलता है। तत्कालीन समाज में विविध उत्सव एवं पर्वों में नृत्य गीतादि भी करते थे।

मनोरंजन

मानव जीवन में मनोरंजन का विशिष्ट स्थान है। मनोरंजन से मनुष्य का संकट दूर हो जाता है और स्वस्थ चित्त होकर कार्य में तल्लीन हो जाता है। अतः मनोरंजन को मनःप्रसाद का साधन माना गया है। वैदिक काल से अधावधि पर्यन्त

---

1. चैत्र स्यशुक्लैकादश्यां दोलकस्थंरघूतमम्।
   पूजयेन्मानवो भक्त्या आम्र वृक्षं तलेस्थितम्॥ *आ.रा.* मनोहर. 9/132-133
2. नवपलाशंपलाशवनं पुरः स्फुट पराग परागतपडकजम।
   मृदुलतान्त लतान्तमनाहरै स सुरभि सुरभिं सुमनोहरै॥ *शिशुपाल वध.* (माघ)
3. आनन्द रामायण मनोहर काण्ड 9/96-131
   आनन्द रामायण मनोहर काण्ड सर्ग 6/85 से - सर्गान्त
4. चकार विविधवच्छ्राध्दं पुत्रजन्ममहोत्सवे। *आ.रा.* जन्म काण्ड 4/26-25
   ददौ दान्यनेकानि सवस्त्राभरणान्यपि।

मनोरंजन को मनुष्य ने अपने जीवन का एक अंग माना है। वैदिक कालीन मानव आज के इस भौतिकवादी युग से कहीं अधिक सुखी था क्योंकि वैदिक कालीन समाज में इतना व्यस्त जीवन नहीं था जितना कि आज के युग में है। वैदिक काल में विविध प्रकार के मनोरंजन के साधन थे। आखेट द्यूतक्रीड़ादि। परन्तु मध्यकालीन समाज में मनोरंजन के साधनों में कुछ विकास दिखाई देता है। आनन्द रामायण कालीन समाज में मनोरंजन का स्वरूप विकसित दिखाई देता है। उक्त काव्य में जो मनोरंजन के साधनों का वर्णन है उनको हम दो भागों में विभक्त कर सकते है—

1. राजकीय मनोरंजन के साधन।
2. सामान्य जन के मनोरंजन के साधन।

राजकीय मनोरंजन के साधन

आनन्द रामायण में राजाओं के मनोरंजन का वर्णन मृगया, वराना नृत्य, द्यूत क्रीड़ा, जल क्रीड़ा, नौकाविहार, पशुपक्षियों के साथ क्रीड़ा आदि से किया गया है। काव्य में दशरथ को मृगया रसिक कहा गया है।[1] वेश्यानृत्य विवाह, तीर्थ यात्रा और दैनिक अवकाश के समय भी कराया जाता था।[2] आनन्द रामायण में रामादि चारों भाईयों को पाशों के खेल का वर्णन किया गया है।[3] इसी प्रकार जल क्रीड़ादि उदाहरण दृष्टव्य है।[4]

सामान्य जनों के मनोरंजन (साधन)

तत्कालीन समाज में संगीत, द्यूत क्रीड़ा, वंशारोहण, कठपुतली नृत्य, इन्द्रजाल और परिमल द्रव्य इत्यादि मनोरंजन के साधन थे। समाज मे जब कोई उत्सव मनाया जाता था तो, वंशारोहण (बाँस पर चढ़ना उतरना) और लकड़ी की पुतली का नाच, वेश्यानृत्य और कभी-कभी इन्द्रजाल का भी खेल देखा जाता था।[5]

---

1. पश्चयन वनानिसर्वानि मृगया रसिकामृश्च॥
2. नाना वादित्र कुशला वादयन्तु नृपाडगणे॥ *आ.रा.* सारकाण्ड 6/29
3. क्रीडान्तं सारभिः पाशैः सीतया लक्ष्मणेन च॥ *आ.रामा.* विलास.8/23
4. *आनन्द रामा.* विलास काण्ड 6/11-13 राज्यकाण्ड 19/87-99
   और विलास काण्ड सर्ग 5 जन्मकाण्ड सर्ग 2 इत्यादि।
5. कदाचित्र कथा रम्याश्चेन्द्र जालानि वा कदा।
   कदा वंशारोहादि कौतुकानि ददर्श सा॥
   कदा कलानां कौशल्यं सूत्रबन्धैर्निनिमितम्॥

अतः इस प्रकार काव्य में विविध मनोरंजन के साधनों का वर्णन मिलता है।

अनेक प्रथाएं

संस्कृति के क्षेत्र में, लोक प्रथाएं, एवं मान्यताएं अपना विशिष्ट स्थान रखती है क्योंकि समाज में मानव को आबद्ध करने वाली लोक प्रथाएं ही शृंखला का कार्य करती है।

आनन्द रामायण कालीन समाज में भी अनेक मान्यतायें लोकाचार प्रथाएं मानी जाती थी। ऐसा प्रायः उल्लेख मिलता है। इन लोक मान्यताओं का आधार धर्म, नीति, और लौकिक सिद्धान्त है। उक्त काव्य में निम्नलिखित मान्यताओं और प्रथाओं का वर्णन मिलता है—

1. प्रयाग में मुण्डन कराने की प्रथा

प्रयाग (इलाहाबाद) के त्रिवेणी संगम में यात्रा के समय मुण्डन कराने को पुण्य प्राप्ति का साधन माना गया है।

''प्रयागेमुण्डनं श्रेयः'' राम ने यात्रा के समय त्रिवेणी में सपरिवार मुण्डन कराया। राम ने सीता के केशपाश को चार अंगुल काटकर त्रिवेणी में प्रवाहित कर स्वयं क्षौर कर्म कराया।[1] अतः तत्कालीन समाज में प्रयाग में मुण्डन कराने की प्रथा प्रचलित थी।

भाग्यवाद और कर्मवाद की मान्यता

भारतीय समाज में भाग्यवाद चिरकालीन लोक विश्वास माना जाता है। इस मान्यता का आनन्द रामायण में भी वर्णन मिलता है। यथा राम वनगमन को दैवसिद्ध माना गया है।[2] और इसी भाग्यवाद का दर्शन उस समय भी होता है, जब रावण कौशल्या को मारने के लिए उद्यत होता तब मन्दोदरी रावण से कहती है। जो होगा सो होगा परन्तु इस समय ऐसा मत करो।[3] इस भाग्यवाद के साथ ही कर्मवाद

---

1. चतुरंगं मानंहि केशवन्ध सभूषणम्॥
   ददौ संछिद्य सीतायाः स्वयं क्षौरमथा करोत।
   लक्ष्मणाघैर्बन्धुभिश्च वपनं रघुनन्दनः॥ *आ.रामा.* यात्रा 6/3-4
2. दुर्लङ्ध्या भाविनी रेखा ब्रह्मादीनां नृपोन्तमम्॥ *आ.रा.* सार. 6/21
3. यद्भविष्यतितद्वतु तदग्रेमास्तु साम्प्रतम्॥ *वही* 1/64

की मान्यता भी कम नहीं थी। जनमानस में विश्वास था कि जो इस जन्म में कर्म किया जाएगा, वह आगे भविष्य में फल देगा। इसी मान्यता को लक्ष्य बनाकर आनन्द रामायण में कर्म की श्रेष्ठता पर बल दिया गया है।[1] अच्छे कुल में जन्म सज्जनों की संगति का हेतु सत्कर्मो को ही माना गया है।[2] आनन्द रामायण में कर्मवाद और भाग्यवाद दोनों को लोक में माना जाता था।

धरोहर रखने की प्रथा

आनन्द रामायण में धरोहर रखने की प्रथा भी दृष्टिगोचर होती है। अतः तत्कालीन समाज अपने वस्तु को विश्वसनीय व्यक्ति के पास धरोहर के रूप में रखता था। इसका उदाहरण रावण द्वारा कौशल्या को तिमिङ्गिल के पास रखने तथा राम द्वारा लंका को विभीषण के पास रखने से मिलता है।[3]

शुभाशुभ मुहूर्त की मान्यता

शुभाशुभ मुहूर्तो तथा ज्योतिष पर चिरकाल से विश्वास, हमारे भारतीय समाज का रहा है। आनन्द रामायण में भी यात्रा, यज्ञ, विवाह, तथा पुत्र जन्म इत्यादि का मुहूर्त ज्ञान आवश्यक समझा जाता था। राम द्वारा यज्ञ के लिए शुभ मुहूर्त देखा गया था।[4] यात्रा के समय भी शुभ मुहूर्त की आवश्यकता बतायी गयी है।[5] राजा युद्ध के लिए शुभ मुहूर्त में प्रस्थान करते थे। राम ने किष्किन्धा से लंका की ओर शुभ मुहूर्त में प्रस्थान किया था।[6]

शुभाशुभ शकुन

काव्य में शुभाशुभ शकुन का भी वर्णन मिलता है। कौवे का घर पर बैठा रहना कार्य की स्थिरता और चला जाना, प्रिया के मिलन का संकेत समझा जाता

---

1. त्वद्यैवफलित चाद्य पूर्वपुण्योदयेन हि। राज्य काण्ड 10/9
   गहना कमर्णश्चात्र गतिर्ज्ञेया महात्माभिः॥ *वही* 10/48
2. अनेक पुण्यपुञ्जैः सत्कुले जन्माख्यसाधुभिः॥ मनोहर काण्ड 4/237
3. न्यासभूतो त्वियं लंकां तावत्कालं तवास्ति मे॥
   यावत्तां रावणं हत्वा तव दास्याम्यहम शुभाम्॥ *आ.रामा.* सारकाण्ड 10/43-44
4. तद्राम वचनं श्रुत्वासिष्ठो मुनि सत्तमः।
   ज्योतिर्विद सहितो दृष्टवा शुभ मुहूर्तशुभोदयम्॥ *आ.रामा.*याग काण्ड 1/5
5. अतोमुहूर्तोदातव्यः सम्यग्बुध्या विविच्य च॥*आ.रा.*यात्रा. 4/4
6. इदानीमेव विजयो मुहूर्तस्त्वद्य वर्तते॥
   शुभाद्यवानर श्रेष्ठ गच्छामो लवणार्णवम्॥ *आ.रामा.*सारकाण्ड 10/25-25

था। कौवे द्वारा बलि ग्रहण करना पितरों की सद्गति का सूचक माना जाता था[1] और यात्रा के समय सन्यासी का दर्शन मुकुट का गिरना मेघ गर्जना इत्यादि अपशकुन माना जाता था। दृष्टव्यो[2]

दूत ब्राह्मण और स्त्री की अवध्यता सम्बन्धी मान्यता

भारतीय समाज दूत और स्त्री तथा ब्राह्मण को अवध्य मानता है राजनीतिशास्त्र एवं धर्मशास्त्रों में भी इनका वर्णन मिलता है। इसी मान्यता के अन्तर्गत आनन्द रामायण में भी पूर्वोक्त तीनों को अवध्य माना गया है।

''परदूतोनहन्तव्य इत्यादि वचनेस्तदा'' सार काण्ड 9/176 तथा ''स्त्री हत्या गर्हितात्विति'' कहकर कवि ने वर्णन किया है

स्वप्न सम्बन्धी प्रथा (मान्यता)

आनन्द रामायण कालीन समाज स्वप्न पर आस्था रखता था। वृन्दा ने अपने पति को स्वप्न द्वारा ही मरा हुआ जाना था।[3]

आनन्द रामायण में इन मान्यताओं, एवं विश्वासों के अतिरिक्त भी लोक प्रथाएं थीं, जो कि विवाह, जन्म, और मृत्यु के समय उनका पालन किया जाता था

कुछ लोकाचार भी प्रसिद्ध थे। जिनको कवि ने लोकाचार के रूप में ही वर्णन किया है।[4]

◆◆◆

1. *आ.रामायण* राज्य काण्ड सर्ग 4
2. *आनन्द रामायण* सारकाण्ड सर्ग 10/265-269
3. अथ वृन्दारका देवी स्वप्न मध्ये ददर्श ह॥ *आ.रा.*सार. 4/84
   ततः प्रबुद्धा सा बाला तं स्वप्नं स्व विचिन्तति॥ *वही* 4/86
4. *आनान्द रामायण* विवाह काण्ड सर्ग 4

पंचम अध्याय

आर्थिक और राजनैतिक परिस्थितियाँ

शासन प्रबंध तथा सैनिक स्थितियाँ

आनन्द रामायण की राजनैतिक परिस्थितियों का अध्ययन करने से ज्ञात होता है कि राम के राज्य का शासन प्रबन्ध अत्यन्त उत्कृष्ट एवं आदर्शमय था जैसा कि कौटिल्य ने कहा है कि राजा का कर्तव्य है कि वह प्रजा को धर्म से भ्रष्ट न होने दे। अपने धर्म का पालन करता हुआ राजा इहलोक तथा परलोक में सुखी होता है। व्यवस्थित मर्यादा के होने पर वर्ण और आश्रम की स्थिति समीचीन होने पर तथा त्रयी प्रतिपादित धर्म के द्वारा रक्षित प्रजा सदा सुख का अनुभव करती है।[1]

अतः राम के राज्य का भी विशेष रूप से शासन प्रबंध इसी प्रकार था। आनन्द रामायण से पूर्ववर्ती साहित्य वाल्मीकि रामायण आदि के प्रभाव वश राजनीति के सिद्धान्तों एवं राम राज्य का वर्णन किया गया है।[2] परन्तु, अधिकाशंतः शासन व्यवस्था मध्य युगीन पद्धति से प्रभावित प्रतीत होती है। जिसमें राजा साम्राज्य विस्तार, स्वतन्त्र, राजसी वैभव का प्रदर्शन अधिक मात्रा में मिलता है। यद्यपि राम मन्त्रियों के सहयोग से कार्य करते हैं तथापि उनका सम्बन्ध राजा एवं मंत्री के तुल्य न होकर स्वामी और सेवक के समान हैं। वस्तुतः राज्य की बृद्धि राजा के कौशल पर आधारित है। राजा, अमात्य, दुर्ग, कोष और राज्यांगों की सहायता से राष्ट्र का संचालन करता है।

आनन्द रामायण कालीन शासन प्रबन्ध का जिस प्रकार वर्णन मिलता है। उसका यहां वर्णन प्रस्तुत है।

---

1. तस्मात्स्वधर्मं भूतानां राजा न व्यभिचारयेत्।
   स्वधर्मं संदधानो हि प्रेत्यचेह च नन्दति॥
   व्यवस्थितार्य मर्यादा कृत वर्णाश्रमस्थितिः।
   त्रय्या हि रक्षितोलोकः प्रसीदति न सीदति॥ *अर्थ. 3* अधि.कि.16-17
2. *आनन्द रामायण* राज्य काण्ड सर्ग-15

शासन प्रबन्ध

आनन्द रामायण काल में राजा अपने राज्य वृद्धि के लिए अन्य राजाओं को वशीभूत करके अपने वंश के पुत्रों को अभिषिक्त करता था। राम ने अपनी विजय यात्रा में विभिन्न द्वीपों के शासनाध्यक्षों को पराजित कर अपने पुत्रों को पदासीन किया।[1]

उत्तराधिकार

मनुस्मृति और अर्थशास्त्र के अनुसार राज्य में राजपद पर ज्येष्ठ पुत्र ही पदासीन होता था।[2] आनन्द रामायण में राजा को ही यह अधिकार दिया गया है कि वह अपने इच्छानुसार किसी को भी उत्तराधिकारी बना दे। आलोच्य महाकाव्य में राम पुत्र कुश ही इस पद का अधिकारी है। परन्तु यह पद राम ने भरत को देना चाहा, किन्तु, भरत के अस्वीकार करने पर कुश का अभिषेक किया गया है।[3]

राजा के कार्य

राजा ही राज्य का स्वामी होता है। वह प्रजा का संरक्षक, पालक और आश्रय भी होता है। राज्य के सभी कार्यो की देखभाल राजा करता है। आनन्द रामायण में राजा के साथ-साथ राज महिषी को भी सक्रिय सहयोग देने का अधिकार मिल गया है।

प्रजा पालन, प्रजा संरक्षक और वर्णाश्रम धर्म का पालन इत्यादि राजा के प्रमुख कर्तव्य हैं।[4]

मनु ने राजा को प्रजा रक्षार्थ ही बताया है—

रक्षार्थमस्य सर्वस्य राजानम सृजत्प्रभुः॥ मनुस्मृ. 7/3

आनन्द रामायण में राम सीता प्रजा की रक्षा में संलग्न वर्णित किए गये है। यज्ञ के समय राम ने प्रजा की सम्पत्ति सुरक्षा के लिए एक शाला का निर्माण कराया

---

1. *आनन्द रामायण* राज्य काण्ड सर्ग 7-9
2. *मनुस्मृ.* 9/109 *कौटिल्य अर्थशास्त्र* 1/17
3. अभिषेक्ष्यामि भरतं सप्तद्वीपपतेः पदे।
   सत्येन तु शपेनाहं त्वां बिना द्विवि वा भुवि।
   अयोध्यायां कुश वीरं सप्तद्वीपपतेः पदे॥ *आ.रा.* पूर्ण.2/12,15,16
4. पुत्रवत् पालनीयाश्च प्रजा नृपतिनाभुवि। *आ.रा.* राज्य.16/8

था तथा ऋषियों की विघ्न तत्त्वों से रक्षा की।[1] इन कार्यों के अतिरिक्त राजा, अनाथ, वृद्ध, विधवाओं और आतुरों को भी सहायता करते थे। काव्य में सीता ने विपत्तिग्रस्त ब्राह्मणों को धन दिलवाया तथा राज्य में घोषणा कराई कि कोई भी वस्त्राभूषण रहित न हो।[2]

सेना

राज्य में सेना का सशक्त होना परमावश्यक होता है क्योंकि राजा शत्रु से अपनी सुरक्षा सेना द्वारा ही करता है। आनन्द रामायण में राम की सेना सशक्त थी। सेना में पदाति, रथ, गज, अश्व, और उष्ट्र इत्यादि सभी थे। इसका निरीक्षण भी समय-समय पर करते थे तथा उसकी वृद्धि भी करते रहते थे।[3] राजा के सहायकों में विशेष कर मन्त्री, पुरोहित, युवराज, सेनापति, आदि थे। जो अपने-अपने कर्तव्य का पालन संक्षिप्त रूप से करते थे। मन्त्री मन्त्रणा प्रदान करता था तथा धार्मिक कार्यों में पुरोहित सहायता करता था और सेनापति सेना की देखभाल करता था तथा अश्व, गज, शिविका इत्यादि के अध्यक्ष अपने-अपने विभाग का कार्य करते थे।

स्वस्व राज्ये मन्त्रिणश्च कृत्वात्रागम्यतां वलैः॥ आ.रा. पूर्ण. 1/3

इस प्रकार आनन्द रामायण में शासन प्रबंध था। राजा, स्वामी, अमात्य, मित्र, दुर्ग, कोष, राष्ट्र सप्तराज्यांगों की सहायता से संचालित करता था। आलोच्य ग्रन्थ में राम की शासन पद्धति सामन्तवादी प्रतीत होती है क्योंकि अनेक स्तरों में इसका संकेत प्राप्त होता है। इस महाकाव्य में सैद्धान्तिक रूप से राम राज्य का वर्णन किया गया है जिसमें आदर्श नीति का दर्शन मिलता है। राम के राजा के कर्तव्य एवं राज्य के सभी अंगो के संदर्भ में राजनीति का उपदेश भरत आदि को

---

1. तमसायास्तटे शालां कृत्वाद्यमहिती शुभाम्।
तत्रैव स्थापनीयानि स्वं स्वं गृहणन्तु ते जनाः॥*आ.रा.* याग.3/53,56
ममाश्रमेराजदूतास्त्येभ्यो रक्षा विधीयताम्॥ यात्रा काण्ड 5/20
2. हेममुद्रा लक्ष्यमितास्त्वं गृहाण ममाज्ञ या। *विलास.* 6/27
3. वाजिशाला ययौराम द्ष्टवा तत्र स्वाजिनः।
गजशाला उष्ट्रशालां द्रष्टवा रामः शनैःशनैः।
ददर्श राम शालां च व्याघशालां प्रभुययौ॥ *वही* 88-89
यन्त्राणां आयुधानां च वाहनाणां वल्यास्थ च।
राज्ञा वहि सदा कार्या कार्यो धान्यादि संग्रह॥ *राज्य* 19/49-50

दिया है।[1] जिसमें राजा के कर्तव्यों का समुचित उल्लेख मिलता है। राम के राज्य काल में सभी प्रकार की व्यवस्था थी, प्रजा को कष्ट नहीं था। राजा में जो लक्षण और क्षमता होनी चाहिए वह मर्यादा पुरुषोत्तम राम में विद्यमान थी—

सुदेशं सुप्रजं सुस्थं सतृणं बहुगोधनम्।
देवता यतनानां च राजिभिः परिराजितम्॥ आ.रा. राज्य. 15/4

राम प्रजा पालन में तत्पर, तथा कोष से ब्राह्मणों को सदा प्रसन्न रखते थे।[2] इस प्रकार काव्य में सैद्धान्तिक और व्यवहारिक दोनों पक्षों का राज्य शासन वर्णन मिलता है।

युद्ध

आनन्द रामायण में युद्धों का वर्णन दो प्रकार से मिलता है। एक राम द्वारा वनवासी रूप में, दूसरा राजा के रूप में युद्ध करना। अतः इन युद्धों में विविध प्रकार के अस्त्र एवं शस्त्रों का उपयोग हुआ है। पूर्व में जो जनकपुर तथा अयोध्या के मध्य स्थल में राजाओं सें युद्ध हुआ इसमें सभी प्रकार के अस्त्रों का प्रयोग किया गया है और जो राम ने वनवासी रूप में युद्ध किये हैं। उनमें केवल राम के अतिरिक्त किसी ने अस्त्रों का प्रयोग नहीं किया है।

आनन्द रामायण में मुख्य रूप से 13 युद्ध हुये हैं जिनका वर्णन इस प्रकार है—

1.	राम और राजाओं का युद्ध	(सार. काण्ड 4/4 सर्ग)
2.	राम द्वारा बालि सुग्रीव युद्ध	(वही सर्ग 8)
3.	सुग्रीव रावण युद्ध (मल्ल)	(सार. सर्ग 19)
4.	राम और रावण युद्ध	(सार. सर्ग 11)
5.	लव-शत्रुघ्न युद्ध	(जन्म. सर्ग 7)
6.	राम, लक्ष्मण और कुश युद्ध	(जन्म. सर्ग 7)
7.	यूप केतु का राजाओं के साथ युद्ध	(विवाह काण्ड सर्ग 8)
8.	यूप केतु का कम्बूकण्ठ से युद्ध	(विवाह सर्ग 8)
9.	सीता और मूलकासूर युद्ध	(राज्य काण्ड)
10.	राम और पुरूरवा का युद्ध	(राज्य सर्ग 7)
11.	लव कुश तथा चित्रांगद का युद्ध	(राज्य सर्ग 17)

1. *आनन्द रामायण* राज्य काण्ड सर्ग 16
2. प्रजा पालन सम्पन्नः कोष प्रीणाति भूसुतः॥ *आ.रा.* राज्य.15/37

12. लव-यमराज युद्ध (राज्य सर्ग 24)
13. राम और सोमवंशी राजाओं का युद्ध (पूर्णकाण्डसर्ग 4)

इस प्रकार मुख्य 13 युद्ध हुये हैं। इन 13 युद्धों में भी प्रधानतया दो युद्ध हुए—एक राम और रावण युद्ध, दूसरा राम और सोमवंशी राजाओं का युद्ध।

युद्ध नीति के प्रसंग में आनन्द रामायण में युद्ध के प्रस्थान कालीन नियमों का वर्णन मिलता है। युद्ध सम्बन्धी नियमों को मनुस्मृति में कहा है कि शत्रु पर आक्रमण करते समय यह देखना आवश्यक है कि वह असावधान न हो, पूरी तरह शस्त्र से तैयार हो, और विपत्ति में न हो तो ही आक्रमण करें अन्यथा आक्रमण न करें।[1] परन्तु आनन्द रामायण में इस नियम का उल्लंघन प्रतीत होता है। राम द्वारा लंका में सुवेल पर्वत से बाण छोड़ा जाना तथा रावण द्वारा राम लक्ष्मण का अपहरण इसका उदाहरण है।[2] विजय लाभ के लिए राजा उचित या अनुचित सभी प्रकार के उपाय करता था। प्रत्यक्ष या परोक्ष रूप से शत्रु पर बाधा पहुंचाता था। हनुमान द्वारा लक्ष्मण की मूर्च्छा दूर करने हेतु संजीवनी बूटी लेने जाते समय रावण ने कालनेमि को विघ्न करने को भेजा।

इस प्रकार आनन्द रामायण में युद्धों का वर्णन मिलता है।

अस्त्र-शस्त्र

आनन्द रामायण में जो मुख्य युद्ध हुए हैं उनमें विविध प्रकार के आयुधों और यन्त्रों का उपयोग किया गया है। अधिकांश यंत्रों का प्रयोग पूर्ण काण्ड के तृतीय सर्ग में वर्णित है। राम और रावण के युद्ध प्रसंग में विविध अस्त्रों का वर्णन मिलता है। प्रधानतया जिन अस्त्र-शस्त्रों का प्रयोग काव्य में मिलता है। उसका विवरण इस प्रकार है—

1. स्थित यंत्र (सर्वतोभद्र, तोप आदि)
2. चल यन्त्र (सत , मुसल, त्रिशुल, चक्र आदि)
3. हल मुख (आयुध) (शक्ति)
4. धनुष बाण

---

1. न सुप्तं न विसन्नाह न नग्नं न निरायुधंम।
न युद्ध मानं पश्यन्तं न परेण समागतम्॥ *मनुस्मृ.* 7/92
2. *आनन्द रामायण* सार काण्ड 10/245-247
वही 11/75
वही 11/46-47

5. क्षुर वर्ग अथवा (क्षुरकल्प)
6. यन्त्र पाषाण इत्यादि

उक्त सभी प्रकार के अस्त्र-शस्त्रों का युद्ध क्रम से वर्णन इस प्रकार है—

आनन्द रामायण में अस्त्र शस्त्रों का प्रयोग इस प्रकार निम्नलिखित युद्ध प्रसंगों में किया गया है। दृष्टव्य—

1. ताड़ुका तथा खरदूषण त्रिसरा वध में

राम द्वारा शर का प्रयोग किया गया है। शर, शलाका, दण्डासन और नाराच ये बाणों के भिन्न प्रकार है।[1]

2. राम और राजाओं का युद्ध

सीता स्वयंवर में मान भंग हुए राजा, राम से युद्ध करने आए थे और इस युद्ध में विविध अस्त्रों का प्रयोग किया गया जैसे—

अस्त्रः शस्त्रैर्भिन्दिपालैः शतघ्नीभिः परश्वथ।
ते ववर्षु महा शस्त्रै वाणै व्याप्य दिगन्तरम्॥ आ.रामा. 1/4/36-38

3. लक्ष्मण और मेघनाद युद्ध में

लक्ष्मण द्वारा मेघनाद के हवन विध्वंस में पर्वतास्त्र, मेघास्त्र, वायव्यास्त्र इत्यादि का प्रयोग किया है।[2] और इसी युद्ध में मेघनाद द्वारा शूल का प्रयोग किया गया है।

दुद्राव लक्ष्मणं हन्तुं धृत्वा शूलमनुत्तमम्॥ आ.रामा.सार 11/181

4. राम-रावण युद्ध में

इस युद्ध में रावण द्वारा ऐन्द्रजालिक प्रयोग किया गया है। उसने शत्रु के नाश के लिए हवन किया[3] और इस युद्ध में राम तथा रावण ने परस्पर अस्त्रों के प्रभाव को नष्ट करने के लिए तरह तरह के अस्त्रों को छोड़ा।[4]

---

1. *अर्थ. कौ.*18/11
2. गरूड़ास्त्रेण सर्पाश्च पर्वतास्त्रेण दृष्टिणः॥ *आ.रा.* सार. 11/181
3. आदशाह बालकानां शिरोभिर्मा स लोहिते। *आ.रा. सार.*11/132
4. आग्नेयेन तदाग्नेयं देवं राघवः।
अस्त्रं राक्षस राजस्य जघान परमास्त्रवित॥
रामः सर्पास्ततो दृष्टवां सां पर्णास्त्रं मुमोच सः॥
पार्जन्य स सृजे घोरं वायव्यास्त्रेण राघवः॥
तदस्त्रं विनि वार्यसो वहनयास्त्र ससृजे पुनः।
पर्जन्यास्त्रेण पौलस्त्यश्चकार विफलं तदा॥ *आ.रा.* सार.11/254-257

रावण ने अपने बाणों से राम की ध्वजा तथा वज्र को भी नष्ट कर दिया—
तथा शनि ध्वजं रम्यं वाणैचिच्छेद रावणः। सार.60

तत्पश्चात् ध्वजा कटने के बाद राम ने हनुमान के कंधे पर बैठकर युद्ध आरंभ किया तब रावण ने हनुमान की छाती पर गदा का प्रहार किया जिससे हनुमान मुर्च्छित हो गये। राम पुनः रथ पर सवार होकर युद्ध के लिए शांर्ङ्ग धनुष को हाथ मे लेते है। ताल, चाप, दरिव, और शांर्ङ्ग ये चार प्रकार के धनुष प्रकृति से बनाये जाते हैं।[1]

5. लव तथा शत्रुघ्न युद्ध

इस युद्ध में विविध प्रकार के अस्त्रों का प्रयोग है। जैसे—वज्रास्त्र, गरुणास्त्र, सर्पास्त्र, मेघास्त्र और वायव्यास्त्र इत्यादि।[2]

6. सीता द्वारा मूलकासुर वध

मेघास्त्र और वह्न्यास्त्र का प्रयोग किया है। सीता द्वारा एक महान अस्त्र चलाया गया है। जिसमें मूलकासुर का सर धड़ से अलग हो जाता है। सम्भव है कि ब्रह्मास्त्र जैसा यह भी कोई होगा। परन्तु यहां केवल उसका नाम महान अस्त्र ही आया है।

हन्तुकामा महास्त्रं तन्मुमोचमूलकासुरम्॥ राज्य.सर्ग 6/20-22

7. चित्रांगद लव-कुश युद्ध (हेमा के स्वयंवर में)

इस युद्ध मे शस्त्रों का प्रयोग किया गया, ऐसा वर्णन मिलता है—

चित्रांगदः स्व वाणौधैर्मित्वा शस्त्रादि तानि हि
निज वाणै यूँप केतुं चकार विरथं क्षणात्॥ राज्य. उत्तर. 17/19
लवाश्छच्छेद वाणौधेस्तद्धनुर्दिव्य मुत्तमम्॥ वही 21

8. यमराज तथा लव का युद्ध

यमराज जब अयोध्या युद्ध करने जाते हैं तब अयोध्या को चारो ओर से सुरक्षित देखते हैं। वहां भी शतघ्नी इत्यादि के द्वारा सुरक्षा प्रबंध किया गया है।[3]

---

1. तालचापदारव शांर्ङगाणि कार्मुक कोदण्ड दूणान्धिनूंषि॥
अर्थ.कौटिल्य, अध्यक्ष प्रचार 18/9
2. *आनन्द रामायण* जन्म काण्ड सर्ग 8
3. नव प्रकार संहितां शतघ्नीयन्त्रं संयुताम्॥
आनन्द रामायण जन्म काण्ड सर्ग 7

9. हस्तिनापुर में राम तथा सोमवंशी राजाओं का युद्ध

इस युद्ध में स्थित यन्त्र, चलयन्त्र, हलमुख, आयुध और क्षुरकल्प इत्यादि का प्रयोग हुआ। उन यन्त्रों के मुख से अग्नि की ज्वाला दसों दिशाओं को व्याप्त कर रही थी।

यन्त्रोत्थ वह्नि ज्वालाभिर्व्याप्ता दशदिशोभवन्॥

आ.रामा.पूर्ण 3/27

और दोनों सेनाओं की ओर से गोलियों का प्रहार हुआ।

यत्रोत्थाना गुटिकार्भिर्निजघ्नुस्ते परस्परम्॥ वही. पूर्ण

और सतघ्नी तथा सर्वतोभद्र (जो एक जगह रखा हुआ चारो ओर मार करता है वाण, तलवार, फरसे, तोमर)। बाण के समान अगला हिस्सा तीक्ष्ण होता है। भिन्दीपाल (कुन्त की तरह), मुद्गर (चारों ओर घूमने वाला विशेष चल यन्त्र), गदा, चक्र कुन्त (भाला), शूल (एक मुखवाला लोहे का) और पट्टिश (दोनों किनारे पर त्रिशूल होते हैं।) क्षुर कल्पास्त्र इत्यादि अस्त्र-शस्त्रों का परस्पर दोनों सेनाओं ने प्रहार किये हैं। तत्पश्चात् यह संग्राम समाप्त हुआ।[1]

इन अस्त्र शस्त्रों के अतिरिक्त यत्र-तत्र अन्य अस्त्रों का प्रयोग मिलता है। वानरी सेना द्वारा यन्त्र पाषाण का प्रयोग किया गया है। और मुक्का तथा वृक्षों को उखाड़ कर प्रहार किया है। रावण पर वानर सेना ने ऐसा ही प्रहार किया—

चूर्ण यित्वारावणभय ताड यामास भुष्टिना।
वान रास्तेपि तं वृक्षैस्ताडयामासु रादराद्॥ सार काण्ड 11/238

इसके बाद कुछ ऐन्द्रजालिक कर्म का भी रावण को सहारा लेना पड़ा था। परन्तु, वह विध्वंस हो गया।

शत्रु की सेना को ऐन्द्रजालिक कार्य से भी परास्त किया जाता है। इसमें विविध प्रकार के वृक्षों की लकड़ी तथा जीव-जन्तु की अस्थियों का प्रयोग हवन

---

1. वथोमयोः सैन्ययोश्च वभूवूर्यत्र निः स्वनाः।
शतघ्नीभिस्तथाजग्युः शकटस्थाभिरादरात्।
तथा वीरा निजुघ्नुस्ते वाणैः खगै परश्वधै॥
परस्परं तोमरैश्च भिन्दि पालैश्च मुदगरै।
परघेचक्र वाणैश्च कुंतैः शूलैश्च पटिटशैः॥ *आ.रा.* पूर्ण काण्ड 3/27-30

में करके शत्रु को परास्त किया जाता है। जैसा कि मेघनाद ने विविध सामग्री से हवन किया था।[1]

व्यवसाय तथा कर

किसी भी राज्य अथवा समाज की उन्नति अर्थ पर आधारित होती है। और अर्थ समाज द्वारा किये गये व्यवसायों पर आधारित होता है।

वैदिककालीन समाज इतना अधिक विकसित नहीं था जितना कि मध्ययुगीन समाज विकसित था।वैदिक युग में मानव व्यवसाय को महत्त्व न देकर जीवकोपार्जन करके अपने मोक्ष का मार्ग प्रशस्त करता था। मध्ययुगीन समाज अर्थोपार्जन की दृष्टि से अधिक सबल प्रतीत होता है। प्राप्त तथ्यों के आधार पर आनन्द रामायण कालीन समाज अर्थोपार्जन को महत्त्व प्रदान करता था। उक्त काव्य में चारों वर्णो द्वारा अपने-अपने वर्ण के अनुसार व्यवसाय को महत्त्व न देकर, अधिक अर्थोपार्जन के साधनभूत आजीविका को ग्रहण करते थे। शूद्र भी धर्म शास्त्र निर्दिष्ट कर्म (सेवा इत्यादि) का परित्याग करके उच्च वर्णो के समान कृषि आदि कार्य करने लगे थे।[2]

उक्त काव्य में भी सिद्धान्त रूप से चारों वर्णो के कार्य धर्म शास्त्र के अनुसार ही वर्णित किए हैं। परन्तु लोक व्यवहार में ऐसा कम देखने को मिलता है। आनन्द रामायण में मानव समाज वर्णानुसार व्यावसाय नहीं करता था। अपितु आजीविका के अनुसार धनोपार्जन के लिए विभिन्न व्यवसाय करता था।

आलोच्य ग्रन्थ में मुख्य रूप से निम्नलिखित व्यवसायों का वर्णन मिलता है—

1. कृषि कार्य,
2. गोपालन,
3. कला इत्यादि विभिन्न व्यवसाय।

---

1. होम कुण्डाध्र्वतः सर्पाध्वा कृष्ण मधोमुखम्।
रक्त पुष्पाम्वर धरो रक्त चन्दन लेपितः॥
खदिराम्र पालशोदुम्बर भल्लातकास्ति भिः॥
समिदर्भि मांस इत्यादि भल्लात कफलै रपि।
अर्क निम्बू वाजपूर कृष्ण धत्तूर रोचनै।
सर्प षद्रेश्च मण्डूकैश्त्वग्दंतस्नायु लोमभिः॥
नानावनचाराणां च मासैरपि समन्त्रकम्॥ *आ.रा.*सारकाण्ड 11/168-172

2. *आनन्द रामायण* राज्य काण्ड 10/111-112

इनके अतिरिक्त निम्न वर्ग द्वारा अपनी-अपनी जाति के अनुसार भी कार्य व्यवसाय का वर्णन मिलता हैं। चर्मकार, लौहकार, तक्षक (बढ़ई) इत्यादि के द्वारा तत्तदकार्य किये जाते थे।

कृषि कार्य

आनन्द रामायण कालीन समाज में कृषि कार्य किया जाता था। जो उच्चवर्ग के लोग थे वे स्वयं कृषि कार्य नहीं करते थे अपितु, अपनी भूमि पर शूद्रों द्वारा सेवा रूप में कृषि कराते थे और कृषि से प्राप्त आय का उपभोग किया करते थे।[1]

इस प्रकार आनन्द रामायण में कृषि का उल्लेख मिलता है। अतः तत्कालीन समाज में कृषि कार्य किया जाता था।

गोपालन

आनन्द रामायण कालीन समाज में गोपालन का भी व्यवसाय था। लोग गोपालन करके अपना भरण पोषण करते थे। गोपालन के लिए पर्याप्त भूमि क्षेत्र था। राम राज्य मे गायों के लिए भरपूर चरने के लिए सुन्दर घास उगती थी, ऐसा वर्णन मिलता है। इससे ज्ञात होता है कि गोपालन भी तत्कालीन समाज करता था।[2] राम द्वारा अपनी माता को बछड़ों से आत्मज्ञान कराया गया है। उस समय बड़ी-बड़ी गौशालायें होती थीं—

श्वप्रभाते समुत्थाय गत्वागोष्ठं कियत्क्षणम्।

श्रुत्वा गोवत्स वाक्यानि ....॥ मनोहर काण्ड 2/126-127

इसी प्रकार अनेक स्थलों में गोपालन का संकेत प्राप्त होता है।[3]

वाणिज्य

आनन्द रामायण कालीन समाज में व्यापार किया जाता था। राम राज्य में वर्णन आया है कि कोई ऐसा वैश्य नही था जो धन कमाने की कला से अनभिज्ञ हो।[4]

---

1. ब्राह्मणाय द्विजश्चापि तां कर्षयितुमुद्यतः॥
   शूद्रेण कर्षयामास भूमिं कृष्यर्थमादरात्॥ *वही* 255-257
   सदा सम्पन्न शस्यं च सुचिरं क्षेत्र संकुलम्॥ राज्य. 15/3
2. सुतृणं बहुगोधनम्। *आ.रा.* राज्य काण्ड 15/4
3. गोष्ठं गत्वा क्षणं स्थितवा धेनुवत्स वचांसि सा॥ *आ.रा.* मनोहर. 2/130
4. वैश्यो नभिज्ञो नैवासीदथोपार्जन कर्मसु॥ राज्य काण्ड 15/56

अनुमानतः उस समय व्यापार केवल वैश्य वर्ग करता था क्योंकि हनुमान की पूंछ में जब वस्त्रावेष्टित हो रहा था तब कवि ने ''वस्त्रहट्टात'' शब्द लिखा है। इससे लगता है कि व्यापारिक वर्ग अवश्य था और वस्त्र इत्यादि का व्यापार करता था।

क्रयविक्रयकर्तृश्च। (यात्रा काण्ड 3/52)

कला इत्यादि

तत्कालीन समाज में वास्तुकला, मूर्तिकला, तथा जरी इत्यादि का कार्य भी किया जाता था।[1]

इन व्यवसायों के अतिरिक्त भी तत्कालीन समाज में व्यवसाय किये जाते थे[2] यथा चर्मकार, लौहकार, तक्षक, राजगीर (मकान बनाने में चतुर थे) कपड़े बनाने वाले, पत्थर इत्यादि का काम करने वाले लोग अपना कार्य करते थे। जब राम गंगा यात्रा पर जाते है उससे पूर्व लक्ष्मण द्वारा उन कारीगरों को बुलाकर उनका तत्तद कार्य करवाया जाता है।[3]

अतः इससे ज्ञात होता है कि तत्कालीन समाज में अनेक प्रकार के कार्य एवं व्यवसाय किये जाते थे क्योंकि आनन्द रामायण में बुद्धिजीवी वर्ग, श्रमजीवी और व्यवसायी वर्गो का उल्लेख मिलता है।[4]

इस प्रकार आलोच्य ग्रन्थ में व्यवसायों का वर्णन मिलता है। इनके अतिरिक्त एक वर्ग ऐसा भी था जो खेल और नट इत्यादि का कार्य भी करता था जो कि समाज के लिए मनोरंजन का प्रमुख अंग बन गया था।

कर

राज्य, समाज और संस्कृति का आधारभूत स्तम्भ है। मानव की वैयक्तिक, सामाजिक तथा नैतिक उन्नति का आधार राज्य ही है और समाज को एक समन्वयात्मक, संवर्धनात्मक राज्य की आवश्यकता होती है। संवर्धनात्मक राज्य

1. तक्षकानिष्टकाकारान्दृषद् कर्मसु नैष्ठिकान्॥
लोहकारांश्चर्मकारान भित्तिकर्मादिनैष्ठिकान्॥
2. क्रय विक्रय कर्तृश्च काष्ठ निर्जीवकारिणः।
वसोगृह विदग्धाश्च महिषैर्जल वाहिनः॥
3. नाना कर्मसु निष्णाता रज्जुकुद्दाल धारिण्यः
4. मुनीनां पार्थिवानां च सुहदा व्यवसायिनाम्।
सामान्य क्षत्रियाणां च वैश्चाणामं च सहस्रशः॥ राज्य. 21/1-2

कोष पर आधारित होता हैं और राज्य रूपी शरीर का भरण पोषण अर्थ से ही होता है। राज्य के सम्पूर्ण व्यापार कोष पर निर्भर है।[1] राज्य द्वारा आय और व्यय का निर्धारण करना आवश्यक होता है।

आनन्द रामायण में भी महाभारत, मनुस्मृति और चाणक्य के अर्थशास्त्र के अनुसार आय-व्यय का निर्धारण किया गया है। राजा द्वारा प्रजा पर कर निर्धारण उसके आर्थिक स्थिति के अनुसार ही किया जाता था[2] और राजा को प्रजा से आय का षष्ठांश कर रूप में ग्रहण करने का आदेश किया गया है।

षष्ठांशः करभारश्च राज्ञा गृह्य सदैव हि॥ राज्य. 16/8

इस कर से ब्राह्मणों को मुक्त रखा जाता था[3] और अन्य जातियों से कर अवश्य लिया जाता था।

अतः आनन्द रामायण कालीन राजाओं द्वारा प्रजा से कर लिया जाता था और राजा द्वारा आपत्ति में धन की रक्षा पर बल दिया जाता था—आपदर्थे धनं रक्षेत्। राज्य काण्ड 16/53

राम ने जब जम्बूद्वीप की यात्रा की तब राजाओं से कर लिया था।[4] इसी प्रकार कौञ्च द्वीप के सातों राजाओं से राम द्वारा कर लिया गया ऐसा वर्णन हैं।[5]

इस प्रकार राम द्वारा राजाओं से कर लेने का वर्णन मिलता है। अतः आनन्द रामायण कालीन राजा प्रजा एवं अपने आधीन राजाओं से कर लिया करते थे।

उक्त काव्य में इस प्रकार की शासन प्रबंध, सैनिक स्थिति, व्यवसाय तथा कर सम्बन्धी की रूपरेखा का वर्णन प्राप्त होता है।

◆◆◆

---

1. *अर्थशास्त्र*, कौटिल्य 2/8
2. दृष्टवा किञ्चिन्महर्घ तु स्वीय राष्ट्रे हि भूभ्रता।
   न्यूनः कार्यः करभारः किञ्चिद्देशसुखाय च॥ *आ.रा.* राज्य काण्ड 16/90
3. दातव्यः करभारो हि बिना विप्रैर्नृपाय हि।
4. क्वाचिच्छरणागतप्रबद्धकरयुगलावनिपतिभ्यः स्वकरभारान्लभमानः...॥
   आ.रा. राज्य का. 8/16
5. करभारं पृथकलब्धवा तैः सर्वैः परिपूर्णतः॥ राज्य काण्ड 9/45

षष्ठ अध्याय

आनन्द रामायण कालीन संस्कृति एवं शिक्षा

संस्कृति शब्द का अर्थ होता है, अच्छी प्रकार किया गया व्यवहार। वस्तुतः हम संस्कृति शब्द को प्रयुक्त करते है तो क्रिया एवं व्यवहार की व्यंजना करते है, संस्कृति शब्द से उन सभी मानवीय चेष्टाओं की अभिव्यक्ति की जाती है, जो धार्मिक, आध्यात्मिक, लौकिक, तथा राजनीतिक गतिविधियों के कारण परम्परा का रूप धारण कर लेती है।[1]

भारतीय संस्कृति का क्षेत्र अत्यन्त व्यापक है। आनन्द रामायण कालीन संस्कृति कोई ऐसी वस्तु नही है जो, भारतीय संस्कृति से भिन्न हो। यह संस्कृति भी भारतीय संस्कृति की युगीन धारा का अभिन्न अंग है। भारतीय संस्कृति अत्यन्त प्राचीन एवं महनीय है, आनन्द रामायण में भी भारतीय संस्कृति के मूलाधार, शिक्षा, वर्ण, आश्रम, संस्कार, और मान्यताएं इत्यादि देखने को मिलती हैं क्योंकि प्रत्येक साहित्य अपने समाज को प्रतिबिम्बित करता है। आनन्द रामायण में भी तत्कालीन समाज का वर्णन मिलता है। तत्कालीन समाज में वर्णाश्रम व्यवस्था, धर्म, मान्यताएं, शिक्षा एवं परम्पराएं इत्यादि का सैद्धान्तिक एवं व्यावहारिक पक्ष मिलता है। सैद्धान्तिक रूप से तत्कालीन समाज में व्याप्त संस्कृति से ज्ञात होता है, कि अन्य, वेद, स्मृति एवं धर्मशास्त्र के अनुसार ही चतुर्वर्ण की व्यवस्था की गयी है। जिनमें संस्कारों का भी विवेचन किया गया है। तत्कालीन समाज में धर्म तथा भक्ति को मोक्ष का साधन माना जाता था। संस्कारों का समाज में अत्यन्त महत्त्व था। परन्तु, सभी संस्कारों का विस्तृत वर्णन नहीं मिलता है।

संस्कार

संस्कार शब्द शुद्धता का द्योतक है। इसकी परिभाषा अनेक विधाओं में की गयी है। वैदिककालीन संस्कृति का समारम्भ तथा विकास संस्कारो से ही हुआ है। प्रायः सभी धर्म शास्त्रों एवं कवियों ने सोलह संस्कार कहे हैं। वैदिक कालीन

---

1. *रामायण कालीन समाज एवं संस्कृति*, डॉ. जगदीश भट्ट्ट पृष्ठ 82

संस्कृति से अद्यावधि पर्यन्त यदि भारतीय संस्कृति का अध्ययन किया जाए तो ज्ञात होता है कि इन संस्कारों का उत्तरोत्तर ह्रास हुआ है। मध्यकालीन संस्कृति में जिसको की महाकाव्यकालीन संस्कृति कहते हैं उसमें युगीन प्रभाव वश संस्कारों का लोप सा प्रतीत होता है। आनन्द रामायण कालीन समाज द्वारा इन सोलह संस्कारों को सम्पन्न किया जाता था। यहां आनन्द रामायण में संस्कारों की स्थिति का वर्णन प्रस्तुत है—

1. गर्भाधान संस्कार

सोलह संस्कारों में सर्वप्रथम गर्भाधान संस्कार का उल्लेख मिलता है। आनन्द रामायण में रामचन्द्र द्वारा सभी संस्कार संपन्न किए गए हैं। सीता के गर्भ होने का समाचार राम को किसी धाय के द्वारा मिलता है। दृष्टव्य—

एकदारघुवीरस्तु सोन्तर्वत्नी विदेहजाम्।
ज्ञात्वा धात्रीमुखात्तुष्टो ददौ दानान्यनेकशः॥ जन्म काण्ड 1/2

उर्मिला, माण्डवी और श्रुतिकीर्ति के गर्भाधान विषयक प्रसंग देखें।[1] इस प्रकार कवि द्वारा उक्त तीनों के एक ही साथ गर्भाधान का उल्लेख दृष्टव्य है।

राम ने सीता के गर्भिणी होने का समाचार सुनकर अनेक प्रकार के दानादि कर्म किए।

2. पुंसवन संस्कार

पुंसवन संस्कार गर्भ चलन के पूर्व किया जाता है। अर्थात जब गर्भ एक मास का हो जाए तब इसको करने का विधान है।[2]

इस संस्कार में कुलपुरोहित को बुलाकर पूजन इत्यादि किया जाता है। राम ने गुरु वशिष्ठ और बहुत से ब्राह्मणों को आहूत कर तथा अपने श्वसुर-सास को बुलाकर सोत्साह उक्त संस्कार सविधि किया।[3] इस संस्कार में देव पूजा करके गर्भरक्षणार्थ प्रार्थना एवं आयुर्वेदोक्त औषधियों का भी प्रयोग किया जाता है।

---

1. अर्थोर्मिला माण्डवी च श्रुतिकीर्ति सहैव ताः।
बभूवुरंतरात्किञ्चिदंतर्पत्नयो सहोदराः॥ *आ.रा.* जन्म काण्ड 9/1
2. गर्भाधानमृतौ पुंसःसवनं स्पन्दनात्पुरा। *याग. स्मृ.* 1/11
3. अथमासे द्वितीयेह्नि रामो द्विजवरैः सह।
वशिष्ठेन पुंसवन संस्कारं विविध पूर्वकम्॥
स चकारोत्सवैर्दिव्यैः सीतायाः परमादरात्॥ *आ.रा.* जन्म काण्ड 1/6-7

3. सीमन्तोन्नयन

सीमन्त संस्कार तीसरा संस्कार है, यह गर्भ के षष्ठ अथवा अष्ट मास में किया जाता है। इसमें भी पूर्वोक्तानुसार ब्राह्मणों से देव पूजन कार्य कराया जाता है तथा आमोद-प्रमोद किया जाता है और गौड़ रूप से गर्भ रक्षणात् तथा सम्यक् रूप से प्रसवादि हो, इसकी कामना की जाती है। ससुराल पक्ष के लोगों को भी बुलाया जाता है। आनन्द रामायण में भी राम ने सीता का सीमन्त संस्कार किया। उक्त उत्सव में जनकादि को बुलाया और ब्राह्मणों और माताओं का पूजन भी किया।[1]

4. विष्णु वलि

इस संस्कार को करने का समय स्मृमियों में गर्भाधान से आठवाँ महिना बताया है। मुख्य रूप से गर्भस्थ शिशु की रक्षा तथा माता के कल्याण हेतु और जन्म समय में होने वाले विघ्नों की शान्ति के लिए किया जाता है। इसमें भी पूजनादि की क्रिया सम्पन्न होती है।

5. जात कर्म

यह संस्कार शिशु के जन्म के समय पर किया जाता है। सर्वप्रथम वैश्वानर की तुष्टि की जाती है। शिशु तेजस्वी एवं मेधावान् हो ऐसी प्रार्थना की जाती है।

आलोच्य ग्रन्थ में राम ने वाल्मीकि के आश्रम में जाकर शिशु (कुश) का जात कर्म संस्कार कराया है तथा नान्दी (आभ्युदयिक) श्राद्ध कर्म और हवन किया। साथ ही हर्षोल्लासपूर्वक पुत्र का मुख अवलोकन किया।[2] पुष्पक विमान द्वारा रात्री को ही राम प्रजा की अनभिज्ञता में वाल्मीकि के आश्रम में पहुंचे और सीता के सम्मुख राम ने हर्षोल्लास युक्त पुत्र के आनन का अवलोकन किया, विविध प्रकार के दान दिये तथा उत्सव मनाया।[3]

---

1. षष्ठे मासे त्वथप्राप्ते सीतयाराघवोमुदा।
   सीमन्तोन्नयनं चैव वसिष्ठेन चकार सः॥
   सुमेधां जनकं चापि समाहूयादरेण हि।
   ददौ दानान्यनेकानि ब्राह्मणेभ्यो रघूत्तमः॥ *आ.रा.* जन्म 2/12-25
2. पुष्पकस्य ततत्सस्मिन् स्थित्वाकाशपथा ययौ।
   वाल्मीकिराश्रमे वेगात्सबन्धुतं ननाम सः॥ *आ.रा.* जन्म काण्ड 4/23
3. जातकर्मादि संस्कारांश्चकार विधि पूर्वकम्। *आ.रा.* जन्म 4/24

6. नाम करण

नाम करण संस्कार सोलह संस्कारों में अपना विशिष्ठ स्थान रखता है। बिना नाम के लोक में व्यवहार नहीं होता है। अतः उक्त संस्कार महत्त्वपूर्ण है।

यह संस्कार जातक के जन्म से दसवें, ग्यारहवें तथा बारहवें दिन शुभ मुहूर्त लग्न में किया जाता है। नाम करण संस्कार किस दिन करना चाहिए इसमें ऋषि मतैक्यनहीं हैं-मनु के मत में जन्म से दसवें अथवा बारहवें दिन नाम करण शुभ मुहूर्त नक्षत्र इत्यादि में करना चाहिए।[1] याज्ञवल्क्य के मत में जन्म से ग्यारहवें दिन नाम करण करना चाहिए।[2] परन्तु, एक या दो दिन का ही विकल्प किया गया है।

आनन्द रामायण में राम ने कुशादि का नामकरण संस्कार कराया है। वाल्मीकि के आश्रम में कुश का जन्म हुआ इसलिए राम गुप्त रूप से आये और उसी समय नाम-करण वाल्मीकि द्वारा कर दिया गया।[3]

इस काव्य में नाम करण संस्कार के उपरान्त कवि ने आदि शब्द का प्रयोग करके रामादि के सभी पुत्रों का निष्क्रमण, अन्नप्रासन, आदि सभी संस्कार किये ऐसा वर्णन मिलता है।

कवि ने स्पष्ट भी किया है कि मैने यहां संक्षेप में वर्णन किया है। रामादि सभी भ्राताओं के पुत्रों का नामकरणादि सभी संस्कार विधि पूर्वक वशिष्ठ ने किये।[4]

7. उपनयन (व्रतबन्ध)

उक्त संस्कार का नाम व्रतबन्ध, और यज्ञोपवीत संस्कार भी लोक में प्रसिद्ध है। यह संस्कार गुरू के द्वारा संपन्न किया जाता है। इसमें आचार्य बालक को यज्ञोपवीत की दीक्षा देकर आचार-विचार की शिक्षा प्रदान करता है। वैदिक काल में बालक गुरुकुल में उपनयन संस्कार के उपरान्त 25 वर्ष पर्यन्त विद्याध्ययन गुरु के समीप रह कर करता था।

---

1. नामधेयं दशम्यान्तु द्वादश्यां वास्य कारयेत्॥
पुण्ये तिथौ मुहूर्त वा नक्षत्रे वा गुणान्विते॥ *मनुस्मृ.* 2/30
2. अहन्येकादशे नाम॥ *याज्ञ. स्मृ.* 1/12
3. शान्त्येर्थ प्रोक्षितो यस्मात्कुशैस्तस्मात्कुशाहवयः।
वाल्मीकिना राघवाग्रे निश्चितो वाकस्य हि॥ *आ.रा.* जन्मकाण्ड 4/31
4. एवं क्रतानिनामानि गुरूणा विधिपूर्वकम्।
एते अन्तरेण संजाताः काले-काले क्रमेणव॥
तेऽत्रैकत्र मयाप्रोक्ताः संक्षेपेणांग त्वत्पुरः।
सर्वेषां जन्म कालेषु सुराः सर्वे मुदान्विताः॥ *आ.रा.* जन्मकाण्ड 9/10-11

उपनयन संस्कार का समय ऋषियों ने स्मृतियों में लिखा है। मनु के अनुसार उपनयन की अन्तिमावस्था इस प्रकार है। ब्राह्मण का 16 वर्ष में, 22 वर्ष क्षत्रिय का, और 24 वर्ष में वैश्य का अवश्य ही उपनयन होना चाहिए।[1]

याज्ञवल्क्य के अनुसार गर्भकाल से आठवें अथवा जन्म से आठवें वर्ष में ब्राह्मण का उपनयन संस्कार होता है। इसी प्रकार कुल के अनुसार क्षत्रिय के लिए ग्यारहवें वर्ष में और वैश्य के लिये बारहवें वर्ष में यह संस्कार विहित है।[2]

उक्त ग्रन्थ में यज्ञोपवीत का दो प्रकार से समय निर्धारित किया है। प्रथम—ब्राह्मण को गर्भ से छठवें अथवा जन्म से पाँचवे वर्ष में, क्षत्रिय के छठवें अथवा वैश्य को आठवें वर्ष में बालक का उपनयन करना चाहिए।[3] द्वितीय—ब्राह्मण का 8, क्षत्रिय का 12, और वैश्य का 16 वर्ष में यज्ञोपवीत करने का विधान कहा है।[4]

इस प्रकार आनन्द रामायण में दो मत प्रकट किये गये हैं। सम्भव है कि कुछ काल के प्रभाव से दूसरा मत लिखा गया हो। राम ने लव-कुश इत्यादि पुत्रों का पांचवे वर्ष में यज्ञोपवीत संस्कार कराया।[5] इस संस्कार में विविध देवताओं का पूजन पुण्याह वाचन और नान्दी श्राद्ध कार्य किये जाते हैं। शास्त्र विधि के अनुसार ही कुश और लव का उपनयन संस्कार सम्पन्न हुआ।[6] इसके उपरान्त गुरु ने विविध प्रकार के ब्रह्मचर्यव्रत के नियमों का उपदेश किया। लव का यज्ञोपवीत कवि ने पृथक से वर्णन किया है क्योंकि जब कुश का यज्ञोपवीत किया गया तब लव कुछ आयु में कम थे ऐसा पूर्वोक्त श्लोक से स्पष्ट है।

1. आषोडशाद ब्राह्मणस्य सावित्रीनाति वर्त्तते।
   आद्वविशाद् क्षत्रवन्धोः आचतुर्विशतेर्विशः॥ *मनु.* 2/38
2. गर्भाष्टमे षृमेवाब्दे ब्राह्मण्स्योपनायनम्।
   राज्ञां एकादशे सैके विशामे केयथाकुलम्॥ *याज्ञ.* 1/14
3. गर्भात्सवंत्सरेषष्ठे जन्मतः पञ्चमेसमे।
   ब्रह्मवर्चस कामस्य कार्य विप्रस्थ पञ्चमे॥
   राज्ञो वलार्थिनः षष्ठे वैश्यस्थार्थार्थिनो षष्ठमे॥ *आ.रा.* सारकाण्ड 2/26-27
4. ब्राह्मणस्याष्टमे प्रोक्तो द्वादेशे क्षत्रियस्य च।
   वैश्यस्य षोडषे वर्षे व्रतवन्धो मुनीश्वरैः॥ *वही,* जन्मकाण्ड 9/72-73
5. कुशाय षोडषे वर्षे किंचिन्नयूनं लवाय च। *वही,* 9/71
6. बद्ध्वादौ रूकमजां मौजीं बबन्धैणाजिनं तदा।
   ततः कुशाय स गुरूर्गायत्रीमुपदिष्टवान्॥ *वही,* 96

समावर्तन

शास्त्रों में उपनयन के उपरान्त समावर्तन संस्कार का विधान है। इस संस्कार में शिष्य वेदाध्यन और व्रत (ब्रह्मचर्य) को पूरा करके गुरु को यथा-शक्ति दक्षिणा देकर उनकी आज्ञा से समावर्तन (स्नान) करे।[1]

आनन्द रामायण में इस संस्कार का स्पष्ट उल्लेख तो नहीं है। परन्तु इतना अवश्य कहा गया है कि, बालकों ने वेदाध्ययन इत्यादि समस्त विधाओं का अध्ययन किया।[2]

विवाह

यह वह संस्कार है जिसके होने पर तीनों (ब्रह्मचर्य, वानप्रस्थ और सन्यास) आश्रमों की आजीविका चलती है। इस संस्कार के पश्चात् मनुष्य गृहस्थाश्रम में प्रवेश करता है। वि. उपसर्ग पूर्वक वह् धातु से विवाह शब्द बनता है जिसका अर्थ है कि विशेष प्रकार से किसी (स्त्री) का वहन करना अर्थात कन्या को उसके पिता के घर से वरण कर अपने घर ले जाना—''विशिष्टं वहनं विवाहः''[3]

विवाह पुरुष स्त्री को केवल रति का अधिकार नहीं देता अपितु, पितृऋण से मुक्ति और धर्म सम्पादन के लिये भी बाध्य करता है। इसलिए हमारे शास्त्रों में कामपत्नी न कह कर, धर्मपत्नी कहा गया है।

आनन्द रामायण में भी विवाह का प्रयोजन तीनों ऋणों से मुक्ति माना गया है। परन्तु सैद्धान्तिक रूप से विवाह का वर्णन धर्म शास्त्रीय आधार पर किया गया है। आनन्द रामायण कालीन समाज में व्यवहार रूप में विवाह को उच्च कोटि का नहीं माना गया ऐसा प्रतीत होता है।

आलोच्य ग्रन्थ कालीन समाज में विवाह को आदर्श संस्कार न मानकर अपितु, वंश परम्परा मानी गयी है जो स्खलित सी प्रतीत होती है। राम इत्यादि के पुत्रों का एक से अधिक स्त्रियों के साथ विवाह, और पुरुषों द्वारा विवाह में गृहीत की गयी पत्नी का परित्याग इत्यादि इसका सूचक है।[4] आनन्द रामायण

---

1. गुरवे तु वरं दत्वा स्नायाद्धा तदनुज्ञया।
   वेदं व्रतानि वा पारं नीत्वा ह्वयुभयमेव वा॥ *याज्ञ स्मृ.* 1/51
2. अथ ते बालकाः सर्वे कृत्वा ध्ययनमुत्तमम्।
   वेदादीनां गुरूमुखाल्लध्वा ज्ञानं गुरोस्ततः॥ *आ.रा.* जन्मकाण्ड 9/119-120
3. *शब्द कल्पद्रुम*, पृष्ठ 427।
4. *आनन्द रामायण* विवाह काण्ड सर्ग 3, राज्य काण्ड सर्ग 14

में विवाह के प्रकार वर्णित नहीं हैं। जैसा कि गृह्य सूत्र, धर्म सूत्र, और स्मृतियों में विवाहों के प्रकार बताए गए है।[1] विवाह आठ प्रकार के कहे गये हैं- 1. ब्राह्म, दैव, आर्ष, प्राजापत्य, आसुर, गन्धर्व, राक्षस और पैशाच।

आनन्द रामायण में रामादि के विवाह शास्त्रोक्त रीति से हुए है और कुशादि के भी क्षत्रियोचित धर्म से ही विवाह हुए है। परन्तु आनन्द रामायण के कुछ ऐसे प्रसंग हैं जिनका अध्ययन करने से ज्ञात होता है कि तत्कालीन समाज में गान्धर्व आदि विवाहों का भी प्रचलन था।

अन्त्येष्टि संस्कार

यह संस्कार मनुष्य के मरने के उपरान्त किया जाता है। इसे अग्निसंस्कार भी कहते हैं। इसमें तिल, यव से पिण्डदान किया जाता है। आनन्द रामायण में राम द्वारा तथा अंगद, विभीषणादि के द्वारा यह संस्कार किया गया है- दशरथ के मरणोपरान्त, भरत ने राजा का अग्नि संस्कार किया।[2] चित्रकूट में राम ने भी राजा को तिलांजलि दी।[3] बालि की उत्तर क्रिया अंगद ने की थी।[4] राम ने जटायु का भी अग्नि संस्कार करके पिण्डदान किया था।[5] इसी प्रकार रावण के मरने के बाद विभीषण ने उसकी उत्तर क्रियाएं कीं।[6]

इस प्रकार तत्कालीन समाज में अन्त्येष्टि संस्कार किया जाता था। इनके अतिरिक्त मंत्री सुमन्त्र की उत्तर क्रियाओं का भी वर्णन मिलता है। अतः आनन्द रामायण कालीन समाज स्मृतियों में कहे गये सभी संस्कारों का यथा अवसर पालन करता था। गर्भाधान आदि संस्कार से अन्त्येष्टि कर्म तक का वर्णन महाकाव्य में मिलता है। अतः तत्कालीन समाज में संस्कारों का महत्त्व था। जो सामर्थ्य शाली थे वे सभी संस्कारों को सम्पन्न करते थे।

अतः इस महाकाव्य में सभी संस्कारों का वर्णन करते हुए प्रधानतया यज्ञोपवीत, विवाह और अन्तेष्टि का वर्णन कवि ने किया है।

---

1. *याज्ञवल्क्य स्मृति* 1/58-61
2. भरतः पितरं वहिन ददौ सरयु सैकते।
   पितुरूत्तर कार्यादि कर्मकृत्वा स विस्तरम्॥ सार काण्ड 6/94-95
3. स्नात्वा तिलाञ्जलिं दत्वा ययौशालां निजां गिरौ। *वही* 101
4. अंगदेनतदारामः कारयामास तत्क्रियाम्॥ *वही* 8/71
5. *आनन्द रामायण* सारकाण्ड 7/136
6. ततो विभीषणैव रामो रावण सत्क्रियाम्॥ सारकाण्ड 12/286

परम्परा

आनन्द रामायण कालीन समाज का अध्ययन करने से ज्ञात होता है, कि तत्कालीन समाज में अनेक परम्पराएँ प्रचलित थीं। इन परम्पराओं का समाज द्वारा यथा अवसर पालन किया जाता था। आलोच्य ग्रन्थ में मुख्यतया तीन प्रकार की परम्पराओं का वर्णन मिलता है—1. सामाजिक, 2. धार्मिक, और 3. राजनैतिक परम्परा।

सामाजिक परम्परा

जिस परम्परा का पालन सम्पूर्ण समाज द्वारा किया जाता है, उसे सामाजिक परम्परा कहते हैं। इसके अन्तर्गत विवाह, खान-पान, वेश-भूषा, आमोद-प्रमोद और सामूहिक उत्सव इत्यादि कहे जाते है।

विवाह— वस्तुतः विवाह एक संस्कार है, परन्तु इसमें सामाजिक परम्परा, जातीय परम्परा, और वंश परम्पराओं का सम्मिश्रण है। अतः विवाह के समय उक्त परम्पराओं का परिचय मिलता है।

आनन्द रामायण में विवाह के समय तत्कालीन लोक परम्परा का वर्णन मिलता है। रामादि चारों भाईयों के तथा लव-कुश के विवाह में लोक परम्परा का पालन किया गया था—विवाह के अवसर पर नगर को सुसज्जित करना यह एक परम्परा है। जब रामादि चारों भाई जनकपुर में पहुंचते हैं, उस समय जनकपुर को सुसज्जित किया गया था।[1]

वर द्वारा वधु को पीठ पर वहन करना

जब पाणिग्रहण संस्कार हो जाता है तथा आम्रसिंचन के लिए वर वधु भोजनशाला में जाते थे, तब वर द्वारा वधु को अपनी पीठ पर चढ़ाने की परम्परा थी।

आलोच्य काव्य में वर्णन मिलता है कि रामादि चारों भाईयों ने तथा लव-कुश ने इस परम्परा का पालन किया महाकवि ने दोनों के विवाह अवसर पर इसका वर्णन किया है।[2]

---

1. मंडपाश्च तोरणानि पताकाश्च ध्वजस्तथा।
   रोपयामासुः सर्वत्र मन्त्रिणोमिथिलापुरिम्॥
   मार्गाशचंदन लिप्ताश्च पुष्पैराच्छादिता अपि॥ *आ.रा.* सारकाण्ड 3/287-288
2. अथ ते बालकासर्वे वधूः स्थाप्य कटीषु वै।
   कौशल्यादि वनिताभिर्जग्मुस्ते योजन गृहान॥ *सार.* 3/322
   अथ तो बालकौबध्वौ निजकट्योनिविश्य वे॥ *विवाह काण्ड* 4/7

वर द्वारा वधु को नमन

वर द्वारा वधु को नमन करने की भी परम्परा थी। कवि ने विवाह के अवसर पर इसका उल्लेख किया है। राम आदि भ्राताओं ने अपनी-अपनी पत्नियों के चरणों में नमन किया तथा उसके बाद सीता आदि चारों पत्नियों ने भी रामादि को नमन किया। इसी प्रकार लव-कुश के विवाह में भी इस परम्परा का पालन किया गया।[1] वधु द्वारा अपने कुंकुम रंजित पाद पति के गोद में रखने की भी परम्परा थी।[2] परन्तु इस प्रकार की परम्पराओं का प्रायः अन्य कवियों ने समर्थन नहीं किया है। सम्भवतः कवि ने यह लोक परम्परा के रूप में वर्णित किया हो।

उत्सवों पर सम्बन्धियों को बुलाने की परम्परा

इस परम्परा का वर्णन आनन्द रामायण में मिलता है। राजा जनक द्वारा दशरथ को दीपावली उत्सव पर बुलाकर उनका विविध सत्कार करके विदा किया।[3] इसी प्रकार राजा भूरिकीर्ति भी अन्तःपुर सहित राम को वर्ष के उत्सवों पर बुलाते थे, परन्तु अनेक प्रकार से उनको सन्तुष्ट करके विदा करते थे।[4]

अतः यह परम्परा आनन्द रामायण कालीन समाज में थी जो आज भी यत्र-तत्र विद्यमान है।

धार्मिक परम्परा

आनन्द रामायण कालीन समाज में धार्मिक परम्परा का अधिक मात्रा में प्रचलन था। विविध व्रत, उपवास, तीर्थ यात्रा, तथा विभिन्न देवताओं की जयन्तियों को मनाने की परम्परा विद्यमान थी। समाज में अनेक व्रत एवं कार्तिक स्नान करने की परम्परा थी। सभी लोग तीर्थयात्रा तथा नित्यकर्म करते थे।[5]

---

1. स्वस्व पत्न्याः पादयोः स्व शिरोभिर्नमनं मुहुः।
   चकूस्तुष्टचेतसस्त्रे तास्ताः नेमुः पृथक्-पृथक्॥ *सार काण्ड* 3/328
   अथ तौ बालकौरम्यौ स्त्री वाक्यैर्भातृ सन्निधौ।
   स्व स्व पत्न्याः पादयोः शिरोभ्यांनमनं मुहुः *विवाह* 4/13-14
2. *आनन्द रामायण* सारकाण्ड 3/322
3. दीपावल्युत्सवार्थ त्वां स कुटुम्बं सकुटुम्बं समन्त्रिणम्॥ *आ.सार.*4/18
4. ततः श्रावण मासस्य दर्यमारभ्य षोडष।
   प्राप्तान्यब्दे यानि यानि समुत्साह दिनानि हि॥
   तेषु सर्वेषु तं रामं साव रोघ सवाल्कम्।
   स्व पुरीम् भूरिकीर्तिः स निनाय परमादरात्॥ *विवाह काण्ड* 4/39-40
5. *राज्य काण्ड* 24/85-139

विभिन्न वर्गो द्वारा सभी देवताओं की जयन्ती मनाई जाती थी तथा उस दिन उनकी विशेष अर्चना-पूजा भी की जाती थी-

एवं यस्यावतारस्य गृहीतोपासना नरैः।
तैस्तस्य जन्म दिवसे कार्या पूजा महोत्सवैः॥ *मनोहर.* 3/34

नवीन प्रासाद निर्माण कराने पर ग्रह शान्ति पाठ हवनादि कराया जाता था तथा विविध महोत्सवों को मनाने की परम्परा थी।[1]

राजा द्वारा धार्मिक संस्थाओं का उद्धार कराने का भी वर्णन मिलता है। वे अपने राज्य की धार्मिक संस्थाओं, मंदिर, धर्मशाला, और कुंआ, वाबली आदि का उद्धार कराने की परम्परा का पालन करते थे। राम ने अनेक मंदिरों का जीर्णोद्धार कराया।[2]

राजनैतिक परम्परा

राजवंश में जो कार्य उनके पूर्वज करते रहे हों वही कार्य वर्तमान राजा द्वारा किये जायें इसे राजनैतिक परम्परा कहते हैं। जैसे- उत्तराधिकार- राजा का उत्तराधिकारी उसका ज्येष्ठ पुत्र ही होता है। यह परम्परा आनन्द रामायण काल में थी। कुश का सप्त द्वीप अधिपति बनाया जाना[3] तथा कुश के ज्येष्ठ पुत्र का राजा होना इस परम्परा के पालन का सूचक है।[4]

राजा द्वारा शुल्क

प्रजा से राजा परम्परानुसार ही यह शुल्क लेता था। यह शुल्क प्रजा की स्थिति के अनुसार ही निर्धारित करने के आदेश का वर्णन मिलता है।

आनन्द रामायण में राम प्रजा से षष्ठांश शुल्क लेते थे। परन्तु, ब्राह्मणों को इस कर से मुक्त रखते थे।[5]

माण्डलिक राजाओं से सम्बन्ध

राजा अपने अधीनस्थ राजाओं से मधुर सम्बन्ध रखते थे। राम माण्डलिक

---

1. सदा महोत्सवाश्च सन्नयोध्यायं गृहे गृहे॥ *विवाह.* 7/38
2. देवालयेसुधा कार्ये जीर्णोद्धारेरनेकशः ॥ *यात्रा.* 6/51
3. प्रजा कुशं पतिं प्राप्य प्रणामं चक्रमादरात्॥ *पूर्ण काण्ड* 2/29
4. *आनन्द रामायण* सम्पूर्ण काण्ड 7/4-2
5. न्यूनः कार्यः करभारः किंञ्चिद्देश सुखाय च॥
आनन्द रामायण राज्य काण्ड 16/90

राजाओं को कभी-कभी बुलाकर उनकी राज्यस्थिति की जानकारी लेते थे। यह राजनैतिक परम्परा थी।

इस प्रकार आनन्द रामायण में इनके अतिरिक्त भी विविध परम्पराएं मनाई जाती थीं जिनका जन्म, मृत्यु एवं उत्सवों में विशेष रूप से पालन किया जाता था। तत्कालीन समाज में परम्पराओं को महत्त्व प्रदान किया जाता था। राम के राज्य में पूर्व प्रचलित परम्पसओं का पालन अवश्य होता था।

धर्म और दर्शन

ईश्वर की इस विलक्षण सृष्टि से मानव सृष्टि सर्वोपरि है क्योंकि मनुष्य में बुद्धितत्त्व की विशेषता है। अतः वह अपनी बुद्धि से युक्तिपूर्वक ज्ञान प्राप्त करता है। मानव मात्र का लक्ष्य साधन चतुष्टय की प्राप्ति करना है। यह चतुष्टय (धर्म, अर्थ, काम और मोक्ष) कैसे प्राप्त होता है? इसका निर्देश हमारे ऋषि महर्षियों ने अपनी प्रज्ञा से वेदों और स्मृतियों से अनूदित सदग्रन्थों में किया है। जैसे-रामायण, उपनिषद्, महाभारत, और भागवत इत्यादि। इन ग्रन्थों में धर्म, अर्थ, काम और मोक्ष को भलीभांति प्राप्ति के साधन कहे गये हैं। इसी प्रकार आनन्द रामायण में भी साधन चतुष्टय की प्राप्ति के उपाय मार्ग बताए गए हैं। साधन चतुष्टय में सर्वप्रथम धर्म शब्द है। धर्म की व्याख्या बड़ी विशद है। धर्म का क्या स्वरूप हो? धर्म कैसे पालन करना चाहिए इत्यादि का वर्णन आनन्द रामायण में मिलता है। दर्शन का व्यावहारिक रूप ही धर्म है, और धर्म का सैद्धान्तिक स्वरूप ही दर्शन है। आनन्द रामायण में दर्शन और धर्म की अभिन्नता का संकेत मिलता है। वस्तुतः धर्म का हेतु ही दर्शन है क्योंकि जिसके द्वारा हम देखते हैं, उसे दर्शन कहते हैं और उसे देखने के लिए ही हम धर्म करते हैं।

उक्त महाकाव्य में धर्म दर्शन का सांगो-पांग वर्णन मिलता है। साधन चतुष्टय में प्रथम पुरुषार्थ धर्म और अंतिम मोक्ष है। मोक्ष की प्राप्ति करते हेतु आदि पुरुषार्थ धर्म को करना होगा, तभी हम अंतिम स्थिति में पहुंच सकते हैं। यही वर्णन आनन्द रामायण में मिलता है। धर्म और दर्शन की अभिन्नता और सारांश इस काव्य में निहित हैं।

दर्शन का मुख्य विषय दृश्यमान जगत् की अनश्वरता तथा ब्रहम् की सत्यता है। ब्रह्म, जगत्, आत्मा और मोक्ष आदि की व्याख्या आनन्द रामायण में है।

इस अनश्वर संसार की जन्म मरण रूपी जंजीरों से छुटकारा प्राप्त करने के लिये मनुष्य को सर्वप्रथम अपने शरीर को नियम संयम से आबद्ध करके प्राणी मात्र पर दया, धर्म का आचरण करके, अन्तःकरण शुद्धि हेतु जगत् के कारण, परमात्मा का यथाशक्ति, यथाभक्ति पूजन इत्यादि करना चाहिए तथा व्रत, दान, तीर्थाटन आदि के द्वारा शरीर शुद्धि करके सकल विद्या निष्णात किसी गुरु की शरण में जाए और मोक्ष की प्राप्ति की जिज्ञासा प्रगट कर उस गुरु के माध्यम से जगत्, ब्रह्म और माया इत्यादि का स्वरूप समझकर ब्रह्म का चिन्तन करे। इसी से मोक्ष की प्राप्ति होती है। इत्यादि विषय का विवेचन इस महाकाव्य के मनोहर काण्ड तथा राज्यकाण्ड में मिलता है।

तत्कालीन धर्म और दर्शन का स्वरूप कैसा था इसका विवेचन यहां किया गया है।

धर्म

धर्म शब्द की व्युत्पत्ति ''धृ'' धातु से होती है, जिसका अर्थ है- धारण करना। धर्म की परिभाषा वसिष्ठ सूत्र में इस प्रकार कही है कि, ''श्रुति और स्मृति के द्वारा विहित कर्म को धर्म'' कहा है।[1]

वेद और स्मृतियों में मनुष्यों के कर्तव्या-कर्तव्यों का निर्देश एवं विवेचन किया गया है। सामान्यतया मनुष्य के क्या धर्म है, इसको मनु ने कहा है- धैर्य, क्षमा, दान, अस्तेय (चोरी न करना), पवित्रता, इन्द्रियों का निग्रह, बुद्धि, विद्या (ज्ञान) सत्य क्रोध ना करना ये दस धर्म के लक्षण हैं। वस्तुतः इन दस लक्षण (गुणों) को अपने जीवन में धारणकरना ही धर्म है। मनुष्य को अपने आत्मा को प्रिय अर्थात् कल्याणकारक कार्य करना आवश्यक है।[2] वेद, स्मृति, सदाचार और आत्मा को प्रिय लगने वाले ये चार प्रकार के साक्षात् लक्षण धर्म के कहे गये हैं।[3]

आनन्द रामायण के अनुसार धर्म की परिभाषा द्रष्टव्य है-

सत्यं शौच दयाशान्ति क्षमाचेन्द्रिय विगृहः।
अहिंसाभगवत्भक्ति वेंदमार्गानु वर्तनम्॥ आ.सार. 6/114-115

---

1. ''श्रुतिस्मृति विहितो धर्मः'' *(वसिष्ठ धर्म सूत्र)* 1/4/6
2. धृति क्षमा दमोरु स्तेयंशौच मिन्द्रिय निग्रहः।
   धीर्विधा सत्यमक्रोधो दशकं धर्म लक्षणम्॥ *मनुस्मृ.* 6/92
3. वेदः स्मृति सदाचारः स्वस्य च प्रियमात्मनः।
   एतत्चतुर्विधं प्राहुः साक्षात्धर्मस्य लक्षणम्॥ *मनुस्मृ.* 2/12

इस प्रकार धर्म का लक्षण किया है। उक्त काव्य में धर्म के सभी अंगों का वर्णन मिलता है। धर्म को भव सागर से मुक्त होने का साधन कहा गया है। धर्म के जो अंग है- व्रत, दान, ज्ञान, भक्ति इत्यादि उन्हें सम्पन्न करने से अन्तःकरण की शुद्धि होती है। तदुपरान्त साधन चतुष्टय की प्राप्ति होती है। जो मनुष्य का मुख्य लक्ष्य कहा गया है। काव्य में निरन्तर धर्म करने का निर्देश है।[1]

धर्म का अंग दान की महत्ता का वर्णन करते हुए महाकवि कहता है कि दान कर्म में कभी कृपणता नहीं करनी चाहिए।[2] यहां तक कि गृहस्थों को सादर गोदान, घोड़ा का दान, हाथी दान, इत्यादि भी करना चाहिए।[3] मनु ने बुद्धि और ज्ञान को भी धर्म कहा है। अतः रामायण में बुद्धि को हमेशा धर्म में लगाये रहने तथा धर्म का संग्रह करने का निर्देश दिया गया है।[4] कवि ने इस प्रकार बहुविध धर्म का विवेचन किया तथा सद्गुणों को सर्वदा जीवन में धारण करने का आदेश दिया है क्योंकि अन्तःकरण की शुद्धि गुणों से ही होती है। आनन्द रामायण में गुणों को धारण करने को कहा है।[5]

रागादि से कलुषित चित्त को वैराग्य से निर्मल बनाकर भगवान राम का वन्दन-पूजन करना चाहिए। इससे ही प्राणी दुःख से निवृत्त हो जाएगा।[6]

उपनिषदों में ज्ञान की महत्ता कही गयी है। ''ऋते ज्ञानान्न मुक्ति'' इस प्रकार आनन्द रामायण में भी शास्त्रों के द्वारा बनाए गए उपायों को एक मात्र ज्ञान की उपलब्धि का प्रयोजन माना है।[7] ज्ञान के बिना मनुष्य पशु तुल्य है क्योंकि

---

1. वन्दनीया सदामाता वन्दनीयः सदा पिता॥
   पूज्यानीयां सदा देवाः कार्यो धर्मो निरन्तरम्॥ *आ.रा.* राज्य 24/88-89
2. कार्पण्यं नैव कर्तव्यं दान कर्मसु सर्वदा॥ *वही* 122
3. धेनु दानं वाजिदानं गजदानं प्रकारयेत्।
   भूसुरेभ्यः प्रदेयानि गृहदानानि सादरम्॥ वही 111
4. सदा धर्मे मतिः कार्या कार्यो धर्मस्य संग्रहः। *आ.रा.* राज्य काण्ड 24/132
5. सत्यं शौचं दया क्षान्तिः रार्जवं मधुरं वचः।
   द्विज गोमति सद्भक्तिः सप्तैते शुभदागुणाः॥ *वही* 16/6
6. रागादि कलुषिचित्तं वैराग्येण सुनिर्मलम्॥
   कृत्वा ध्यायेत् सदारामं भवबन्ध विभुक्तयें॥ *मनोहर.* 3/57
7. सर्वेप्युपायाः शास्त्रेषु यज्ज्ञानार्थे प्रयोजिताव॥ *वही* 4/94

इस शरीर का मुख्य लक्ष्य परमात्मा की प्राप्ति ही है-यदि वही नहीं किया तो मनुष्य जन्म बेकार है।[1]

अतः मनुष्य को ज्ञान भक्ति और वैराग्य से युक्त होकर अपने लक्ष्य की प्राप्ति करनी चाहिए। धर्म का इस प्रकार वर्णन किया गया है।

दर्शन

दर्शन शब्द का, व्युत्पत्ति के अनुसार विचार करें तो, ''दृश्यते अनेन तद् दर्शनम्'' अर्थात् जिसके द्वारा देखा जाए उसे दर्शन कहते हैं। दूसरे शब्दों में, दृश्यते यथार्थतयावस्तु पदार्थ ज्ञानमिति दर्शनम्'' तत्त्व साधन शास्त्रों का नाम दर्शन है।

सृष्टि तथा जीव के जन्म-मरण के कारण तथा गति पर जो शास्त्र विचार करे, उसे दर्शन कहते हैं। मुख्य दर्शन छः है—1. वैशेषिक, 2. सांख्य, 3. योग, 4. न्याय, 5. पूर्वमीमांसा, और 6.उत्तरमीमांसा। इनमें उपनिषदर्थ विचार हैं। इसलिए इन्हें वेदान्त दर्शन कहते हैं।

भारतीय दर्शन की दृष्टि बहुत व्यापक है। प्रत्येक दर्शन ज्ञान का भंडार है। स्वयं भगवान ने अपने व्यापक विभूतियों के वर्णन के प्रसंग में अध्यात्म विद्या को स्वरूप बताकर उसकी महत्ता का समर्थन किया है।

''आध्यात्म विद्या विद्यानां वादः प्रवदतामहम्''॥ गीता 10/32

अध्यात्म विद्या के मुख्य ग्रन्थ उपनिषद् और षड्दर्शन हैं। इन ग्रन्थों में वास्तविक ज्ञान का वर्णन है। आनन्द रामायण में इन ग्रन्थों के अध्ययन-अध्यापन का महत्त्व भी बताया गया है।[2]

अतः आनन्द रामायण में भी दार्शनिक विवेचन अन्य उपनिषदों आदि की भांति किया गया है। जिसमें ब्रह्म, जगत, आत्मा, तथा मोक्ष आदि की व्याख्या है। काव्य के अनुसार एक मात्र ब्रह्म ही विद्यमान है। और वही व्यापक तत्त्व है।[3]

---

1. एकमेवानुमासाध्यं ज्ञानं यत्सवं रूपदम्।
तद्विना तु पशुभ्यश्च नरोहीन तरोमतः॥ *वही* 4/136
2. वेदोपनिषदामार्थे ज्ञानाधिक्याय चेत्पठेत।
वेदार्थ ज्ञान तुल्यं तु फलं तस्य प्रकीर्तितम्॥ *मनोहार काण्ड* 8/42-43
3. एकोवशी सर्वभूतान्तरात्मेति श्रुतेर्यद् वचः।
एको देवा सर्वभूतेष्विति चैवापरा श्रुति॥ *मनोहर काण्ड* 4/146

मूल सत्ता होने के कारण ब्रह्म सभी पदार्थो को व्यक्त करता है। किन्तु, स्वयं व्यक्त होने के लिए किसी की अपेक्षा नहीं रखता।

विवेच्य ग्रन्थ में ब्रह्म के निर्गुण और सगुण दोनों रूपों को स्वीकारा है—

निर्गुण ब्रह्म—निर्गुण ब्रह्म मायातीत होने से सर्वदा सम, एक रस, अद्वैत, अविकारी, अजन्मा, अजर, अमर, अमृत, तथा अभय रूप है—

ईश्वरः सर्वभूतानां हृद्देश संस्थितोमलः।
एको द्वितीयः परमोनांतः प्रज्ञादि लक्षणः॥
अक्षरः सच्चिदानन्दोमरो जरदशत्तमः।
निर्विकारो निराकारो निरामय उदीरितः॥
अलिंगोऽरूप एवासीदेकत्वगणनात्वरः।
मायया लिंग रूपी ह्येकइत्यभिधीयते॥
सर्व खल्विदमिति चेदं सर्व यदयमात्मना।
ब्रह्मैवेदं सर्वमिति श्रुतयः प्रवदति हि॥ आ.रा.मनो. 5/269-71,289

इन्हीं श्लोको में अद्वैत सिद्धान्त का प्रतिपादन है। आनन्द रामायण में आत्मा के पूर्ण ऐक्य को स्वीकारते हुए जगत के प्रत्येक पदार्थ को आत्मा से व्याप्त बताया है—

इदं सर्वं यदयमात्मैकमेवाद्वितीयकम्।
सर्व खल्विदमित्यादि श्रुतयो यद् ब्रुवन्ति हि॥ मनोहर 4/272

इस प्रकार निर्गुण ब्रह्म का वर्णन किया है।

वस्तुतः निर्गुण ब्रह्म जब मायावच्छिन्न होकर जगत की स्थिति, उत्पत्ति और लय का कारण बनता है। उसी को सगुण ब्रह्म कहते हैं।

सगुण ब्रह्मः—दृश्यमान जगत की उत्पत्ति, स्थिति, और लय का हेतु ही सगुण ब्रह्म कहलाता है—

सत्ता येनखिलांविश्वं सदेवेति प्रतीयते।
असत्वत्ताप्रदः साक्षाद्राम इत्यभिधीयते॥
यथा प्रसिद्धं रामेति ब्रह्मणे ह्यक्षिधानकम्।
तथा लिंग पदं व्योम निष्कलः परमात्मनः॥
लीयन्ते यत्र भूतानि निर्गच्छ यतः पुनः।
तेन लिंगं पदं व्योम निष्कलः परमः शिवः॥

जिस भगवान की सत्ता समस्त विश्व में है, वे इसी कारण देवता कहलाते हैं कि वे असत् जगत में भी अपनी सत्ता बनायें रखते हैं। अतएव लोग उन्हें राम कहते हैं, जैसे राम नाम प्रसिद्ध हुआ उसी प्रकार परमात्मा के लिंग और रूप भी हैं।

वही ब्रह्मा, शिव, इन्द्र और विश्वराट् इत्यादि संज्ञा से जाना जाता है।[1] उक्त श्लोकों में सगुण ब्रह्म का विवेचन किया गया है।

मुक्ति

ब्रह्म रूप शाश्वत सत्य की अपरोक्षानुभूति को ही मुक्ति कहा गया है। जिस प्रकार नदियां नाम और रूप के साथ अन्त में समुद्र में मिल जाती हैं, उसी प्रकार ज्ञानी मनुष्य ज्ञानरूपी कला की प्रतिष्ठा में लीन हो जाता है। वह अपने प्रारब्ध कर्मों से अपुनर्भव मुक्ति पद को प्राप्त होता है[2] और यह मुक्ति पद उन्हीं को प्राप्त होता है जिनका हृदय सन्यास एवं सद्‌विचारों से शुद्ध हो चुका है। वे लोग ब्रह्म पद को प्राप्त होकर काल पाश के बन्धन से मुक्त होते हैं।[3]

यह मोक्ष पद ज्ञान के द्वारा ही संभव कहा गया है और ज्ञान गुरु के बिना नहीं होता हैं।[4] आनन्द रामायण में ज्ञान को कर्म और भक्ति की अपेक्षा श्रेष्ठ माना गया है।[5]

जगत

आनन्द रामायण कार ने जगत को नश्वर माना है और जगत स्वरूप चित्त को ब्रह्म भाव से देखने को कहा हैं—

---

1. स ब्रह्मा स शिवश्चाथ स हरिः स सुरेश्वरः।
   सो क्षरः परमश्चैव सस्पराडिति वेद वाक्॥
2. यथा नद्यः समुदे स्तं गच्छन्ति नाम स्वतः।
   तथा विद्वान्कला देव प्रतिष्ठायां च संक्षयम्॥
   प्रारब्ध कर्मणां साक्षान्योक्षमेत्यपुनर्भवम्।
   योवेद परमं ब्रह्म स ब्रह्म भवतीति च॥ *आ.रा.* मनोहर. 4/213-214
3. सन्यासयोगतः सत्वं शुद्ध येषां विचारतः।
   ते परान्ते न कालेन परिमुच्यन्ति नान्यथा॥ *वही* 112
4. तज्ज्ञाने च गुर्रोज्ञानं ज्ञानान्मोक्षी युर्भवः। *वही* 199
5. न हि ज्ञानेन सदृशं पवित्रमिह विद्यते।
   प्रियोहि ज्ञानिनो प्यर्थ रामः सोपिच तत्प्रियः॥ *मनोहर* 8/36

आश्रयेत् सद्गुरूं साक्षात्ब्रह्म भूतं निरामयम्।
जानीयाद् ब्रह्मभावेन जगस्चिततं स्थितं सदा॥ मनोहर. 5/267-268

उक्त काव्य में तीन प्रमाण माने हैं—1. प्रत्यक्ष, 2. अनुमान और 3. शब्द। परन्तु, धर्म तथा ब्रह्म के निर्णय में शब्द (आगम) प्रमाण को ही अंतिम माना गया है। इसीलिए स्थल-स्थल पर श्रुतियों का उदाहरण दिया गया है। वेद को ही सर्वोपरि प्रमाण माना गया है।

मनुष्य की तीन अवस्था (जागृत, स्वप्न, सुषुप्ति) का भी वर्णन किया गया है। स्थूल सूक्ष्मादि शरीरों का कारण ब्रह्म ही माना गया है। भोग, भोगता, और भोज्य तीनों को ब्रह्म ही माना है। इस प्रकार आनन्द रामायण में दर्शन का विवेचन किया गया हैं। अध्यात्म के क्षेत्र में उक्त काव्य का महत्त्वपूर्ण योगदान है।

आनन्द रामायण में औपनिषद् दर्शन पर आधारित अद्वैत सिद्धान्त की प्रस्थापना की है।

◆◆◆

सप्तम अध्याय

काव्यात्मक अनुशीलन

कवि साधारण मनुष्य की अपेक्षा कुछ अधिक भावुक और विचारशील होता है। किन्तु, वह अपने अनुभवों को अपने तक सीमित नहीं रखना चाहता है। वह अपने हृदय का रस दूसरों तक पहुंचा कर उनको भी अपनी तरह प्रभावित करने को उत्सुक रहता है। इस प्रकार काव्य के दो पक्ष होते हैं—1. अनुभूति पक्ष, 2. अभिव्यक्ति पक्ष। इनको भाव पक्ष और कला पक्ष भी कहते हैं। भारतीय समीक्षा क्षेत्र में काव्य की परिभाषा का प्रश्न काव्य की आत्मा से सम्बन्धित है। शब्द और अर्थ को काव्य का शरीर माना है। काव्य की परिभाषा विभिन्न प्रकार से की गयी है।

आचार्य वामन ने रीति को माधुर्य ओजा आदि गुणों के आधार पर रचना शैली को काव्य की आत्मा बतलाया है। ''रीतिरात्मा काव्यस्य'' ध्वनिकार आनन्दवर्द्धन ने जिस काव्य में व्यंगार्थ, वाक्यार्थ की अपेक्षा मुख्यता रहता है, उसे ध्वनि काव्य कहते हैं। ''काव्यस्यात्मा ध्वनिरिति'' आचार्य मम्मट ने दोष रहित, गुण युक्त जिसमें कहीं-कहीं अलंकार हों ऐसे शब्द अर्थ को काव्य कहा है- ''तददोषौ शब्दार्थौ सगुणावन लंकृति पुनः क्वापि''। विश्वनाथ ने ''वाक्यं रसात्मकं काव्यम्'' कहा है। पंडितराज ने ''रमणीथार्थ प्रतिपादकः शब्दः काव्यम्'' कहा है।[1]

अनुभूति

वास्तव में अनुभूति एक मानसिक प्रक्रिया है, जो सुख-दुःख का गुण रखने वाली मानसिक आकांक्षा का द्योतन करती है। अनुभूति सुखात्मक होती है अथवा दुःखात्मक, परन्तु कुछ वैज्ञानिकों ने सुख-दुःख की अवस्थाओं को एक साथ स्वीकार करते हुए निश्चित अनुभूति की कल्पना की है।

1. *काव्य के रूप*, गुलाबराय पृष्ठ 4

वास्तव में मानसिक प्रक्रिया सुखात्मक तथा दुःखात्मक अनुभूति से सम्बद्ध है। परन्तु एक ही साथ सुख-दुःख की अनुभूति स्वाभाविक नहीं होती है। इसीलिए मनोविज्ञान वेत्ताओं ने इसे सरल मानसिक प्रक्रिया के रूप में स्वीकार किया है। मिश्रित अनुभूति का समर्थन करने वालों का कहना है कि कुछ विशिष्ट परिस्थितियों में हम मिश्रित अनुभूति करते हैं। अपने निजी घनिष्ट मित्र की पदोन्नति हो जाने पर, उसकी बिदायी करते समय हम पदोन्नतिजन्य सुख और विदाईजन्य दुःख का अनुभव करते हैं। किन्तु, ध्यान पूर्वक देखा जाए तो ऐसा नहीं होता। सुख-दुःख परस्पर विरोधी भाव हैं, और इनमें से जो अधिक तीव्र और प्रभावशाली होता है,वह दूसरे को समाप्त कर देता है।

सच बात तो यह है कि सुख और दुःख की मनोदशाऐं इतनी शीघ्र परिवर्तित होती हैं कि हम सहसा जान नहीं पाते कि कब एक भाव समाप्त हो गया और दूसरे ने उसको ग्रहण कर लिया। अनुभूति की प्रकृति चंचल एवं क्षणिक होती है। अस्तु हम एक समय में एक ही भाव का अनुभव कर सकते हैं। उसे हम विशुद्ध अनुभूति कह सकते हैं।[1] यथा- हनुमान जब लंका का दहन कर समुद्र के तट पर स्थित होते हैं तब उन्हें दुःखजन्य अनुभूति होती है। यह अनुभूति क्षणिक है। उन्हें माता सीता के जल जाने विषयक विशेष दुःख हुआ। वे अपने मन में विभिन्न प्रकार के तर्क-वितर्क करने लगे और आत्मग्लानि का अनुभव उन्हें हुआ। आनन्द रामायण के सार काण्ड में इस बात का स्पष्ट उल्लेख है।[2]

इसी प्रकार सीता अशोक वाटिका में अपने द्वारा किये गये कर्मों का चिन्तन करती हुई दुःखजन्य अनुभूति करती है-

यन्मयास्वीय वाग्वाणैर्लक्षमणस्ताडितापुरा।
मया विरागः सौमित्रि स्रासितो गौतमी तटे॥
एवं निश्चित बुद्धिं तां भरणा याथजानकीय्॥ *आ.रा.* सार. 9/7-9

अन्यत्र भी इसके उदाहरण देखे जा सकते है—

1. *मध्यकालीन भक्ति काव्य में विरहानुभूति की व्यंजना,* डॉ. चौथीराम यादव, पृष्ठ 3-4
2. ताडयामास हृदये मत्वादग्धां विदेहजाम्।
आत्मानं गर्हयामास स्थित्वा सागररोधसि॥
धिग्धिडमां वानरं मूढ़ स्वामिपत्न्याश्च दाहकम्॥ *आ.रा.सारकाण्ड,* 9/217-218

सुखजन्य अनुभूति के भी प्रसंग आनन्द रामायण में अनेक हैं। जब राम द्वारा धनुर्भंग होता है तो पुरवासियों एवं सीता को सुखजन्य अनुभूति हुई। पुरवासी हर्षातिरेक से जयध्वनि एवं करतल ध्वनि करने लगे। सीता के शरीर में रोमांच हो गया वह राम को निर्निमेष उत्कण्ठापूर्वक निहारने लगी।[1]

अनुभूतिगत भाव अनेक प्रसंगों में देखा जा सकता है। कैकेयी ने राम से उपदेश देने के प्रसंग में राम कैकेयी को भेड़ों के द्वारा उपदेश दिलवाते हैं। भेड़ों के शब्द को सुन कर वह नेत्र बन्द करके चिन्तन करती है कि इन भेड़ो के शब्दों में रहस्य क्या है? इसमें उसे ज्ञान प्राप्त हो जाता है। वह हर्षातिरेक होकर राम के पास पहुंचती है।[2] यह भाव यहां स्पष्ट है। इसी प्रकार उक्त प्रसंग कौसल्या, सुमित्रा का दृष्टव्य है।[3]

वाल्मीकि के आश्रम से लक्ष्मण आदि जब लौटे तो लव द्वारा बन्दी बनाये गये सुमन्त्र आदि को मुक्त होकर आया हुआ देख कर राम ने उन्हें छाती से लगा लिया तथा उनको पुनर्जन्भ की अनुभूति हुई—

वाल्मीकि वचनं श्रुत्वा तुतोषराघवोपि च।
सुमन्त्रं भरतं वायु पुंत्रं वानरनायकः॥
समालिंग्य चतुर्भ्यः स पुनर्जातान्मन्यतफ॥ जन्म काण्ड 8/17-18

आनन्द रामायण में विरहानुभूति की भी व्यन्जना हुई हैं। सीता की विरहानुभूति राम की अपेक्षा अधिक मार्मिक एवं सशक्त है।[4]

काव्य में विरह व्यंजना को अधिक महत्त्व नहीं दिया गया है। ऐसा प्रतीत होता है। पूर्व राग और प्रवांस के अन्तर्गत सीता की विरहानुभूति की ही अभिव्यक्ति हुई है। रामकथा की इस विरह व्यंजना में एक बात और देखने को मिलती है। इस कारण कुछ हद तक शोक की सीमा को स्पर्श करने लगती है। इसका कारण सीता हरण जैसा कारुणिक प्रसंग है। विरह वर्णन के अत्यल्प चित्रण में भी काव्यकार

---

1. चक्रुर्जय स्वनैर्धोषान्करैश्च कर तालिकाः।
   सीतापि मुदिता जाता हर्षरोमांचनिर्भरा।
   अनिमेषा कज्जनेत्रा राममुत्कण्ठिताह्यभूत॥ *आ.रा. सार.*3/134-135
2. अव्यः सर्वः वदन्त्यत्र गूढो धस्त्वत्र वर्तते।
   ततो निमील्य कैकेयी नेत्रं ध्यात्वा क्षणं हृदि॥ *मनोहर काण्ड* 2/72
3. *आनन्द रामायण*, मनोहर काण्ड, सर्ग 2.
4. *आनन्द रामायण*, राज्य काण्ड, सर्ग 5.

की दृष्टि सचेत रही है। राम के लोक रक्षक स्वरूप के कारण आनन्द रामायण में विरहानुभूति का स्वरूप व्यापक और स्वाभाविक रूप में नहीं आया है। परमात्मा के विरह में भक्त कवि की विरहिनी आत्मा एक ओर तो अपनी दीन-हीन दशा का आख्यान करती है और दूसरी ओर आराध्य को भक्त वत्सलता, उदारता और अशरण को शरण देने वाले उसके आदर्श स्वरूप का उद्घाटन कर भव सागर से मुक्त होने की आशंका करती है। सेवक-सेव्य भाव की यही भक्ति आनन्द रामायण कार के जीवन की चिरसाधना है। यही उनका प्रकृत क्षेत्र है। जिसे उनके काव्य में देखा जा सकता है।

दैन्य भाव साधक के लिये नितान्त आवश्यक है। दाम्पत्य भाव के अन्तर्गत दैन्य और आत्मसमर्पण का महत्त्वपूर्ण स्थान है।

पूर्व अनुराग और मान विप्रलम्ब की अपेक्षा संयोग शृंगार से ही विशेष सम्बद्ध है। इसलिए महाकवि ने अनुराग के चित्रण को भी प्रस्तुत किया है। यह पूर्वानुराग अनेक स्थलों में देखा जा सकता है। उदाहरणार्थ राम और सीता के पूर्वानुराग का उदय प्रत्यक्ष दर्शन के द्वारा हुआ है। धनुष यज्ञ के प्रसंग में सीता राम को देखकर अनुरक्त हो जाती हैं। सीता के पूर्व राग की अधिक स्वाभाविकता देखने को मिलती है। उनके हृदय में मिलनोत्कण्ठा अभिलाषा के मधुर भावनाएं अत्यन्त प्रबल हो उठी है। कवि ने सीता की मानसिक जगत की कतिपय सूक्ष्म अन्तर्दशाओं का उद्घाटन किया है-

एतस्मिन्नंतरे सीता राम दृष्ट्वा सभांगणे।
प्रोच्चवालासनाद्वेगादानंदस्तेदसंप्लुता।
सखायस्तुलस्याः कण्ठे स्वांदोर्लतां क्षिप्यसादरम्।
किं पणोऽत्र कृतः पित्रा ममशत्रुस्वरूपिणा।
क्वरामः सुकुमारागाः क्वेदं चापं नगोपमम्॥
यदि तातोवलादन्यं मां दास्यति तदाऽयहम्॥
त्यजामि जीवितं त्वद्य प्रासाद पतनादिना॥ सार काण्ड 3/111-120

इस प्रकार सीता अत्यन्त व्यग्र हो उठती है और प्राणोत्सर्ग की कल्पना करने लगती है।

प्रवास—आनन्द रामायण में राम जब विभीषण की सहायता हेतु दूसरी बार लंका चले जाते हैं। उस समय राम और सीता पर्याप्त दूर होते हैं इस समय

के वियोग को हम प्रवास विप्रलम्भ के अन्तर्गत ही मानते हैं। यहां विरही हृदय की कारुणिक अवस्था की मार्मिक अभिव्यक्ति हुई है। सीता की विरह दशाओं का वर्णन है।[1]

आनन्द रामायण में सौन्दर्यानुभूति, काव्यानुभूति और धार्मिक अनुभूति गत भावों का सम्मिश्रण देखा जा सकता है, काव्यानुभूति के साथ धार्मिक अनुभूतिगत भावों को मिला दिया गया है। महाकवि ने मधुररस और भक्तिरस को प्रतिष्ठित किया है। उसकी अनुभूति धार्मिक ही है।

इससे स्पष्ट होता है कि आनन्द रामायण कार काव्यानुभूति मात्र को धार्मिक अनुभूति मानते थे। महाकवि ने विरह को ईश्वरोन्मुख होने का उपादान कारण माना है। विरहानुभूति की अभिव्यक्ति के लिए लौकिक सम्बन्धों को उन्होंने प्रतीकात्मक रूप में स्वीकारा है जिसके फलस्वरूप मधुर रस अथवा भक्ति रस की प्रतिष्ठा की गयी है। इस प्रकार माधुर्य भाव की प्रधानता है।

कल्पना–सौन्दर्य

कल्पना कवि की संश्लेषणात्मक मानसी क्रिया है। जो अनुभूतियों के जटिल संहात को एक संभावना मूलक दृश्य बन्ध में परिवर्तित करके सृजन की नवीन क्षमताओं से आविष्ट कर देती है।[2] कल्पना को सामान्य रूप से अनुभव का विरोधी गुण कहा जाता है। कल्पित और सत्य घटित के अर्थ में इसी दृष्टि से पार्थक्य भी किया जाता है। कल्पना कवि की गौरव कसौटी है। कल्पना के अनेक रूप हैं। कल्पना दुरास्द, प्रस्तुतों या अप्रस्तुतों में सम्बन्ध सूत्रों को अन्वेषण करती है। किन्तु, इन सूत्रों में तारतम्य का आधार प्रायः कवि द्वारा वाह्यतः प्रक्षिप्त परिवेश होता है। कवि की आरोपित निष्ठा का वाहक बनकर सम्पूर्ण दृश्यबन्ध को कल्पनीय यथार्थता में परिणत कर देता है—

भ्रमर भ्रमर मालाभिर्मालितीभिरलंकृतम्।
अलिच्छलागतं कृष्णं गोपी रंतुमनेकशः॥
सुगन्धवातं सुखदं कामसंजनकंपरम्॥ आ.रा. जन्म. 1/71-72

प्रकृति के इन उपकरणों में कवि द्वारा उस निर्मित परिवेष की उद्‌भूति है। जिसमें मालती भ्रमर कृष्ण गोपी सम्बन्ध देखा है।

---

1. *आनन्द रामायण* राज्य काण्ड सर्ग 5.
2. *काव्य शिल्प के आयाम*, सुलेख शर्मा, पृष्ठ 128.

कल्पना का अपेक्षा कृत तरल प्रयोग के प्रकृति के कल्पक दृश्य बन्धनों के आलेखन में होता है।

मन्दान्दोलिकर्पूरकदलीपलसंज्ञया।

विश्रामय श्रमापन्नाह्वयतमिवाध्वगान॥ जन्म काण्ड 1/51

यहां कवि कहता है कि वायु से चलायमान कदलीपत्र श्रान्त पथिकों को विश्राम के लिए आहूत करता है।

आनन्द रामायण में कल्पना का सौन्दर्य अनेक स्थलों में देखा जा सकता है। यह सौन्दर्य अनेक रूपों में भी मिलता है।

सौन्दर्य

सौन्दर्य जो कि विशेष प्रकार की मनोदशा है, अनुभव का विषय है। बल्कि इन्द्रिय संवेदन पर कल्पना के द्वारा इसका आस्वाद करता है।

सौन्दर्य एक गुण है जो कवि के द्वारा किसी वस्तु पर आरोपित किया जाता है। इसका अनुभव करने वाला व्यक्ति आश्रय, विषय, प्रमाता, सहृदय या रसिक कहा जाता है। उस समय विषय और विषयी में, दृश्य और दृष्टा में, प्रमेय और प्रमाता में एक सामंजस्य स्थापित हो जाता है। एकान्त अनुकूलता उपलब्ध होती है। व्यक्ति का चित्र वस्तु के साथ रमण करता है। एक तत्त्व को दो भिन्न रूप, जब अपनी भिन्नता को भुलाकर उस तत्त्व की अभिन्नता का अनुभव करते हैं, तभी वे रमण करते हैं। वस्तु और व्यक्ति की चितवृत्ति का सम्यग् योग रमण कहा जाएगा। जिस वस्तु या व्यापार के साथ चित्त रमण करता है। वह रमणीय हो जाता है, सुन्दर लगता है। इसलिये, सौन्दर्य वह गुण है, ज़ो वस्तु और व्यक्ति के बाह्य और अन्तर के सामंजस्य से उत्पन्न होता है।

साधारणतः सौन्दर्य के दो रूप मिलते हैं—

1. प्रकृति मूलक।
2. कला मूलक।

प्रथम में विश्व में दृष्टिगोचर होने वाले सम्पूर्ण पदार्थ और व्यापार का सौन्दर्य है। द्वितीय में मानव की कल्पना और भावना के द्वारा किसी माध्यम से अभिव्यक्त कला मूलक है। चन्द्र, सूर्य, पर्वत, समुद्र, पशु-पक्षी, लता, वनस्पति, नर-नारी आदि के सौन्दर्य प्रथम के अन्तर्गत है। वस्तु, मूर्ति, चित्र, संगीत और काव्य कला

के माध्यम से अभिव्यक्त होने वाला द्वितीय है। दृश्य जगत की जो वस्तु है, दृष्टा के चित्त में सौन्दर्य का प्रत्यक्षीकरण कराती है। वह रूप या आकृति प्रधान होती है। सौन्दर्य के लिए कोई विशेष व्यक्ति या वस्तु व्यापार चाहिए, उसका कोई विशेष रूप चाहिए।

सौन्दर्यानुभूति को भारतीय काव्य शास्त्र में रसानुभूति के नाम से अभिहित किया गया है। भारतीय विचारकों में अभिनवगुप्त का महत्त्वपूर्ण स्थान है। उन्होंने सौन्दर्यानुभूति को सार्वभौमिक धरातल पर प्रतिष्ठित किया है। इनकी मान्यता है कि सौन्दर्यानुभूति देश, काल और कार्य कारण की सीमा से मुक्त होती है। इसीलिए वे मानते हैं कि सौन्दर्यनुभूति की स्थिति में अनुभवकर्ता संसार से पृथक् होता है।[1]

आनन्द रामायण के सौन्दर्य सिद्धान्त पर कुछ पंक्तियां यत्र-तत्र मिलती है। उक्त काव्य में सौन्दर्य तत्त्व के विषय में कहा जा सकता है कि रसानुभूति काव्य में अनेक स्थलों में विद्यमान है। उक्त काव्य में काव्यात्मक दृष्टिकोण से देखा जाए तो आनन्द रामायण का काव्य पक्ष सुदृढ़ नहीं है। परन्तु नकारा भी नहीं जा सकता है।

कवि ने संयोग शृंगार का विस्तार से वर्णन किया है। उनकी दृष्टि में रति सुख गर्हित नहीं है। अनेक स्थलों में शृंगार रस की पराकाष्ठा दृष्टिगत होती है-

मुष्टिभ्यां जानकी रामं ताडयामास कौतुकात्।
सोपि प तां ताडयामास मुष्ट्या पुष्प समानसा॥
चुचुम्ब तस्या विम्बोष्ठं चूर्ण्यामास तत्कुचौ।
मुक्त्वा तत्कञ्चुकीवंध आलिंग्य हृदयेन ताम्॥

आ.रा.विलास 5/52-53

यहां पर राम द्वारा सीता के विम्बफल सदृश अधरोष्ठ का पान करना, चूमना और कुचों का मर्दन तथा हृदयालिंगन करना संभोग शृंगार का वर्णन है।

इसी प्रकार सभी रसों की अनुभूति काव्य में होती है। आनन्द रामायण में भक्ति रस की प्रधानता है। जिसकी अनुभूति की अभिव्यक्ति काव्य में सौन्दर्य दृष्टि से प्राप्त होती है।

---

1. *मध्यकालीन भक्तिकाव्य में विरहानुभूति की व्यंजना*, डॉ. चौथीराम यादव।

शिल्प–सौष्ठव भाषा

भाषा अन्तर्भावित स्वरूप की अभिव्यक्ति का माध्यम होती है। कवि की भाषा उसके विशिष्ट सांस्कृतिक एवं मानसिक परिवेश से सम्बद्ध तो होती है। उन मानसिक संपृक्तियों एवं अनुषंगों से भी निमूर्ति होती है। जो सम सामयिक साहित्य में जीवनानुभूतियें और युग बोध के अन्तःसंघर्ष में उभरते रहते हैं।[1] आनन्द रामायण की भाषा में मधुरता तथा कोमलता को विशेष स्थान प्राप्त हुआ है। शब्द प्रयोग में सरल शब्दों का बाहुल्य है। कवि ने भाषा में लोकोक्तियों का भी प्रयोग किया है।

आनन्द रामायण की भाषा रसानुकूल भी कही जा सकती है। वीर रस के प्रसंग में लव की उक्ति है–

सीतोष्णोच्छ्ववसितेग्राग्निज्वालाभिर्वोघपौरूषम्।
विदग्धं नरफुटं लोकान्दर्शनीयं ममापि च॥ जन्म. 7/62

यहां वीरता की स्वतः अभिव्यक्ति हो जाती है। इसी प्रकार कवि ने रौद्रमयी मूर्ति परशुराम के प्रसंग में उनके आगमन वर्णन में जिन शब्दों का प्रयोग किया है। कवि की भाषा का स्वतः अनुमान लग जाता है—

मुष्णवक्षूंषि सर्वेषां पांसु वृष्टि भिरद्वयत्।
नील मेघनियं प्रासुं जटामण्डल मंडितम्॥ सार. 3/345

वस्तुतः काव्य में माधुर्य, गुण और प्रसाद युक्त पदावली की व्यंजना है। वर्ण संघटना का समुचित पालन कवि द्वारा किया गया है। निष्कर्षतः आनन्द रामायण की भाषा प्रांजल सरस सरल सुकोमल बोधगम्य है। अनेक स्थलों में चित्रमयी अभिव्यक्ति की है। व्याकरण के नियमों का प्रयोग करने में कवि ने स्वतन्त्रता का परिचय दिया है। काव्य में विशेष व्यवधान अथवा गतिरोध दृष्टिगत नहीं होता है।

समष्टि रूप से हम कह सकते हैं कि उक्त काव्य में कोमलकान्त पदावली का सफल समावेश करते हुए भाषा विषयक सूक्ष्म उपकरणों से पूर्णतः सज्जित किया है।

---

1. *काव्य शिल्प के आयाम*, सुलेख शर्मा, पृष्ठ 145.

छन्द

यास्क ने निरुस्त में कहा है—छन्द शब्द छद् धातु से निष्पन्न होता है जिसका अर्थ है- प्रसन्न करना, आच्छादन करना, और बांधना।[1]

इस प्रकार छन्द की परिभाषा की गयी है। ''छन्दः पादौ तु वेदस्य'' वेद के पैर छन्द है बिना छन्द के वेद पंगु है।

अतः बिना छन्द के काव्य भी पंगु कहा जाता है। छन्दयुक्त काव्य से जो गीतात्मकता और प्रवाहशीलता उत्पन्न होती है। वह न केवल श्रवणीयता तथा मोहकता की वृद्धि करती है। अपितु, प्रभावोत्पादन और भाव ग्रहण में भी सहायक होती है।

कवि के लिए अपने विवक्षितार्थ को अतीव मनोहर एवं प्रभावपूर्ण ढंग से उपस्थित करने में गद्य की अपेक्षा पद्य का माध्यम अधिक सुकर होता है। परन्तु पद्य रचना तभी आकर्षक होती है। कि जब कवि अपनी कल्पनाओं एवं विभिन्न भावों को विषय के अनुरूप सुन्दर वृत्तो में यथास्थान निबद्ध करता है।

अतः केवल शब्द योजना या गद्य-पद्य का माध्यम ही काव्य में रस सिद्ध के लिए पर्याप्त नहीं होता अपितु उसके लिए छन्दो के उचित प्रयोग में कवि का कौशल भी अपेक्षित होता है।

छन्दों का स्वरूप स्पष्ट करने के लिए गण-विचार किया गया है। इन गणों में चार शुभ एवं चार अशुभ गण हैं। शुभ गण के अनुसार ही इनके देवता एवं फल और संज्ञा का भी निर्देश किया गया है। प्रत्येक छन्द प्रत्येक भाव के अनुकूल नहीं होता। कोई भी छन्द तभी शोभित होगा जब उसका प्रयोग भावानुकूल होगा। उदाहरणार्थ अनुष्टप छन्द का प्रयोग कथा विस्तार एवं शान्ति उपदेश के लिए उत्तम माना गया है। इसी प्रकार उत्साह और शौर्य प्रदर्शन के लिए शाईलबिक्रीदित छन्द उपयुक्त माना गया है।[2]

इसीलिए वाल्मीकि रामायण, महाभारत, आनन्द रामायण और भागवत पुराण इत्यादि का प्रधान छन्द अनुष्टुप है।

---

1. *एतरेय* 1/61,
   निरुक्त दैवतका. 7/12
2. *क्षेमेन्द्र सुवृततिलक* 3/22

आनन्द रामायण में भी प्रायः अनुष्टुप छन्द का प्रयोग किया गया है। यत्र-तत्र इन्द्रवज्रा, उपजाति, शार्दुल विक्रीडित और वंशस्थ शिखरिणी इत्यादि का भी प्रयोग किया है। सम्पूर्ण आनन्द रामायण में प्राधान्य अनुष्टुप शैली का है।

आनन्द रामायण में छन्द

वाल्मीकि रामायण, महाभारत, और प्रायः सभी पुराणों के अनुसार आनन्द रामायण में भी अनुष्टुप छन्द को महत्त्व दिया है। आनन्द रामायण में छन्दों के अतिरिक्त कुछ स्थलों पर गद्य का भी प्रयोग किया गया है। जो कि भागवत पुराण से साम्य है। यह गद्य भूगोल खगोल के वर्णन में प्रयुक्त किया है।

अनुष्टुप छन्द के अतिरिक्त दूसरे छन्द जहां भी आये हैं। वे किसी विशेष भाव वर्णन के कारण प्रयोग किये गये हैं।

आनन्द रामायण के छन्दों का वर्णन इस प्रकार है। आनन्द रामायण के प्रारम्भ में शार्दुल विक्रीडित छन्द का प्रयोग किया गया है। इस छन्द को प्रारम्भ में प्रयोग करने के दो हेतु ज्ञात होते है—

1. (एक तो) मगण से काव्य प्रारम्भ होने के कारण मंगलार्थक है।
2. (दूसरा हेतु) जीवों के पाप रूत मत्त गजेन्द्रों के लिए यह आनन्द रामायण शार्दुल विक्रीडित है। इसकी सूचना करता है जो कि कवि ने अनेक स्थलों में संकेत किया है।

शार्दुल विक्रीडित

वामे भूमिसुता पुरस्तुहनुमान पृष्ठे सुमित्राः सुतः।
शत्रुघ्नो भरतश्चपार्श्वदलयोर्वायुवादि कोणेषु च।
सुग्रीवश्च विभीषण युवराट् तारासुतो जाम्बवान्,
मध्येनील सरोजकोमल रूचिं रामं भजेश्यामलम्॥ सार. 1/1

अनुष्टुप

अनुष्टुप छन्द प्रबन्ध वर्णन के लिए सबसे उपयुक्त होने के कारण आनन्द रामायण कार ने भी सभी वर्णनात्मक प्रसंगों को इसी छन्द में लिखा है—

एकदा पार्वती देवी शंकरं प्राह हर्षिता।
कैलाशवासिनं नत्वा राम भक्तैक तत्परा॥ सार. 1/3

इन्द्र वज्रा

श्री रामचन्द्रो निजपाद पदनस्पर्शेन तां गौतम धर्मपत्नीय्।
निष्कल्मषामद्भुतरूपयुक्तां चकार देवः करूणा समुद्रः। सार.3/20

उपेन्द्र वज्रा

विलोक्य कुम्भश्रवणादि दैत्यानमत्तप्रमत्तानति विस्मयेन।
विलोक्य कामातुर मप्रमतो दशाननं प्राहविशुद्ध बुद्धिः॥ सार. 10/34

उपजाति

वरं न याचे रघुनाथ युस्यत्पदाब्जभक्तिः सततं ममास्तु।
इदं प्रियं नाथ वरं प्रयच्छ पुनः पुनस्त्पामिदमेव याचे॥ विलास.1/77

शिखरिणी

भवित्री लंकायां त्रिदशवदनग्लानि रचिरात्,
स रामोपिस्थाता न युधि पुरतो लक्ष्मण सखः।
तथा यास्यत्युच्चैर्विपद मनु जेनात्र जटिलो,
जयः श्रीरामे स्यान्न मम बहुतोयो त्र तु भवेत्॥ सार. 9-81

स्रग्धरा

वामे कोदंडदंड निजकर कमले दक्षिणेवाण मेकम्,
पश्चातद्भागे च नित्यं दधतमभिमतं सारितूणीर भारम्।
वामे वामेव सदभ्यां सह मिलिततनुं जानकी लक्ष्मणभ्यां,
श्यामं रामं भजे हं प्रणतजलमनः खेद विच्छेद दक्षम्॥ जन्म. 5/6

राज हंसिका या ललित

त्वन्मुखेक्षणाद्रत्रक्षतां पतिः प्राप्तसंक्षयं राम सत्प्रिये।
त्वद्दृगेक्षणाल्लजिता मृगी त्वत्पदाम्बुजालिः शिरो स्तु मे॥ राज्य.6/32

विवरणात्मक प्रसंग में कवि ने शसक्त गद्य लिखा है जो देखते ही बनता है—

तदृवर्षवासिनृपवरवृंदतुमुलसंग्रामसम्पादितजयश्रीरिपुकोशादि-
पूजितनृप दयिताराडर्तिकनीराजितजनकजादर्शितमानकौतुक..॥
राज्य.8/5

इस प्रकार कवि ने आनन्द रामायण में छन्दों का प्रयोग किया है। उक्त छन्दों के अतिरिक्त भी छन्द आये है। परन्तु अनुष्टुप और इन्द्रवज्रा का अधिक प्रयोग किया गया है।

अलंकार

काव्य में अलंकार प्रयोग से उसके भाव-पक्ष और कला-पक्ष में विशिष्ट सौन्दर्य का संचार हो जाता है। अतः काव्यविदों ने भाव की समृद्धि के लिए अर्थालंकारों और कलासृमद्धि के लिए शब्दालंकारों के प्रयोग का विधान बताया है।

आनन्द रामायण में कवि ने साम्यमूलक अलंकारों के प्रयोग पर विशेष ध्यान दिया है। और इस दृष्टिकोण से उपमा, रूपक, उत्प्रेक्षा, श्लेष, दीपक, स्वभावोक्ति, अतिश्योक्ति आदि विविध अलंकारों की अनेक स्थलों पर सफल योजना की है। शब्दालंकारों की दृष्टि से कवि ने अनुप्रास और यमक का अधिक प्रयोग किया है।

उक्त काव्य को अलंकार योजना के अनुसार अध्ययन करने से यह स्पष्ट हो जाता है कि उसके काव्य में अलंकारों का समावेश स्वाभाविक रूप से हुआ है और उन अलंकारों के लिए कवि को विशेष प्रयास का आश्रय नहीं लेना पड़ा है।

उपमालंकार

मृगराजस्य कटिना तुल्यस्ते कटि सत्तमः।
हेमतन्तु समानास्ते केशास्निग्धाः सुकोमला॥ विलास. 2/49-65

यहां कवि ने सीता के कटि की उपमा सिंह के कटि से की है। इसी प्रकार स्निग्ध केशों की उपमा हेमतन्तु से की गयी है। सम्भवतः केशों की तुलना में हेमतन्तु का प्रयोग अभिनव है।

उत्प्रेक्षा

गलन्मधूककुसुमै र्धरारूप धरं हरं।
स्वहस्त मुक्त मुक्ताभिरर्चयन्तमिवानिशम्॥ जन्म. 1/63

गिरते हुए महुआ के फूलों को कवि कहते है मानो शिव हरिणी का रूप धारण किये हुए अपने हाथ से ही अपने ऊपर मोतियों की वर्षा कर रहे हों ऐसी उत्प्रेक्षा की गयी है। इसी प्रकार उत्प्रेक्षा के अन्यत्र भी उदाहरण देखे जा सकते हैं।

श्लेष

औषधेष्वेव यत्रास्ति कुष्ट योगो न मानवे।
जनेष्वेव विहारा वै न कस्यचि दुरः स्थली॥ जन्म. 15/13-17

यहां कुष्ठ का अर्थ औषधि विशेष और दूसरा अर्थ रोग से है। विहार शब्द का विहार (मनोरंजन) और दूसरा अर्थ विगताः हाराः हाररहित अर्थ है।

अर्थात कोई भी पुरुष हारविहीन नहीं था।

स्वभावोक्ति

दुद्राव कवलं पात्राद् गृहीत्वा सपुर्नबीहः॥
नानाशिशु क्रीडन कैश्चेष्टितैमुग्ध भाषितै॥

यहां बालक की स्वाभाविक क्रियाओं का वर्णन होने से स्वभावोक्ति अलंकार है।

शब्दालंकारों में अनुप्रास की अधिकता है।
कर मर्दैः करीरैश्च करजैश्च कदम्बकैः॥
र्ककन्धु बन्धु जीवैश्च।
दनुजा मनुजा कारं॥ जन्म. 1/59-62
इत्यादि।

काव्य में अलंकारों का प्रयोग अनेक स्थलों में कपि ने किया है।

बिम्ब

बिम्ब विधान मूलतः चित्रधर्म है। किन्तु अप्रस्तुत योजना या रूपक विधान में इसे पूर्णतः अन्तर्मुक्त नहीं किया जा सकता। इसका क्षेत्र अधिक व्यापक है।

काव्य में बिम्ब और बिम्ब विधान की प्रक्रिया भाषा भाव के प्रत्यक्षीकरण की प्रक्रिया है। अमूर्त भावों को मूर्त रूप प्रदान करने की कवियों एवं कलाकारों की प्रवृत्ति ही बिम्ब विधान के नाम से जानी जाती है। वास्तव में बिम्ब काव्य को रमणियता को रूपायित करने का प्रमुख साधन है तथा चित्र धर्मता भी उसकी प्रमुख प्रकृति है क्योंकि बिम्ब विधान के बिना काव्य हो नहीं पाता। अंग्रेजी कोशों में इमेज का अर्थ किसी पदार्थ की मानसी छवि किसी व्यक्ति या पदार्थ की प्रकृति-प्रतिमूर्ति या मानस चित्र या काल्पलिक चित्र मिलता है।[1]

---

1. The image is the condent in all poetry and every poem itself is an image. Trends come and go. Diction alters metrical fashions change, even elemental subject. matter may change almost out of recognition, but metaphor remains the life principal of poetry. *The Poets Chief Test & Glory.*

पाश्चात्य समालोचकों में सेसिलड लेविस ने पोएटिक इमेज में बिम्ब का विस्तार से तथा बड़ी सूक्ष्मता से प्रकाश डाला है। भारतीय आधुनिक काव्य समीक्षकों में आचार्य रामचन्द्र शुक्ल के बाद स्वतंत्र और तर्क संगत दृष्टि डॉ. नगेन्द्र के बिम्ब में मिलती है। इन्हीं विद्वानों की परिभाषा के आधार पर बिम्ब के वैशिष्ट पर विचार किया जा रहा है-

> Poetic Image is a more or less sensuous picture in words to some degree metaphorical with an undernote of same human emotion in its context, but also charged with and releasing into the readers a special poetic emotion, or passion.

काव्य बिम्ब शब्दों में आबद्ध एक ऐसा ऐन्द्रिक चित्र है जो कुछ अंशोंतक रूपात्मक होता है और जिसके सन्दर्भ में मानवीय संवेगों का योग रहता है। जो पाठको के मन में एक विशिष्ठ काव्यात्मक संवेदन भर देता है। बिम्ब शिल्प की विशेषताओं का संक्षेप में इस प्रकार कहा जा सकता है—1. सम्प्रेषणीयता, 2. भाव सम्मूर्तन, 3. परिचितता, 4. विस्तृति, 5. व्यंजकता, 6. उदात्तता तथा 7. औचित्य।

रोनाल्ड पीकाक का कथन है–

> Image is a revival reproduction by memory is the mind of some sensory experience undergone in the post including the visual, auditory tactile and other impressions associated with it.

अर्थात्- भूतकाल की ऐन्द्रिक बोधात्मक अनुभूतियों का पुनरूदय ही बिम्ब निर्माण है। आनन्द रामायण काल में जन्म काण्ड, लव-कुश दोनों बालकों को जब उन्हें यज्ञ शाला में बुलवाया गया, उस समय राम निर्निमेष दृष्टि से बालकों को देखते रहे। राम ही नहीं बल्कि उपस्थित समूह ने भी विर्निमेष दृष्टि से देखा। उन दोनों का स्वरूप बड़ा अद्वितीय था। बालक एक बिम्ब से निकले दूसरे प्रतिबिम्ब की भांति रामचन्द्र के तुल्य लग रहे थे। यदि इनके भीतर जटा न रहे, और वल्कल भी उतार दिये जाएं तो, इनमें और राम में कोई अन्तर नहीं रह जाता है।[1]

यहां पर आनन्द रामायणकार ने बिम्ब दृष्टि के सम्बन्ध में कहा है। बिम्ब के अनुकूल ही प्रतिबिम्ब की कल्पना की कसौटी है।

---

1. *आनन्द रामायण*, जन्म काण्ड 7/21-22

प्रतीकात्मक शैली

काव्य की सौन्दर्यानुभूति में रस, ध्वनि, अलंकार आदि का प्रत्यक्ष या परोक्ष योग रहता है। जिनके सन्निवेश से कविगत अनुभूति प्रमाता के हृदय में संप्रेषित होती हैं। काव्य प्रतीक भी कवि की अनुभूति को अधि-सप्रमाण एवं संप्रेषणीय बनाने के ऐसे ही माध्यम हैं जो अर्थ और भाव के अनन्त विस्तार को शब्द की परिधि में सीमित कर देते हैं।

वस्तुतः प्रतीक एक प्रकार से व्यंगार्थ का परिणत रूप है। व्यंग्यार्थ के ध्वनन के पश्चात् ही शब्द प्रतीक का रूप धारण करते हैं। इस प्रकार प्रतीक की आधार शिला ध्वनि व्यंग्यार्थ ही है।

मूलतः प्रतीकों की भूमि धार्मिक रहस्यवाद है। रहस्यानुभूति में इनका अनिवार्य प्रयोग किया जा रहा है।

काव्य में आध्यामिकता के प्रवेश ने प्रतीकों का एक व्यापक भण्डार ही काव्य क्षेत्र में उन्मुक्त कर दिया। धार्मिक प्रतीकों का मूलाधार ईश्वर विषयक आदर्श एवं अवधारणाएं हैं। ब्रह्म, जगत, जीव के पारस्परिक सम्बन्ध की अभिव्यक्ति प्रतीकों के माध्यम से ही हो सकती है।

आध्यात्मिक प्रतीक जहां मूलतः आत्मपरक एवं परोक्षानुभूति पर आधृत हैं, वहां वैज्ञानिक प्रतीक अनुभव और प्रयोग पर।

शैली

काव्य में शैली प्रयोग मानव के अभिव्यक्ति कौशल पर आधृत है। कवि जब संसार में मानव वार्तालाप के विविध रूपों को देखता है, तब उनकी प्रेषणीयता अर्थात् श्रोता के चित्त पर उनके प्रभाव को लक्षित करते हुए वह अपनी रचनाओं में भी उनका समावेश कर लेता है।

आनन्द रामायणकार ने अपनी काव्य वस्तु को जन-साधारण के लिए अधिकाधिक सहज बोध्य बनाने हेतु उक्त काव्य में सम्बोधन शैली, सम्वाद शैली, प्रश्न शैली और शैली वैविध्य की योजना की है।

सम्बोधन शैली

इस शैली से मेरा अभिप्राय विभिन्न पात्रों को पारस्परिक सम्बोधन का अवसर प्रदान करना है। आनन्द रामायण में इस शैली के प्रयोग के लिए पूर्व अवसर विद्यमान

रहते हैं। उक्त काव्य में कवि ने राम लक्ष्मण और सीता को परस्पर एक दूसरे को सम्बोधित करते हुए दिखाया है। कवि ने भावानुसार सम्बोधन की रीति को वर्णित करने का उचित ध्यान रखा है।

सम्वाद शैली

इस शैली का काव्य में अधिक प्रयोग किया गया है-पात्रों में सम्वाद के अधिक प्रसंग मिलते है।

प्रश्न शैली

प्रश्न शैली का भी प्रयोग हुआ है, जिसमें काव्य-पात्रों के पारस्परिक प्रश्नों का समावेश किया जाता है। ये सभी प्रश्न प्रभावशाली एवं मार्मिक हैं। जैसे- हनुमान-रावण संवाद, मन्दोदरी-रावण सम्वाद, राम-सीता सम्वाद आदि।

राम तथा सीता का चरित्र चित्रण

राम का चरित्र

पृष्ठ भूमि—किसी भी प्रबन्ध काव्य को जीवन या गति प्रदान करने वाला प्रमुख तत्त्व उसमें चित्रित नायक होता है जो उसकी सम्पूर्ण घटनाओं का नेतृत्व करता है।[1]

विश्वानाथ ने नायक का लक्षण लिखा है कि धीरोदात्त प्रकृति का नायक अनात्मश्लाघी, क्षमावान, अतिगम्भीर, महासत्व (अर्थात् क्रोध शोकादि विकारों से अनभिभूत) स्थिर, निगूढ़ अहंकार वाला तथा द्रढ़व्रत होता है जैसे राम।[2]

रामायणीय कथा वस्तु के समस्त पात्र लोक प्रसिद्ध हैं। सभी पात्रों का चरित्र एक प्रकार से निश्चित (निर्धारित) सा हो चुका है। अतः रामायणाश्रित विभिन्न संस्कृत काव्यों में राम सीता आदि के स्वरूप, कृत्य, एवं आचरण में कोई मौलिक पार्थक्य नहीं है।

वाल्मीकि, कालिदास, भवभूति, आदि सभी के राम उदात्त कोटि के नायक हैं और रावण उद्धत कोटि का प्रतिनायक है। परन्तु कवियों की प्रतिभा, शैली (शक्ति

1. चम्पूरामायण का सा.परि.पृ. 245
2. धीरोदात्तो धीरोद्धतस्तथा धीर ललितश्च।
   धीरप्रशान्त इत्ययमुक्तः प्रथमस्चतुर्भिधः॥
   अविकत्थनः क्षमावानतिगम्भीरोमहासत्वः।
   स्थेयान्निगूढ़मानो धीरोदात्तो दृढ़व्रतः कथितः॥ *साहितय* द. 3/31-32 कारिका

कवित्व) की विभिन्नता होने के कारण पूर्वोक्त कवियों के रामादि पात्र किञ्चित् वैयक्तिक विशेषणों से युक्त होकर सम्मुख आते हैं।

अतः आनन्द रामायण के राम सीता आदि अवश्य ही कुछ विशेषताओं से युक्त हैं। आनन्द रामायण के नेता राम हैं। सम्पूर्ण कथाएं परोक्ष या अपरोक्ष रूप से उन्हीं से सम्बन्धित हैं। अन्यान्य प्रसंगों में उपनायकों की स्थिति राम से अप्रभावित दृष्टिगोचर नहीं होती। वाल्मीकीय राम के सम्बन्ध में आधुनिक समालोचक अधिकांश यह शंका करते हैं कि रामायण में राम का चित्रण मनुष्य के रूप में अथवा अवतरित विष्णु के रूप में? इस सम्बन्ध में आधुनिक विद्वान मतैक्य नहीं हैं। वस्तुतः राम मनुष्य रूप में अवतरित विष्णु ही थे। इसका संकेत (वर्णन) वाल्मीकीय रामायण में अनेक स्थलों पर विद्यमान है। आनन्द रामायण में तो राम को साक्षात् विष्णु एवं सीता को साक्षात लक्ष्मी कहा गया है।[1] आनन्द रामायण में राम का रूप दो प्रकार का है—लौकिक और अलौकिक। लौकिक रूप में राज कुमार, अलौकिय रूप में वे निगुर्ण ब्रह्म एवं सगुण विष्णु हैं।

कवि ने राम को दोनों लौकिक एवं अलौकिक रूप में समन्वित रूप से अपने काव्य में सन्निविष्ट किया है। अलौकिक रूप में राम पर शास्त्रीय एवं धर्म साहित्य का प्रभाव है तो, लौकिक रूप में तत्कालीन समाज एवं सभ्यता के इन दोनों रूपों का वर्णन महाकवि ने अपने काव्य में बड़ी सुगमतापूर्वक किया है।

राम का अलौकिक रूप

आनन्द रामायण के राम स्पष्टतः हमारे सामने लौकिक और अलौकिक दो रूपों में प्रगट होते हैं। अपने अलौकिक रूप में वे केवल क्षीरशायी विष्णु ही नहीं अपितु निगुर्ण, निर्विकार, अनन्त, मायेश ब्रह्म भी हैं। जिसका संकेत आनन्द रामायणकार पग-पग पर पाठकों को देते चलते हैं। कवि को ध्येय है कि कहीं पाठक राम को केवल दाशरर्थ राम न समझ लें। इसीलिए आनन्द रामायण कार ने राम को किसी विशेष नाम से अभिहित करना भी उचित नहीं समझा।[2] इसके साथ ही कवि ने हृदय में दासरर्थ राजा राम की भी प्रतिष्ठा की है। इसलिए उन्होंने पुराणों के मत का भी समुचित उपयोग करते हुए ब्रह्म विष्णु और राम के सम्बन्धों की एकत्रित प्रतिष्ठा की है।[3] यही राम का अलौकिक और लौकिक रूप हैं।

1. साक्षान्नाराणों विष्णुः सर्वव्यापी जनार्दनः॥ *आ.रा. सारकाण्ड* 4/73
2. यस्य नामान्यनन्तानि गृणंति मुनयः सदा। *सारकाण्ड* 1/28
3. तद्रोमेति पर ब्रह्म् सृष्टि स्थित्यंत हेतुकम्॥ *मनो.* 4/199

राम का निर्गुण ब्रह्मरूपत्व

राम के इस रूप का वर्णन काव्य में अनेक स्थलों पर किया गया है।[1] जिस भगवान की सत्ता समस्त विश्व में है वे असत् जगत में भी अपनी सत्ता बनाए रखते हैं। अतः उन्हीं को राम नाम से जाना जाता है। वहीं ब्रह्म इस जगत में प्रविष्ट होकर समस्त जगत को चैतन्य करता है तथा स्वयं राम को कोई चैतन्य करने वाला नहीं है।[2] विश्व को चैतन्य करने वाले निर्गुण ब्रह्म की अनेक स्थलों में व्याख्या की गयी है।[3]

राम का सगुण ब्रह्म रूपत्व

आनन्द रामायण में राम के सगुण ईश्वर का ही विशेष वर्णन किया गया है। सामान्यतया इसके दो रूप हमारे सामने आते हैं—एक ब्रह्म रूप और दूसरा विष्णु रूप। ब्रह्म रूप में वे विष्णु तथा अन्य देवताओं के भी नियामक वर्णित किये गये हैं। काव्य में उनको विश्वसम्राट कहा गया है।[4] जिसके अंश से ब्रह्मादि सकल देव जगत की स्थिति, उत्पत्ति, और विनाश के लिये नाना रूप माया से धारण करते हैं। इस प्रकार कह कर उनके ब्रह्म रूप की ओर संकेत किया वही चिदंश परमात्मा हैं। माया के वशीभूत होकर चतुर्वर्ग साधन के लिए संसार में आते हैं।[5] इस प्रकार अनेक स्थलों में राम को सगुण ब्रह्म के रूप में प्रतिपादित किया गया है। अधिकांश भाग में सगुण ब्रह्म का ही प्रतिपादन मिलता है। इसी प्रकार विष्णुस्वरूप का भी वर्णन मिलता है।

राम का विष्णु रूप

महाकवि ने अनेक स्थलों में राम और विष्णु की अभिन्नता का वर्णन किया है। वस्तुतः कवि राम और विष्णु में द्वितीयता नहीं मानते। सर्वतोभावेन राम को विष्णु रूप माना है।

---

1. प्रज्ञानं ब्रह्मं सृष्ट्यान्तेयान्ते त्रिकालेस्विति दर्शितम्।
   तद्राम सच्चिदानन्द घना नन्तन संशयः।
   एको द्वितीयः परमो नांतः प्रज्ञादिलक्षणः॥ *मनोहर.* 2/186, 268
2. *आ.रामा. मनोहर काण्ड* सर्ग 4/172
3. *वही* 5/289
4. स ब्रह्मा स शिवश्चाथ स हरिस सुरेश्वरः। *मनोहर.* 4/178
5. दिग्जोतिः परमात्मायं स्वमाया वशतांगतः।
   धर्ममार्थं काम मोक्षार्थ सृष्ट्युपाधि प्रविष्टवान्॥ *मनोहर काण्ड* 4/74

आनन्द रामायण में राम जन्म प्रसंग में कहा गया है कि विष्णु ने कौशल्या के घर जन्म ग्रहण किया।[1] इसी प्रकार मुद्‌गल मुनि ने भी राजा दशरथ को उनके पुत्र के विषय में कहा कि ये विष्णु ही हैं तथा आगे भविष्य की कथा का भी उल्लेख किया।

उक्त काव्य में सर्वत्र राम को विष्णु रूप में ही वर्णन किया गया है। इसी प्रकार मन्दोदरी के बार-बार समझाने पर रावण स्वयं कहता है कि मैं जानता हूं कि राम साक्षात् विष्णु एवं सीता लक्ष्मी है। इसी कारण मैं राम के हाथों से मरने के लिए सीता को लाया हूँ जिससे मुझे परम पद मिले।[2]

राम राज्याभिषेक के समय शंकर जी ने स्मृति में इन्हीं रूपों का वर्णन किया है।[3] इस प्रकार राम को विष्णु का स्वरूप माना गया है। संस्कृत साहित्य में भी राम के ब्रह्म एवं विष्णु रूप का वर्णन देखने को मिलता है।[4]

संस्कृत साहित्य में राम का विष्णु रूप

राम को सगुण विष्णु रूप में लगभग सभी संस्कृत ग्रन्थों में अनिवार्य रूप से वर्णित किया गया है, क्योंकि उसके अभाव में कथानक का संगठन ही सम्भव नहीं है। निम्नलिखित ग्रन्थों में राम को विष्णु रूप में अभिहित किया है—

विष्णु पुराण, राघव नैषधीय, राघवीय, अद्‌भुत दर्पण, आश्चर्य चूड़ामणि, भावगत एवं अन्य पुराणों में भी विष्णु के समस्त अवतारों का वर्णन मिलता है।[5]

आनन्द रामायण में विष्णु एवं राम की अभिन्नता का वर्णन है। साथ ही अनेक स्थलों में राम और शिव की अभिन्नता का भी उल्लेख मिलता है।

राम का लौकिक रूप

आनन्द रामायण में राम के ब्रह्म और विष्णु रूप के अतिरिक्त उनके लौकिक रूप का भी विशद चित्रण किया गया है। वस्तुतः यहां उनका यही रूप प्रधान है।

---

1. अथ विष्णुश्चैत्र मासि नवम्यां मध्यगे रवौ। *आ.रा.सार काण्ड* 2/4
2. रामों विष्णुश्च मा सीता जानामि प्राण वल्लभे॥ *आ.रामा.सार काण्ड* 11/243
3. लक्ष्मी विलासं जगतं निवासं लंका विनाशं भुवन प्रकाशम्॥ *आ.रामा. सार काण्ड* 12/116
4. *राघवीय* 7/54-55
   रामचरित, 9/8-66
5. *विष्णु पुराण* 4/4/87, *राघव नैषधीय* 1/2, *राघवीय* 17/68/70 *अद्‌भुत दर्पण* 5/4-7, *आश्चर्य चूड़ामणि* 5/11

उक्त काव्य में राम का लौकिक रूप वाल्मीकि के राम से अनेक गुणों में प्रायः मिलता-जुलता है। परन्तु, अनेक स्थलों में महाराजाधिराज के रूप में वर्णन होने से तत्कालीन संस्कृति एवं समाज का प्रभाव दिखाई देता है।

राम के चरित्र में जहां कहीं भिन्नता दिखाई दी है, वहां कवि ने कभी उनके आलौकिकता की दुहाई देकर रक्षा की है, तो कहीं शिव अथवा अन्य पात्र से उनकी लीला की व्याख्या करवा दी है। यहां तक कि एक-दो स्थलों में स्वयं राम को ही अपने चरित्र के सम्बन्ध में स्पष्टीकरण देना पड़ा है।[1] इससे यह सिद्ध होता है कि राम के चरित्र में आदर्श की प्रतिष्ठा करने के लिए ही कवि ऐसा वर्णन करते हैं। राम का आदर्श चरित्र ही उनको ब्रह्मकक्षीय ऊंचाई पर ले पहुंचता है। इसी आदर्श के स्वरूप को मर्यादा पुरुषोत्तम की संज्ञा देकर कहा गया है कि राम की विशेष झांकी उनका मर्यादा पुरुषोत्तमत्व है।

इस परिवेश मे वे आकृति, प्रकृति और परिस्थिति, दृष्टियों से आदर्श पुरुष हैं। इस झांकी में आनन्द रामायण के राम पुत्र, शिष्य, बन्धु, पति, मित्र, शत्रु, और राजा आदि के रूप में हमारे सामने आते हैं। उनका यही लौकिक चरित्र हमें आदर्श की प्रेरणा देता है। जिसे काव्य प्रकाशकार लिखते हैं कि—

"रामादिवत्प्रवर्तितव्यं न रावणादिवत्॥

राम का पुत्र रूप

आनन्द रामायण के राम आदर्श पुत्र हैं। बचपन से ही वे अपने माता पिता के आज्ञा पालक एवं विनम्र हैं—

सभायां चिरं नत्वा तस्थुसिंहासनोपरि॥
एवं ते मतिमन्तश्च प्रियाराज्ञो वशेस्थिताः॥

आ.रा.सारकाण्ड 2/15,31

और पिता की आज्ञा से विश्वामित्र के साथ वन गमन इसी का प्रमाण है। उनकी पितृभक्ति की परीक्षा कैकेयी की वरयाचना के प्रसंग में होती है। राम ने कैकेयी द्वारा व राजा के समक्ष दण्डकारण्य जाने का समाचार सुनकर तथास्तु कहकर स्वीकार किया तथा राजा को शोक न करने को कहा।[2] यही आदर्श पुत्र का लक्षण है कि माता-पिता एवं गुरु की आज्ञा अविचारणीय होती है।

---

1. *आनन्द रामायण* विलास काण्ड सर्ग 8
2. मा ते शोकोस्तु हेतातृ ह्यहं गच्छामिदण्डकान्॥ *सार काण्ड* 6/54

राम की यह पितृभक्ति उनके प्रत्येक आचरण से व्यक्त होती है। राम माता के भी परम भक्त थे। वन गमन के समय कैकेयी एवं कौशल्या इत्यादि माताओं के साथ किया गया व्यवहार ही उनकी मातृ भक्ति पर प्रकाश डालता है।[1]

इस प्रकार माता पिता की आज्ञा लेकर प्रदक्षिणा प्रणाम करके वे रथ पर चढ़कर गये। चित्रकूट में भी वे कैकेयी से उसी भाव से मिलते है तथा कहते हैं—

सुखं गच्छाव स्वपुरीं नं क्रोधस्ति मम त्वीय॥ सार. 114
(आप सुख से अपनी नगरी जाए में तुमसे रुष्ट नहीं हूं।)

इस प्रकार राम में मातृ-पितृ भक्ति के सरस दर्शन किये जा सकते हैं। अतः आदर्श पुत्र की प्रखर छवि आनन्द रामायण के राम में है, इसी प्रकार तुलसी के राम में भी आदर्श पुत्र की ध्वनि सुनने को मिलती है।

संस्कृत साहित्य में भी राम का आदर्श पुत्रत्व देखने को मिलता है। रामायण मंजरी, प्रतिमानाटक, रघुवंश, भागवत, पद्म पुराण, अग्नि पुराण और हनुमान्नाटक में भी आदर्श पितृ भक्ति का उल्लेख मिलता है।

राम शिष्य के रूप में

आनन्द रामायण में राम का जो वर्णन है उससे ज्ञात होता है कि राम सर्वतो भावेन गुरुमुखापेक्षी हैं। गुरू आज्ञा को राम अत्यन्त महत्त्व देते हैं। राम के दो गुरु है। एक कुल गुरु वशिष्ट एवं दूसरे विश्वामित्र। उक्त काव्य के अनुसार वशिष्ठ राम के विद्यागुरु है तथा विश्वामित्र शस्त्रादि विद्यागुरु। अतः एक शास्त्र गुरु, दूसरे शस्त्र गुरु है।

वशिष्ठ ने राम के जात, कर्म, नाम करण एवं यज्ञोपवीत आदि सभी संस्कार सम्पन्न कराये।[2]

राम गुरु का पूजन करते थे। उनकी दिनचर्या में गुरु पूजन का वर्णन किया गया है।[3] गुरु के पूजन आदि का अनेक स्थलों में वर्णन मिलता है। यही राम के आदर्श शिष्यत्व का प्रमाण है। अनेक स्थलों में गुरु पूजन का वर्णन है। राम ने राज्याभिषेक के समय वशिष्ट एवं अरुन्धती को प्रणाम किया।[4]

---

1. इदानीं गन्तु मिच्छामि व्येतुमातुश्चहृच्छयः। *वही* 6/57
2. *आनन्द रामायण सार काण्ड* सर्ग 2/8, 28-30
3. गुरूं पुनः प्रपूज्याथ बन्धु भिः परिवेष्टितः॥ *आ.रामा.* सार. 5/80
4. ननामसिरसामातृविष्ठं चाप्यरून्धतीय॥ *आ.रामा.सार.* 12/87

राम अपने राज्यशासन में गुरु से मन्त्रणा करते थे। राम ने विश्वामित्र से अनेक विद्याये ग्रहण की थीं।[1] क्षत्रियोचित समस्त शस्त्रास्त्रों की विद्या विश्वामित्र से ग्रहण की थी। विश्वामित्र के प्रति राम का अटूट विश्वास एवं आदर भाव था—राम पदे पदे विश्वामित्र का अनुशासन मानते हैं। यहां तक कि नगर यात्रा, शयन, विश्राम, और धनुर्भंग के लिए भी ये गुरुमुखापेक्षी हैं:

ददर्शतुगाधिजस्य मुखं तौ स्फुरितभ्रवौ।
विश्वामित्रस्तदा प्राह राम चोतिष्ठराघव॥ आ.रा.सार. 3/84

राम के प्रति विश्वामित्र भी सच्छिष्यवत् व्यवहार करते हैं। इसीलिए विश्वामित्र एवं वशिष्ठ दोनों राम को गुह्यातिगुह्य चरित्र भी प्रकाशित कर सूचित करते हैं।

अतः राम आदर्श शिष्य के रूप में आनन्द रामायण में वर्णित हैं। अनेक स्थलों पर एवं शुभ अवसरों में गुरुपूजन एवं मार्गदर्शन राम द्वारा लेना इसका प्रमाण है।

राम का भ्रातृ रूप

आनन्द रामायण में राम का आदर्श भ्रातृत्व निरूपण किया गया है। भरत, लक्ष्मण और शत्रुघ्न तीनों भाईयों के प्रति राम समत्व स्नेह रखते हैं। लक्ष्मण को राम का अधिक सानिध्य प्राप्त हुआ है। राम स्वयं कहते है कि लक्ष्मण मेरे बिना इस धरा धाम में एकाकी नहीं रह सकते।[2] इसलिए वे भरत को सप्तद्वीपों का अधिपति बनाना चाहते थे।

रामचरित मानस में तो तुलसी दास ने उन दोनों के बचपन से ही वन जाने का उल्लेख किया है। इसका संकेत रघुवंश (10/81) और रामायण मंजरी (रामा. बाल./78) आदि में भी मिलता है।

राम और लक्ष्मण के मधुर भ्रातृत्व का विस्तृत वर्णन आनन्द रामायण में मिलता है। राम वनवास काल में लक्ष्मण की प्रसन्नता एवं सुरक्षा का ध्यान बड़ी सतर्कता के साथ रखते है। लक्ष्मण को जब रावण द्वारा शक्ति आघात पहुंचता है तब राम लक्ष्मण के प्रति कितने सचेष्ट है, इसका वर्णन किया है।[3]

1. *आनन्द रामायण सार काण्ड* 3/4-6
2. लक्ष्मणो मां बिना नैव भूम्यां वासं करिष्यति॥ *आ. रामा. पूर्ण काण्ड* 2/12
3. रामोपलक्ष्मणं द्रष्टवां मूच्छितं प्राह मारुतिम्॥ *आ. रामा. सारकाण्ड* 11/45

इस प्रकार लक्ष्मण के प्रति स्नेह का लक्ष्मण मात्र में ही नहीं अपितु सभी भ्राताओं के प्रति राम का स्नेह था—जब वनवास अवधि पूर्ण कर अयोध्या आते हैं। जब भरत से मिलकर बहुत आनन्दित होते हैं तथा भरत को धैर्य धारण कराते हैं।[1]

भरतादि विमातृज होने पर भी राम के अत्यन्त प्रिय थे। ये राम के भ्रातृ हृदय का सर्वश्रेष्ठ स्निग्ध परिचय है।

राम का पति रूप

आनन्द रामायण में सीता के प्रति राम के आन्तरिक स्नेह का परिचय उनके दाम्पत्य-जीवन के प्रत्येक प्रसंग में मिलता है। आ.रामायण में उनके संयोग और वियोग की सभी परिस्थितियों में उसका सरस चित्रण किया गया है। काव्यत्व के औचित्य के विचार से कवि ने शृंगार के सभी पक्षों का निरूपण प्रस्तुत किया है।

आनन्द रामायण में राम के संयोगी जीवन का अधिक वर्णन किया गया है। इसकी झलक अनेक प्रसंगों में देखने को मिलती है। दोनों के संयोग का बड़ा ही उन्मुक्त और स्वछन्द वर्णन प्राप्त होता है। निम्न स्थलों में राम के क्रीड़ादि विहार का वर्णन दर्शनीय हैं।

1. राम द्वारा सीता के सौन्दर्य का वर्णन (विलास सर्ग 2)
2. सीता के विविध अलंकारों का वर्णन (वही सर्ग 4/38-90)
3. राम सीता का जल विहार (वही सर्ग 5)
4. राम सीता के शयनादि का वर्णन (वही सर्ग 6)

इन प्रसंगों के अतिरिक्त राम की दिनचर्या (विलास काण्ड सर्ग 4 में) आदि प्रसंगों में राम के अतिरिक्त दाम्पत्य जीवन का दर्शन होता है। संस्कृत साहित्य के जानकी हरण, हनुमान्नटक, महान्नाटक और भटिटकाव्य आदि में दांम्पत्य रति के वर्णन को अनावश्यक प्रश्रय मिल गया है जिसके लिए उन कवियों की मूल भावना ही उत्तरदायी हैं। इसी प्रकार उक्त काव्य के अनेक स्थलों में भी इसी प्रकार का वर्णन मिलता है। जो कि उपर्लिखित ग्रन्थों से प्रमाणित है।

राम और सीता के दाम्पत्य जीवन का मर्मस्पर्शी वर्णन आनन्द रामायण में मिलता है। अतः राम के पति हृदय का स्निग्ध परिचय मिलता है।

---

1. रामोप्या लिंग्य भरतं कृत्वारूपाज्यनेकशः॥ *आ.रामा.सारकाण्ड* 12/84

मित्र रूप में (राम)

आनन्द रामायण में सुग्रीव के सम्बन्ध से राम के मित्र प्रेम का आदर्श निरूपण किया गया है। सुग्रीव की करुण गाथा सुनकर वे उनके भाई किन्तु शत्रु बालि के वध का निश्चय कर लेते हैं और अग्नि को साक्षी बना कर के सुग्रीव के साथ दृढ़ मैत्री कर लेते हैं।[1] और सुग्रीव को विश्वास दिलाने के लिए राम ने दुन्दुभि के विशाल शिर को पादांगुष्ठ से दूर फेंक दिया।[2] और सात ताल के वृक्षों को भी राम ने एक बाण से भेदन करके सुग्रीव को दृढ़ता दिखाई कि वे उसका हर कार्य सहज रूप से करने में समर्थ हैं।[3] इस प्रकार राम मित्र को हर सम्भव सहायता प्रदान करने का वचन देते हैं। आनन्द रामायण में सुग्रीव को राम का अत्यन्त प्रिय मित्र कहा गया है। राम के नेत्र सदृश प्रिय सुग्रीव थे—

सुग्रीवाधास्तदा चासंश्चत्वागे राघवे क्षणाः। सार. 12/105

राम सुग्रीव का युद्धावसर पर भी बड़ी सतर्कता से ध्यान दिये रहते है।

अन्य संस्कृत साहित्य में भी राम के मित्र प्रेम का आदर्श चित्रण मिलता है। राम सुग्रीवादि मित्रों को पुष्पक विमान द्वारा उनके राज्य किष्किन्धा नगरी भेजते हैं[1] तथा विदा करते समय सुग्रीव और विभीषण को बहुमूल्य वस्त्रादि से सम्मानित भी करते हैं—

अमूल्या भरणैर्वस्त्रेः पूजिता राघवेण ते॥
सुग्रीव प्रमुखाः सर्वे वानराः स विभीषण॥

आ.रा.सार. 12/150-151

विभीषण को भी आनन्द रामायण में मित्र शब्द से उल्लिखित गया किया हैः

राघवचापितं ज्ञात्वां तेन संख्यं चकार सः।

राम ने परिचय पूछ कर उससे मित्रता कर ली। इस प्रकार वे विभीषण से भी मित्रता करके उसका निर्वहन करते हैं।

---

1. ततः प्रज्वाल्य वह्निंव स सुग्रीवो राघवेण हि॥
   चकार सख्यं वेगेन समालिंग्य परस्परम्॥ *आ.रामा. सार.* 8/12-13
2. सुग्रीव वचनाद्रामः प्रत्ययार्थ तदा क्षणात्॥
   पादांगुष्ठैनाक्षियत्तदंदुभेः शिर उत्तमम्॥ *वही* 34
3. सुग्रीव प्रत्ययार्थ हि सप्त तालान् विभेद सः॥ *वही* 37
4. *आनन्द रामायण सार काण्ड* सर्ग 12/161

राम का शत्रु रूप

राज जिस प्रकार आदर्श मित्र हैं, उसी प्रकार आदर्श शत्रु भी हैं क्योंकि उनके जन्म का प्रमुख उद्देश्य ही असुर, अभिमानियों और धर्म को हानि करने वाले दुष्टों का संहार करना है।[1] असुरों में वे क्रमशः ताड़का, सुबाहु, विराध, खरदूषण, मेघनाद, रावणादि का वे वध करके निजधाम भी प्रदान करते हैं।

राम सभी शत्रु वर्ग (प्रकृति वर्ग, नर वर्ग, पक्षी वर्ग, और वानर वर्ग) पर आदर्श शत्रुता का परिचय देते हैं।

अभिमानी व्यक्तियों में वे प्रकृति वर्ग में समुद्र को पहले ही शरण मांग लेने पर वे क्षमा कर देते हैं—(सार. 10/60-65) तथा सोमवंशी राजाओं को भी क्षमा कर देते है।[2]

नरवर्ग में अभिमानी परशुराम को वे अपने ईश्वरत्व का परिचय देकर शान्त करते हैं।[3]

पक्षीवर्ग में वे जयन्त को शरण में आने पर वरदान देकर छोड़ देते हैं। (तथा एक नयन करके)[4]

वानर वर्ग में अभिमानी बालि का वध करके वे उसको अपने किये कर्म का बदला लेने के लिये वरदान भी देते हैं।[5]

राम वस्तुतः इतने आदर्श शत्रु हैं कि वे क्रोध स्वरूप परशुराम के समक्ष विप्रवंश की प्रभुता से सम्बन्धित विवशता भी स्पष्ट कर देते है।[6] मेघनाद की पत्नी सुलोचना जब उनके पास अपने पति का सिर-भाग मांगती है, तब राम उससे कहते है कि मैं तुम्हारे पति को जीवित कर देता हूँ, परन्तु तुम अग्नि में प्रवेश का विचार छोड़ दो।[7]

---

1. अधर्मस्य विनाशं च वृद्धि धर्मस्य सादरम्।
   निद्दर्लनं हिदुष्टानां सज्जनानां च पालनम्॥ *सार काण्ड* 4/75
2. *आनन्द रामायण पूर्ण काण्ड* सर्ग 4
3. *आनन्द रामायण सार काण्ड* 3/354-359
4. *आनन्द रामायण राज्य काण्ड* सर्ग 4
5. *आनन्द रामायण सार काण्ड* सर्ग 8/66-68
6. गो विप्र देवनारिषु राघवा नास्त्रधारिणः।
   यथेच्छंघातयास्माकं विप्रैर्युद्धं करोमि न ॥ *वही* 3/354-355
7. कृपया तव भर्तारं करोम्यहं स जीवितम्।
   मा विवश्वाघ वहिंव त्वं रोचते चेद् वदस्व माम्॥ *वही* 11/214

इस प्रकार राम का आदर्श शत्रु हृदय है जिससे प्रेरित होकर वे बालि और रावण के वध के पश्चात् उनकी विधिवत् मृतक क्रिया के लिए उनके भाइयों से आग्रह करते है। यही नहीं, अपने द्वारा मारे गये सभी व्यक्तियों को वे सालोक्य अथवा सायुज्य मुक्ति भी प्रदान करते हैं।

इस प्रकार उनकी ईश्वरता के साथ-साथ उनकी राग-द्वेष रहित आदर्श शत्रुता की भी कोमल व्यंजना है।

संस्कृत के अनेक राम काव्यों में भी राम के इसी आदर्श शत्रु रूप की अभिव्यक्ति अनेक प्रकार से की गयी है। ताड़का वध के प्रसंग में वे शत्रु स्त्री होने के कारण ही उस पर आक्रमण करने में हिचकिचाते है, जिसका उल्लेख ''रामायण मंजरी (बाल. 136) बाल रामायण 3/5 महावीर चरित 1/38 और अनर्घ राघवादि अनेक ग्रन्थों में मिलता है।

राम का राजा रूप

आनन्द रामायण में राजा राम के सुराज्य का बड़े विस्तार के साथ आकर्षक वर्णन किया गया है। ''रामराज्य'' अपनी उन विशेषताओं के कारण आज भी हमारा काव्य आदर्श है।

राम राज्य की विशेषताओं से सम्बन्धित आनन्द रामायण में पृथक से राज्य काण्ड में एक सर्ग है। जिसमें राम के राज्य की विशेषताओं का कीर्तन है। उक्त काव्य के राम में किञ्चित तत्कालीन संस्कृति का प्रभाव दृष्टिगोचर होता है। अतः राम को पूर्ण चक्रवर्ति सम्राट् वर्णित करते हुए आधुनिक सुख-सुविधा सम्पन्न प्रदर्शित किया है। इसके साथ-साथ राम की कुछ ऐसी लीलाओं का भी वर्णन है जो कि अलौकिक हैं तथा राम को पूर्ण पुरुषोत्तम कहने में सहायक भी है। राम के इसी रूप का वर्णन कवि को अभीष्ट था। जिसका संकेत भी कवि ने किया हैः

सार काण्ड मया त्वत्तः श्रुतंरामायणेस्थितिम्।
न किञ्चित्सौख्य लेशो डिप जानक्या राघवस्य च॥
श्रुतोपकापिराज्यस्य विस्तारोपिच न श्रुतः।
कथं यागः कृतास्तेन संततिस्तय न श्रुता॥
तत्सर्वं विस्तरात्वन्तः श्रोतुमिच्छास्ति मे गुरो॥

आ.रा.यात्रा. 3/9-12

अर्थात्—मैने रामायण के सार को सुंन लिया, परन्तु, उसमें कहीं भी जानकी अथवा राजा राम का सुखद संवाद नहीं सुना, और न ही उनके राज्य का विस्तार सुना, उन्होंने कैसे यज्ञ किये, राम के सन्तातोदि का भी वर्णन मैने नहीं सुना। अतः यह सब सुनने की इच्छा है।

अतः स्पष्ट है कि आनन्द रामायण कार राम के राज्य का वर्णन तथा पश्चात् उने सान्तानिक वर्णन को ही प्रमुखतया वर्णित करना चाहते है। एदतर्थ ही उन्होंने ऐसा संकेत किया। सम्पूर्ण आनन्द रामायण (सारकाण्ड को छोड़कर) राम के राज्य वर्णन से ही विस्तृत एवं मनोहर चरित्रों से युक्त है। सैद्धान्तिक रूप से, राम के राज्य का वर्णन अत्यन्त उत्कृष्ट एवं आदर्श है।

राम एक प्रजावत्सल, लोकपालक, न्यायप्रिय और कुशल शासक के रूप में आनन्द रामायण में वर्णित है।[1] राम ने समस्त प्रजा को, पिता जिस प्रकार अपने सगे लड़कों का पालन करता है, उसी प्रकार पालन किया।

राम राज्य में अनेक सुख, आनन्द, एवं व्याधिरहित जीवन था—राम राज्य की विशेषताओं का वर्णन कवि ने इस प्रकार किया है—(सम्पूर्ण 15वां सर्ग)

राम राज्ये सदानन्दः सर्वानासी ज्जनान्यपि।
नासीत्कुत्रापि कलेशचौर्यनिंदाभयं तदा॥
सुदेशं सुप्रजं सुस्थं सुतृणं बहुगोधनम्।
देवता यतनानां च राजिभिः परिराजितम्॥
कुलान्येव कुलीनानि न चान्यन्यधनानि च।
विभ्रवो यत्र नारिषु विद्वत्सु च कर्हिचित्॥ आ.रा.राज्य काण्ड 15/1,4,7

राम राज्य की विशेषताओं के इस आकर्षक वर्णन में राम की सुराज्य व्यवस्था का पुष्ट प्रमाण मिलता है।

राम अनेक सद्गुणों से युक्त सर्वश्रेष्ठ राजा थे। राम सौभाग्य रूप, शौर्य और औदार्य आदि गुणों से युक्त थे। अनेक युद्धों में उन्होंने विजय प्राप्त की तथा संसार की दरिद्रता को लक्ष्मी के हाथो सौंप दिया था[2] इत्यादि गुणों से युक्त राजा थे। राम की उदारता का प्रमाण अनेक स्थलों से प्राप्त होता है।

---

1. औरसानिव रामोपि जुगोप पितृवत् प्रजाः॥ *आ.रामा.सार.* 12/200
2. एवं रामो महान श्रेष्ठः शौर्यादी गुण शोभनः।
   सौभाग्य शोभी रूपाढ्यः शौर्योदार्यगुणान्वितः॥
   विजितानेक समरः श्री समर्पितभार्गणः। *आ.रामा.राज्य.* 15/48-49

राम जब उत्तर भारत की यात्रा करके अयोध्या प्रत्यावर्तित होते हैं तब सम्पूर्ण प्रजा में वे इस प्रकार घोषणा करते हैं।[1] ''जब तक मैं सीता सहित इस भूमि में राज्य करूं तब तक आज से नगर वासी एवं यात्री अलग से भोजन न पकायें।'' इस प्रकार की उदारता का अन्य स्थलों में भी दर्शन होता है।

राम के शौर्य का वर्णन तो राम की दिग्विजय यात्रा में मिलता ही है तथा साथ ही अनेक राजाओं से युद्ध में भी प्राप्त होता है। राम की न्यायप्रियता के दर्शन निम्न प्रसंगों में होते हैः

1. राम का एक कुत्ते से रूदन का कारण पूछना तथा अपराधी को न्याय देना।[2]
2. गृद्ध और उलूक के सम्बन्ध में राम का न्याय।[3]

इन प्रसंगों से ज्ञात होता है कि राम मनुष्य मात्र को ही नहीं अपितु, अन्य पक्षी एवं पशुयोनि में भी वे न्याय पूर्ण व्यवहार करते थे।

राजा को किस प्रकार अपनी प्रजा से व्यवहार करना चाहिए तथा राजनैतिक व्यवस्था कैसी होनी चाहिए इसका परिचय हमें उनके द्वारा भरतादि को दिये गये ''राजनीति के उपदेश'' से मिलता है।[4] अतः राम सच्चे धार्मिक एवं राजनीतिक सम्राट थे। राम ने अपनी प्रजा को धार्मिक उपदेश देकर अपने धार्मिक राज्य का परिचय भी दिया है।[5] इस प्रकार यह स्पष्ट है कि राम अपने सभी सम्बन्धों—पुत्र, शिष्य, भ्राता, पति, मित्र, शत्रु और राजा आदि—में पूर्ण तथा आदर्श हैं। केवल सिद्धान्तों में ही नहीं अपितु व्यवहार में भी वे अपने इस महान आदर्श का साधिकार निर्वाह करते हैं यही तो राम का ''रामत्व'' है।

---

1. अद्यारम्य जनैः संर्बैरयोध्यानगरीस्थितैः।
नै कैस्थिदत्र पथिकै र्भिन्नपाकै र्न भुज्यताम्॥
यावत्करोम्यहं भूम्यां राज्यं सीता समन्वितम्॥ *आ.रा.यात्रा.*9/56-57
2. *आनन्द रामायण* राज्य काण्ड सर्ग 10
3. *वही*
4. *वही* 16
5. पौराणिकाः स्थापनीया गेहे ग्रामे पृथक्-पृथक्।
नित्य नैमित्तिकं कर्म न त्याज्यं वै कदाचन॥
पूजनीया सदा देवा कार्यो धर्मो निरन्तरम्॥ *वही*, 24/86-87

इन सम्बन्धों की सफल अन्विति का सम्पूर्ण उत्तरदायित्व राम के व्यक्तिगत गुणों पर है। उनकी वीरता, गम्भीरता, दृढ़ता, उदारता, दयालुता, समता, दक्षता, नैतिकता, विनम्रता, लोकप्रियता, और शरणागत-वत्सलता आदि अद्वितीय और अलौकिक हैं। ये सभी गुण उनमें इतने अन्तर्ग्रथित है कि योग्य अवसर पाने पर एक के साथ ही अनेक स्वतः प्रवृत्त हो जाते हैं।

राम की शरणागत वत्सलता

राम के इस गुण में उनकी अलौकिकता एवं लौकिकता दोनों का समावेश है।

अलौकिक दृष्टि से—मोक्ष (मुक्ति) लाभ के लिए आनन्द रामायण में प्रत्येक भक्त या पात्र की अन्तिम आकांक्षा है।

लौकिक दृष्टि से—''शरण'' का सम्बन्ध सुरक्षा से है। आनन्द रामायण में इसके अनेक उदाहरण हैं परन्तु, जयन्त और विभीषण इसके समुचित उदाहरण हैं।

इन्द्र पुत्र जयन्त जब सीता को क्षतकर करके तीनों लोकों में गया परन्तु, कहीं भी उसे आश्रय नहीं मिला तब नारद के कहने पर वह पुनः राम की शरण में जाता है, जिसे राम एक नयन करके छोड़ देते हैं। पश्चात् वे उसे विविध वरदान भी देते हैं।[1]

राम की शरणागत वत्सलता का सर्वश्रेष्ठ निरूपण विभीषण प्रसंग में मिलता है। राम उसे अभयदान देकर, मित्रता करके, और लंका का राज्य भी दिलवाने की प्रतिज्ञा करते है तथा वानरों के द्वारा पहले ही वे विभीषण का अभिषेक कर देते हैं।[2]

यहां तक कि राम बाद में भी विभीषण की सहायता करने पुनः लंका जाते हैं- जब कुम्भंकर्ण का पौत्र पौण्ड्रक विभीषण को शातनन रावण की सहायता से पदच्युत करके स्वयं लंका का राज्य करने लगता है। तब राम उसकी पुनः रक्षा करते है तथा तीसरी बार भी विभीषण राम की शरण में आता है और कहता है कि मूल नक्षत्र में जन्मे कुम्भकर्ण के पुत्र मूलकासूर ने मुझे लंका के राज्य से हटा दिया है तथा आगे कहता है—

---

1. *आनन्द रामायण सार काण्ड* 6/84-98 एव
   आनन्द रामायण राज्य काण्ड सर्ग 4
2. *आनन्द रामायण सार काण्ड* सर्ग 10/41-44

उवाच सकलं वृत्तं लंकायाः प्रस्खलद्गिरा।
राम राजीव पत्राक्षं त्राहिमां शरणागतम्॥

इस प्रकार शरण याचना करता है। तब राम सीता द्वारा मूलकासुर का वध करवा कर विभीषण की रक्षा करते हैं। (राज्य काण्ड सर्ग 4/82) इस प्रकार राम लौकिक एवं अलौकिक दोनों दृष्टियों से जयन्त, एवं विभीषण, ब्रह की ब्रह्मास्त्र से यमराजदि से शरणागत की रक्षा करते हैं।[1]

शक्ति एवं पराक्रम

आनन्द रामायण के राम एक ऐसे शक्ति सम्पन्न वीर योद्धा हैं, कि जिनके बाह्य एवं आन्तरिक दोनों रूपों में शक्ति एवं पराक्रम अपरिमित हैं। अनेक स्थलों में राम की बाह्य शक्ति एवं आन्तरिक शक्ति का परिचय मिलता है।

बाह्य शक्ति का परिचय निम्न स्थलों में चित्रित हैः

1. धनुर्यज्ञ में।
2. धनुर्यज्ञ से पराभूत राजाओं के साथ युद्ध में।
3. मारीच प्रक्षेपण।
4. दंदुभि अस्थि प्रक्षेपण सप्त ताल वेधन।
5. विविध युद्धों में।

राम की शारीरिक शक्ति का परिचय उक्त स्थलों में दृष्टिगत होता है। जिससे सहज ही अनुभव लगाया जा सकता है कि राम एक कुशल योद्धा एवं शास्त्रास्त्रों में निपुण तथा अपरिमित शक्तिसम्पन्न राजा थे।

उनकी आन्तरिक शक्ति का परिचय निम्न स्थलों में देखने को मिलता है। जिससे उनके ईश्वरत्व एवं मर्यादापुरुषोत्तम में प्रकाश पड़ता है।

1. सेतु बन्धन।
2. प्लक्षादि देशों की यात्रा में।
3. अश्व मेधादि यज्ञों में।

उक्त स्थलों के अतिरिक्त भी अनेक स्थलों में राम की आन्तरिक शक्ति सम्पन्नता का दर्शन आनन्द रामायण में होता है। राम शक्ति का उचित कार्यो में ही प्रयुक्त करने की प्रवृत्ति रखते हैं। सभी युद्धों स्थलों में राम की बाण-संधान कला, युद्ध नीति, तथा अद्वितीय साहस दृष्टि गोचर होता है।

---

1. *आनन्द रामायण राज्य काण्ड* सर्ग 24

राम रावण के युद्ध में दोनों की अतुलनीय शक्ति एवं युद्ध कौशल दिखाई देती है। इस अवसर पर राम की युद्ध प्रवीणता के साथ-साथ उनका युद्ध कालीन धैर्य तथा साहस अधिक दिखाई देता है।

राम का लोकोत्तर चरित

लोकात्तर का अर्थ है—लोक से परे अर्थात् असाधारण य असामान्य। किसी प्रकार की लोकोत्तरता व्यक्ति के दिव्य रूप को व्यक्त करती है। यदि किसी व्यक्ति का चरित्र पूर्णरूपेण है तौ वह दिव्य पुरूष कहा जाता है। सामान्य मानव स्तर पर होने वाला चरित्र अदिव्य कहा जाता है। जिसमें दोनों का समन्वय होता है, वह दिव्यादिव्य है। इस आधार पर साहित्य शास्त्रियों ने नायकादि के तीन भेद बतलाये हैं—1.दिव्य, 2. अदिव्य, 3. दिव्यादिव्य।

आनन्द रामायण में राम के दो रूप दिखाई देते हैं—उनका सामान्य मानवीय चरित तथा असामान्य अतिमानवीय रूप। वे एक ओर आदर्श मानव हैं, दूसरी ओर विष्णु के अवतार। वे मनुष्य के शरीर में रहते हुए भी ऐसे कार्य करते हैं जो असम्भव प्रतीत होते हैं। अनेक स्थलों पर उनका संसर्ग उनके अलौकिक प्रभाव को व्यक्त करता है। तथा कुछ स्थलों पर उनकी मानवीय साधारण प्रवृत्तियों को। इस प्रकार राम के दिव्य तथा दिव्यादिव्य चरित्रों का वर्णन उपलब्ध होता है।

राम के लोकोत्तर चरित्रों में राम के जन्म की दिव्यता, राम की तेजस्विता, राम द्वारा विविध शाप मोचन, राम द्वारा मृत बालकों को पुनर्जीवित करने आदि में उनके लोकोत्तर चरित्र की झांकी का दिग्दर्शन होता है।

इस प्रकार आनन्द रामायण में राम के चरित्र चित्रण से यह स्पष्ट हो जाता है कि कवि ने उनके दिव्यादिव्य सभी रूपों का निरूपण करते हुए भी उनके ईश्वरत्व के प्रतिपादन की ओर अधिक ध्यान दिया है।

अतः राम के निर्गुण ब्रह्म, सगुण ब्रह्म, और विष्णु रूप की समन्वित झांकी के दर्शन आनन्द रामायण में प्रायः सर्वत्र होते है। इसके अतिरिक्त कवि ने राम के नर रूप का जो चित्रण वहां किया है। वह काव्योचित की दृष्टि से पूर्ण तथा उपयुक्त होने के साथ-साथ उनके विशाल हृदय की महीयान् कल्पना का साकार रूप भी है।

वस्तुतः आनन्द रामायण कार ने राम को सर्वथामहान और अतिमहान ही चित्रित करने का सफल प्रयास किया है। इसीलिए यदि कवि को राम के चरित्र

में कहीं किसी दोष की स्वल्प सी भी सम्भावना हुई है। तो उस पर उन्होंने शीघ्र ही उनकी ''नर लीला'' का झिलमिला आवरण अवश्य डाल दिया है।

वस्तुतः राम का चरित्र इतना महान है कि उनके सम्बन्ध में कहना भी अधिकाधिक अपर्याप्त ही होगा।

सीता का चरित्र चित्रण

संस्कृत काव्यों की भांति आनन्द रामायण में भी सीता को लक्ष्मी का अवतार कहा गया है। सीता आनन्द रामायण की नायिका है। राम के समान सीता का भी चरित्र लौकिक एवं अलौकिक भेद से द्विविध निरूपित हुआ है।

आनन्द रामायण के सार काण्ड सर्ग 4 मुनि मुद्गल द्वारा राम के भावी चरित्र एवं अवतार के सम्बन्ध में रहस्योद्घाटन किया गया है। वहीं दशरथ इस रहस्य से परिचित होते है कि राम साक्षात् विष्णु और सीता लक्ष्मी है।[1]

आनन्द रामायण में सीता को, मातुलुंगी, रत्नावली, धरणिजा, जानकी, और सीता कहा गया है तथा पद्माक्ष की कन्या होने से पद्मजा कहा गया है।[2]

सीता का विविध रूप से वास (सत्व, रज औरतम्) तथा मूलकासुर का वध इत्यादि अनेक अलौकिकतत्त्व का प्रतिपादन है।

इस अलौकिक रूप के अतिरिक्त वे अपने लौकिक रूप में एक आदर्श पत्नी कुशल सद्गृहिणी एवं अनुपम सौन्दर्य से युक्त है।

आदर्श पत्नी

सीता का आदर्श पत्नी के रूप में उनके पूर्व राग, संयोग और वियोग की सभी स्थितियों की सरस अभिव्यंजना हुई है। धनुष यज्ञ के समय राम को देखकर वे उन्हीं से ही विवाह करने का निश्चय करती हैं तथा पिता के इस प्रण को देखकर अपने पिता को शत्रु कह कर क्षुब्ध होती है और शिव धनुष को अत्यन्त अल्प बनाने तथा राम में अतीव बल प्राप्त कराने हेतु देवताओं से प्रार्थना करती है। इस प्रसंग में सीता के पूर्व राग के मधुर दर्शन किये जा सकते हैं।[3] इतना ही नहीं, अपितु सीता उसी समय यह प्रतिज्ञा करती है कि

---

1. मम साक्षात्रामचन्द्रो लक्ष्मीसीतात्वमूत्स्नुषा॥ *आ.रा.सारकाण्ड* 4/118
2. आनन्द रामायण सार काण्ड 3/272-278
3. *वही*, 3/110-119

यदि राम शिव धनुष भंग करें तो मैं उनके साथ 14 वर्ष तक मुनि वृत्ति धारण करके उनकी अनुगामिनी बनूंगी।[1]

यह कथन भी उनके अलौकिकतत्व का प्रतिपादी है। यह उनके पूर्व राग की पराकाष्टा है।

अतः राम के प्रथम दर्शन में ही उनकी आसक्ति अत्यधिक बढ़ जाती है।

संयोग श्रृंगार के वर्णन में भी आनन्द रामायण कार ने दक्षता का परिचय दिया है। दाम्पत्य विलास का वर्णन आनन्द रामायण में अनेक स्थलों में चित्रित किया है—राम की विजय यात्रा, गंगा पूजन यात्रा आदि में।[2] राम सीता के वन विहार के वर्णन में तथा जल विहार, राम के शयनादि में दोनों के संयोग सुखों का जो उल्लेख किया है। उसमें उनके आदर्श पति-पत्नी का तो परिचय मिलता है साथ ही वहां कवि की भावना और परम्परा का भी परिचय मिलता है।

सीता का वियोगिनी रूप

यह चित्रण आनन्द रामायण में अत्यधिक मनोहर एवं चित्ताकर्षक है। इस रूप में सीता के आत्म विश्वास, में उनकी अद्वितीय प्रेम शक्ति दृष्टिगोचर होती है।

सीता को राम का वियोग आनन्द रामायण के अनुसार तीन बार प्राप्त हुआ है।

1. रावण द्वारा अपहृत करने पर,
2. राम द्वारा पुनः विभीषण की सहायता करने के लिए जाने पर, और
3. राम द्वारा लगाने पर।

इन तीनों वियोगावस्थाओं में द्वितीय में उनको विरहाग्नि का चित्रण विशद रूप से किया गया है।[3] इस चित्रण में उनके आदर्श पतिव्रत धर्म एवं प्रेमासक्ति की छवि दर्शनीय है।

---

1. चतुर्दश वत्सराणि मुनिवृत्याडनुवर्तिनी।
   विचरामि बने चाहं धनुः सज्जं करोत्वयम्॥ *आ.रा.सारकाण्ड* 3/120
2. *आनन्द रामायण विलास काण्ड* सर्ग 4-5, 6
3. *आनन्द रामायण राज्य काण्ड* सर्ग 15

कुशल सद्गृहिणी

आनन्द रामायण की सीता की कुशलता और कर्तव्यपरायणता वस्तुतः प्रशंसनीय है। वन गमन के समय जब गंगा पार होते है तब सीता गंगा से अपने पति के सकुशल अयोध्या लौटने की प्रार्थना करती है तथा गंगा पूजन की प्रतिज्ञा करती है। और अयोध्या लौटने पर पति से कह कर गंगा पूजन भी करती है। सीता सद्गृहिणी के साथ-साथ उदारहृदया भी है जिसका उदाहरण हमें उस समय मिलता है जब सीता बाजार के कौतुक देखते समय एक विप्र पत्नी की निर्वस्त्र एवं दीन-हीन देखती है। तब उसे बुलाकर एक लाख स्वर्ण मुद्रायें देती है। साथ ही यह घोषणा भी करती है। कि सम्पूर्ण राज्य में कोई भी दीन-हीन बन कर नहीं रहे। वह राजकोष से अपने भरण पोषण की सामग्री ले।[1]

इसमें सीता की दयालुता का भी परिचय मिलता है। सीता एक कर्तव्य परायणा गृहिणी है। राज्याभिषेक के पश्चात् सीता महारानी होते हुए भी वे अपने व्यक्तिगत धर्म के पालन में पूर्णतया दत्त है। वे अपने हाथों समस्त गृहचर्या, तथा पति सेवा, सास सेवा के लिए उनकी निरभिमान तत्परता में उनकी कर्मठता का स्पष्ट परिचय मिलता है।

यज्ञ के समय सीता सभी का पूजन करती थीः

समानीतान् रणपातै सीतया रघुनन्दनः।

ततः सम्पूज्यतां तां धेनुं विधि पूज्य सविस्तरम्॥ यज्ञ काण्ड 6/13

तथा सभी को भोजन परोस कर खिलाती थीः

जानकी त्वरयामास प्रविवेषण कर्मणि॥ वही 29

पति और सास के प्रति वे इतनी सेवा परायणा है कि पति से पूर्व उठकर सभी का वन्दन करके सास एवं पति का वन्दन करती है।

इन स्थलों के अतिरिक्त भी अनेक स्थलों में सीता के द्वारा पति एवं सासों की सेवा का वर्णन मिलता है।[2]

इस प्रकार सीता एक आदर्श पत्नी, कुशल सद्गृहिणी एवं मनोनुकूल जीवन संगिणी के लिए अपेक्षित सभी गुणों के समन्वित रूप में आनन्द रामायण में चित्रित की गयी है।

---

1. देविगंगे नमस्तेस्तु निवृन्तावन वासतः।
   रामेण सहिता हं त्वां लक्ष्मेण च पूजये॥ *सार.* 6/78-79
2. *आनन्द रामायण विलास काण्ड* 6/20-36

सौन्दर्य

सीता के अनिन्द्य सौन्दर्य एवं अद्वितीय लावण्य के चित्रण में कवि ने अनेक उपमायें दी हैं। राम स्वयं सीता के सौन्दर्य का वर्णन नख शिख पर्यन्त करते हैं:

राम द्वारा कुछ अंगों का वर्णित रूप इस प्रकार है—

नख—प्रतिपच्चन्द्र कलया स्पर्धयन्ति नखानि ते। विलास. 2/39

जघन—वर्तुलौ ते महाजानू मासलौ बीजपूरवत्, गजकुम्भवत्। वही 45

नेत्र—हरिणी नेत्र सृदशे कामवाणाविव प्रिये। वही 62

इस प्रकार प्रत्येक अंग की उपमा दी गई है। यह दिग्दर्शन मात्र है। राम यहां तक कहते हैं किः

त्वद रूप सदृशी नान्यां पश्यामि जगती तले। वही 39

तुम्हारे सदृश इस संसार में मैं नहीं देख रहा हूं।

और तुम्हें ब्रह्मा ने निर्मित नहीं किया है। अपितु, किसी अन्य कारीगर ने निर्मित किया है।[1] राम कहते है कि तुम्हारी शोभा का वर्णन चतुर्मुख ब्रह्मा भी नहीं कर सकते हैं।[2]

इस प्रकार आनन्द रामायण में सीता के नख-शिख सौन्दर्य का वर्णन तथा उनके अलंकारों का वर्णन भी किया गया है।[3]

अतः सीता अपने अलौकिक रूप में धर्म तत्परता होने के साथ ही साथ, पतिव्रता, कुशल सद्गृहिणी, मधुर भाषिणी, कोमलांगी, उदारहृदया तथा सर्वप्रिय भी है।

आनन्द रामायण में सीता के उक्त सभी गुणों की यथा अवसर उद्भावना की गयी है।

इस प्रकार कवि ने सीता में अलौकिकता के साथ ही साथ उनके पत्नी, गृहिणी, साहसी आदि रूपों का जो समन्वय किया है। वह अतिव मनोरम तथा आकर्षक है तथा उनकी (कवि की) सीता-विषयक श्रद्धामूलक दृष्टि का परिचायक है।

◆◆◆

---

1. *आनन्द रामायण विलास काण्ड* 2/38
2. *वही*, 2/72
3. *वही*, सर्ग 4

अष्टम अध्याय

काव्यात्मक प्रभाव

वाल्मीकि रामायण और अध्यात्म रामायण का आनन्द रामायण पर प्रभाव

जब कोई कवि काव्य प्रणयन करता है, तब वह पूर्व प्रचलित महत्त्वपूर्ण कथा का आश्रय लेता है तथा पूर्व प्रचलित कथा में परिवर्तन भी करता है। इस परिवर्तन का मुख्य कारण कवि के स्वकल्पित आदर्श की पूर्ति होती है और कवि इस आदर्श की पूर्ति हेतु कभी-कभी मुख्य कथानक में अवान्तर कथाओं की भी योजना कर देता है। इस सम्बन्ध में संस्कृत के अनेक काव्य और कवि उद्धरणीय है। इसी क्रम में आनन्द रामायण को भी उदाहरण रूप में प्रस्तुत किया जा रहा है।

आनन्द रामायण में भी वाल्मीकि रामायण एवं अध्यात्म रामायण का प्रभाव दर्शनीय है। आनन्द रामायण का कथानक मुख्य रूप से वाल्मीकि रामायणाश्रित है। परन्तु अनेक कथाओं के वर्णनों में अध्यात्म रामायण का भी प्रभाव परिलक्षित होता है। सम्पूर्ण वाल्मीकि रामायण की कथा को आनन्द रामायण के प्रथम काण्ड में वर्णित किया गया है।[1] कवि ने अपने मुख्य उद्देश्य को भी स्पष्ट किया है।[2] राम के राज्य का सुखद वर्णन करना ही काव्य का उद्देश्य है।

अतः मूल कथा को वाल्मीकि रामायण से लेकर तथा अन्य कथाओं को विविध धार्मिक साहित्य से लेकर आनन्द रामायण की रचना हुई है। इस काव्य के अनेक स्थलों से वाल्मीकि कृत तथा अध्यात्म रामायण श्लोकों को उद्धृत किया गया है।

आनन्द रामायण कार अपने काव्य एवं अन्य रामायणों को भी वाल्मीकि से भिन्न नहीं मानते। आनन्द रामायण में वाल्मीकि एवं अध्यात्म रामायण का स्पष्ट प्रभाव दृष्टिगोचर होता है।

---

1. सारकाण्डं पुरादेवि यदुक्तं च मया तव।
   वाल्मीकियाच्य तच्चा पि सारंउद्धृत्य वै मया॥ *आ.रा.यात्रा.* 3/71
2. *वही* यात्रा. 3/9-12

वाल्मीकि रामायण का आनन्द रामायण में प्रभाव

आनन्द रामायण के सारकाण्ड से यात्रा काण्ड के सर्ग 2 तक की कथा वस्तु वाल्मीकि रामायण की है इस कथा में भी अनेक अवान्तर कथाओं की योजना की गयी है।

आदि काव्य की परम्परा का आनन्द रामायण में विधिवत् पालन किया गया है। वाल्मीकि रामायण के श्लोकों को आनन्द रामायण में अनेक स्थलों पर देखा जा सकता है।

1. वाल्मीकि का रामायण निर्माण—इस प्रसंग में वाल्मीकि रामायण के बाल काण्ड सर्ग 2 में कौञ्च वध से संतप्त हुए महर्षि का शोक श्लोक रूप में वर्णित हो गया। इस घटना को आनन्द रामायण कार ने यथावत् वर्णित किया है।

वाल्मीकि रामायण

वियुक्ता पतिना तेन द्विजेन सहचारिणा।
ताम्र शीर्षिण मन्तेन पत्त्रिणा सहितेन वै॥
तथाविध द्विजं दृष्ट्वा निषादेन निपातितम्।
ऋषे धर्मात्मनस्तस्य कारूण्यसमवद्यत॥ वा.बाल.सर्ग 2/12 से 42 तक

इन्हीं श्लोकों को आनन्द रामायण में देखेंः

वियुक्ता पतिना तेन द्विजेन सहचारिणा।
ताम्र शीर्षेस्थ मन्तेन पति ना सा हतने च॥
तथा विद्यं द्विज दृष्ट्वा निषादेन निपातितम्।
ऋषे धर्मात्मनस्तस्य कारूण्यं समपद्यत। आ.रा.यात्रा. 1/12-42

उक्त प्रसंग में लगभग 30 श्लोकों में साम्यता पाई जाती हैं। इसी प्रकार सीता शुद्धि के प्रसंग में दृष्टव्य है—

जब सीता की शुद्धता का वर्णन किया गया है। इस प्रसंग में दोनों महाकाव्यों में श्लोक साम्यता है।

वाल्मीकेः पृष्ठतः सीतां साधुवादो महानभूत॥
ततोमधे जनोधस्य प्रविश्यमुनिपुंगवः।
सीता सहायो वाल्मीकिरिति होवाच राघवम्॥
वा. रामा. उत्तर. 96 सर्ग 11, 12, 15

वाल्मीकेः पृष्ठतः सीतां जयघोषं प्रचक्रिरे ॥
तदा मध्ये जनौघस्य प्रविश्य मुनिपुंगवः
सीता सहायो वाल्मीकिस्तदा राघवम्ब्रवीत् ॥

आ.राम. जन्म काण्ड 8/15-30

वाल्मीकि रामायण के बाल काण्ड सर्ग प्रथम को आनन्द रामायण में संपूर्ण रूप से उद्धृत किया गया है।[1]

इस प्रकार उक्त दोनों महाकाव्यों में समानता पाई जाती है अतः हम कह सकते है कि आनन्द रामायण में जितना प्रभाव वाल्मीकि रामायण का है उतना अन्य किसी ग्रन्थ का नहीं।

अध्यात्म रामायण का आनन्द रामायण पर प्रभाव

आनन्द रामायण का उपजीव्य काव्य वाल्मीकि रामायण है जिससे सम्पूर्ण कथानक ग्रहण किया गया है, परन्तु वाल्मिक रामायण के अतिरिक्त अन्य ग्रन्थों का भी प्रभाव दिखायी देता है जिनमें अध्यात्म रामायण विशेष उल्लेखनीय है।

आनन्द रामायण कार ने जहां एक ओर वाल्मीकि कृत कथा की परम्परा का पालन किया है दूसरी ओर अध्यात्म रामायण के भी स्थलों को यथावत् रखा है। आनन्द रामायण के कुछ प्रसंग ऐसे हैं जो अध्यात्म रामायण से पूर्ण प्रभावित है। यहां पर अध्यात्म रामायण का प्रसंग दृष्टव्य हैः

अध्यात्म रामायण में राम के दिव्य स्वरूप का वर्णन देखें:

भाले स्वर्ण मयाश्वत्थपर्णमुक्ताफलम्।
कण्ठेरत्नमणिव्रातमध्यद्वीपी न खांचितम्॥
कर्णयोः स्वर्ण सम्पन्न रत्नार्जुन सटालुकम।
शिन्जानमणि मन्जीर कटि सूत्रांगदैर्वृतम॥ अध्यात्म. बाल. 44 से 46

इसी प्रसंग को आनन्द रामायण कार ने यथावत् रखा है।

भाले स्वर्ण मयाश्वत्थपर्णमुक्ताफलम्।
कण्ठेरत्नमणिव्रातमध्यद्वीपी न खांचितम्॥

1. *वाल्मिक रामायण* बाल काण्ड सर्ग एवं *आनन्द रामायण* मनोहर *काण्ड* सर्ग एक श्लोक 1 से 100

कर्णयोः स्वर्ण सम्पन्न रत्नार्जुन सुतालुकमृताका।
शिन्जानमणि मन्जीर कटि सूत्रांग दैयुताः॥ अ

आनन्द.रा.सार. 2/15 से 17

उक्त श्लोकों की समानता सादृश्यता इस बात का प्रतीक है कि आनन्द रामायण अध्यात्म रामाणण से प्रभावित है। इसी प्रकार के अन्य उदारहण यहां प्रस्तुत किये जा रहे हैं जिनमें अध्यात्म रामायण का प्रभाव स्पष्टतया लक्षित होता है।

अध्यात्म रामायण में नाविक कथन देखें—

क्षालायामि तव पाद पंकजम् नाथ दारू दृषदोः किमन्तरम्।
मानुषी करण चूर्णमस्ति ते पादयोरिति कथा प्रथीयसि॥

अध्या.बाल. 6/3

इसी प्रसंग को आनन्द रामायण में देखें—

क्षालयामि तव पादं पंकजं नाथ दारू दृषदोः किमन्तरम्।
मानुषीकरण चूर्णमस्ति ते इति लोकेहि कथा प्रथीयसी॥

आ.रा.सार. 3/26.

इसी प्रकार परशुराम संवाद पूरा अध्यात्म रामायण से प्रभावित है। दृष्टव्य हैः

जब परशुराम का आगमन होता है उस समय का चित्रण कवि ने इस प्रकार प्रस्तुत किया हैः

अथगच्छति श्री रामे मैथिलाद्योजनत्रयम्।
निमित्तायन्ति धौराणि ददर्श नृप सत्तमः।
वसिष्ठस्तमथ प्राह भयमागामि सूच्यते।
पुनरप्यमयं तेऽद्य शीघ्रमेव भविष्यति॥
मृगाः प्रदक्षिणं यान्ति पश्यत्वांशुभ सूचकाः॥ अध्या.बाल. 7/1-5

इस प्रकार जब राम तीन योजन मिथिला से अयोध्या के प्रति निकल जाते हैं तब अपशकुन पश्चात् सकुन होते हैं, जिसे वसिष्ठ राजा से कहते हैं। इसी समय परशुराम का आगमन होता है।

इसी प्रसंग को यथावत् श्लोकों में आनन्द रामायण कार ने प्रस्तुत किया है—

अथगच्छित श्री रामे मैथिलाद्योजनत्रयम्।
निमित्तन्यति घोराणि ददर्श नृपसत्तमः।
नत्वा वसिष्ठं प्रच्छ किमिदं मुनि पुङ्व।
वसिष्ठस्तमथो प्राह भयमागामि सूच्यते।
पुनरप्यमयं तेऽद्य शीघ्रमेव भविष्यति॥ आ.रा.सार. 3/341-345.

इसी प्रकार अन्य प्रसंगों का उदाहरणांश प्रस्तुत है—

आध्यात्म रामायण का अयोध्याकाण्डः

उक्त काण्ड के राम राज्य अभिषेक प्रसंग में भी दोनों काव्यों में समानता मिलती है—

स्व प्रभाते मध्य कक्षे कन्यकाः स्वविभूषिताः।
तिष्ठन्तुषोडषगजाः स्वर्ण रत्नादि भूषितः॥ आध्यात्म अयो. 8-15

आनन्द रामायणः

स्व प्रभाते मध्य कक्षे कन्यकाः स्वर्णभूशिताः।
तिष्ठन्तु षोडषगजाः स्वर्णरत्नादि भूषिताः॥ आ.रा.सार. 6/25

उक्त प्रसंग के 7 श्लोकों में सादृष्यता है।

अरण्य काण्डः इस काण्ड के विराधवध प्रसंग का वर्णन दोनों काव्यों में दृष्टव्य है—

ततो दर्दशुरायान्तं महासत्वं भयानकम्।
कराल दृंष्ट वदनं भीषयन्तं स्वगर्जिते॥ अध्या.रा.अरण्य. 1/17

तेतं ददृशुरायान्तं महासत्वं भयानकम्।
कराल द्रंष्टावदनं भीष्यन्तं स्वगर्जिते॥ आनन्द सार. 7/4

किष्किन्धा काण्डः आध्यात्म रामायण के किष्किन्धा काण्ड के सुग्रीव राम मित्रता के प्रसंग में भी दोनों काव्यों की श्लोक समानता दर्शनीय है—

ऋष्यमूक गिरेः पार्श्वे गच्छन्तो राम लक्ष्मणौ।
धनुर्वाण करौदान्तौ जटाबल्कल मण्डितौ।
सुग्रीवस्तु गिरेमूर्ध्नि चतुर्भिः सहवानरैः। आध्यात्म. किष्कि. 1/6

ऋष्यमूक गिरेः पार्श्वे गच्छन्तौ राम लक्ष्मणौ।
सुग्रीवस्तुतः दृष्टवा चतुर्भिमन्त्रिभिर्युतः॥ आनन्द सार. 8/2

इसी प्रकार निम्न लिखित प्रसंगों में भी दोनों काव्यों के श्लोक साम्य हैं—

1. स्वयं प्रभा चरित्र, 2. शुक चरित्र, 3. अगस्त मिलन प्रसंग आदि। इस प्रकार आनन्द रामायण में अध्यात्म रामायण के श्लोकों का स्थल-स्थल पर दर्शन होता है।

अतः स्पष्ट है कि आनन्द रामायण में वाल्मीकि रामायण के साथ-साथ आध्यात्म रामायण एवं योग वाशिष्ट का नाम उल्लेखनीय भी किया गया है।[1]

आनन्द रामायण की कथा में भी अध्यात्म रामायण का प्रभाव मिलता है, अनेक कथायें ऐसी हैं जो दोनों काव्यों में समान रूप से मिलती हैं तथा वाल्मीकि रामायण में अनुपलब्ध है।

आनन्द रामायण में काव्यात्मक प्रभाव दार्शनिक, भक्ति इत्यादि में भी आध्यात्म रामायण का प्रभाव है। दोनों काव्यों की शैली पौराणिक है। दोनों काव्यों में दार्शनिक पक्ष और भक्ति पक्ष समान रूप से मिलता है। दोनों काव्यों में कथा विधान एवं पात्रों के चरित्रों में भी समानता प्रतीत होती है।

अन्य प्रमुख ग्रन्थों का प्रभाव

आनन्द रामायण की रामकथा में वाल्मीकि रामायण एवं आध्यात्म रामायण का स्पष्टतया प्रभाव तो है ही, साथ ही अन्य ग्रन्थों का प्रभाव भी है।

आनन्द रामायणकार ने स्वयं ही अपने ग्रन्थ में अनेक रामायणों का उल्लेख किया है। जिससे सहज अनुमान लगाया जा सकता है कि इन रामायणों का भी प्रभाव काव्य में होगा।

वाल्मीकि रामायण सभी रामायणों का मूल ग्रन्थ हैं, इसमें दो मत नहीं आनन्द रामायण में भी यही बात कही गई है।[2]

उक्त काव्य में जिन रामायणों की कवि ने चर्चा की है उनका विवरण इस प्रकार है—योग वसिष्ठ, आध्यात्म रामायण, हनुमान रामायण, नारद रामायण, लघु रामायण, वृहद् रामायण, सार रामायण, देह रामायण, वृत्त रामायण, भारद्वाज

---

1. शेष भूतं चतुर्विंशत्सहस्रं प्रथमं स्मृतम्।
तथा च योग वाशिष्ठ माध्यात्माख्यं तथा स्मृतम्। *आ.मनो.*8/63.
2. वाल्मीकिना कृतंयच्च्य शतकोटि प्रविस्तरम्।
तत्सर्वेणकादिभूतं महामंडलकारकम्। *आ.रा.मनो.* 8/61-62.

रामायण, शिव रामायण, क्रौञ्च रामायण, भरत रामायण और जैमिनी रामायण। इनके अतिरिक्त भी अन्य रामायणों का उल्लेख किया गया है।[1]

अतः उक्त रामायणों का भी प्रभाव आलोच्य काव्य में प्रतीत होता है। इनके अतिरिक्त धार्मिक साहित्य का भी प्रभाव है। धार्मिक साहित्य के अन्तर्गत मुख्य रूप से भागवत पुराण, स्कंद पुराण, पद्‌म पुराण, नृसिंह पुराण, शिव पुराण, और देवी भागवत को माना गया है। उक्त पुराणों का प्रभाव आनन्द रामायण के कुछ विशेष प्रसंगों में दिखाई देता है।

भागवत पुराण

भागवत पुराण व्यास द्वारा रचित अष्टादश पुराणों में महनीय कृष्ण चरित्र महाकाव्य है। जनमानस में उक्त पुराण का प्रगाढ़ आदर भाव है। इस पुराण का प्रभाव आनन्द रामायण में भी मिलता है जिसका वर्णन संक्षेप में प्रस्तुत है—

आनन्द रामायण की बाल लीला में भागवत के कृष्ण की बाल लीला का स्पष्ट प्रभाव दिखाई देता है। राम के स्वरूप वर्णन में भी कृष्ण स्वरूप का प्रभाव है। भागवत पुराण के अवतार वर्णन का आनन्द रामायण में प्रभाव है, क्योंकि भागवत में असंख्य अवतारों का वर्णन व्यास ने किया।[2] इसी प्रकार आनन्द रामायण में भी असख्य अवतारों का उल्लेख हैः

अवतारस्तु वहवः शतशोऽत्रमयाधृताः॥ आनन्द.रा.राज्य 20/22

उक्त काव्य में मुख्य सात अवतारों का विवेचन है जो कि भागवत पुराण के सादृश्य हैं। आनन्द रामायण के सती प्रसंग में भी भागवत के सती चरित्र की पूर्ण एकता प्रतीत होती है।

आनन्द रामायण के कुछ प्रसंग ऐसे हैं जिनमें भागवत का पूर्ण प्रभाव है जैसे—सोलह हजार स्त्रियों का राम को देखकर मोहित होना तथा उनका विरह

1. तथा च योग वाशिष्ठमध्यात्माख्यं तथास्मृतम्॥
   वायुपुत्र कृतं चापि नारदोक्तं तथा पुनः॥
   लघु रामायणं चैव वृहद्‌रामायण तथा।
   अगस्त्युक्तं महाश्रेष्ठ साररामायणं तथा॥
   देह रामायणं चापि वृत्त रामायणं पुनः॥
   ब्रह्मरामायणं भारद्वाजं तथैव च।
   शिवरामायणं क्रौञ्च भारतमय च जैमिनैः॥ *वही* 8/63-66.
2. अवतारा ह्यसंख्येया हरेः सत्व निधेर्द्विजाः॥ *भाग.* 1/3/26.

वर्णन। इस प्रसंग में भागवत की छाप है। आलोच्य काव्य में कवि ने यथावत् वर्णन किया हैं।

जब राम उन स्त्रियों को कामासक्त देखते हैं तब उनकी अनुचित प्रार्थना का विचार करके अन्तर्हित हो जाते हैं। तत्पश्चात् स्त्रियां उनका पता पेड़, पौधे, पशु-पक्षी आदि से विह्वल होकर पूछती हैं और कहती हैं कि—

किं प्रभो त्वया जानकी यदा तेनरक्षसारण्य मध्यतः।
स्वस्थलं हृता गौतमी तटास्तत्कृते त्वया नैवशोचितम्॥

आ.रा.राज्य. 12/59

इस प्रकार राजहंस का अथवा ललित छन्द में भागवत में भी गोपियों का करुण क्रन्दन दृष्टव्य है।[1]

निःसन्देह आनन्द रामायण का यह प्रसंग निश्चित रूप से भागवत से ही उद्धत किया गया है क्योंकि राम की इस लीला का दर्शन प्रचुर मात्रा में अन्यत्र नहीं दिखाई देता। यह कृष्ण लीला का ही प्रभाव है जो अन्य प्रसंगों में भी दृष्टव्य है।

1. आनन्द रामायण के अनुसार कम्बु कण्ड की पुत्री मदन सुन्दरी एवं यूप केतु के मिलन प्रसंग में।

2. भागवत में कृष्ण के पौत्र अनिरूद्धिक की सूचना नारद कृष्ण को देते हैं तथा समस्त वृतान्त बतलाते हैं। आनन्द रामायण कार ने श्री नारद द्वारा यूपकेतु की सूचना राम को दी। भागवत के ऊषा अनिरुद्ध मिलन का प्रभाव इस कथानक में हैं।[2]

भागवत एवं आनन्द रामायण की शैली एवं छन्द विधान

भागवत की प्रबंध शैली में अनुष्टुप छन्द की प्रधानता है। मंगलाचरण में शार्दूल विक्रीडित छन्द का प्रयोग किया है।

---

1. जयति ते धकं जन्मना व्रजः श्रयतइन्दिरा शशवदत्र हि।
दयित दृश्यतां दिक्षितावका स्त्वयि धृतासवस्त्वां विचिन्वते॥ *भागवत* पु. 10/30/1
2. *वही* 10/62
आनन्द रामायण विवाह काण्ड सर्ग 8

इसी प्रकार आनन्द रामायण में भी प्राधान्य अनुष्टुप छन्द का हैं और मंगला चरण में शार्दूलविक्रीडित छन्द है।[1]

भागवत के कुछ स्थलों पर गद्य का प्रयोग किया गया है। वह ऐसे स्थानों में है जहां विशेष भाव की अभिव्यक्ति के लिए शसक्त गद्य आवश्यक होता हैं। अथवा वर्णन विवरणात्मक हैं।

जैसे—भूगोल, खगोल आदि भागवत की इस छन्द शैली का अधिकांश प्रभाव आलोच्य काव्य में भी देखा जा सकता है। दोनों काव्यों के गद्य का उदाहरण दृष्टव्य हैं—

किं पुरुषे वर्षे भगवन्तमादि पुरूषं लक्ष्मणाग्रजं सीताभिरामं रामं

तत्चरण .... ॥ भाग. 5/19/1

इसी प्रकार आनन्द रामायणः

अथ ह स कि पुरुषं नाम वर्ष नवं सहस्र योजन विस्तीर्ण स्वीयानादि सिद्धराममूर्ति देवतोपास्य.....॥ आ.रा.राज्य 8/1

भागवत के अनुसार ही आनन्द रामायण में जम्बूद्वीप का वर्णन गद्य में किया गया है। आनन्द रामायण कार ने भागवत के अनुसार ही अपने काव्य की महिमा, परायण विधि तथा भूगोल वर्णन आदि का विवेचन किया है। अतः हम कह सकते हैं कि आनन्द रामायण में वाल्मीकि, अध्यात्म रामायण और योग वाशिष्ठ का जिस प्रकार से प्रभाव हैं। उसी प्रकार वैष्णव सम्प्रदाय के साथ-साथ भागवत पुराण का भी अनेक स्थलों में भी प्रभाव अवलोकनीय है।

स्कन्द पुराण

स्कन्द पुराण अठारह पुराणों में सबसे विशालकाय है। इसमें अनेक खण्डों में रामकथा प्रसंग वर्णित हैं। आनन्द रामायण के अनेक प्रसंग इस पुराण के प्रसंगों से समता रखते हैं। कुछ प्रसंग ऐसे हैं, जिनका अन्य पुराणों में वर्णन नहीं मिलता है। अतः आनन्द रामायण के रामकथा सम्बन्धित कुछ प्रसंगों में स्कन्द पुराण का प्रभाव व्याप्त है। जिनका वर्णन इस प्रकार है—

---

1. *भागवत पु.* 1/1/1
   आनन्द रामायण सारकाण्ड 1/1

वृन्दावृतान्त एवं धर्म दत्त कलहा वर्णन—आनन्द रामायण में जालन्धर की पत्नी वृन्दा का वर्णन है। वह स्कन्द पुराण से प्रभावित है। राम अवतार कारण में वृन्दा का शाप भी है। जिसे दशरथ मुद्गल मुनि से श्रवण करते हैं।

स्कन्द पुराण के वैष्णव खण्ड में राम का अवतार का कारण वृन्दा शाप तथा धर्म दत्त और कलहा की कथा हैं। यही धर्मदत्त दूसरे जन्म में राजा दशरथ तथा कलहा रानी कैकेयी हुई।[1]

इन दोनों कथाओं में अभिन्नता मिलती है।

हनुमान द्वारा शिव लिंग का (काशी से) लानाः—यह प्रसंग दोनों काव्यों में (स्कन्द पुराण, आनन्द रामायण) सामान्य रूप से मिलता है। स्कन्द पुराण के अनुसार राम चरित्र के बाद राम द्वारा रावण वध के प्रायश्चित स्वरूप रामेश्वर लिंग की स्थापना हनुमान को शिव लिंग को ले आने के लिए कैलाश भेजा जाना तथा मुहूर्त के बीत जाने की आशंका से राम द्वारा सैकत लिंग की स्थापना, हनुमान का बाद में पहुंचना तथा शोक करना आदि प्रसंग में वर्णित हैं।

आनन्द रामायण में इस कथानक से प्रभावित होकर ऐसी ही कथा का वर्णन है। परन्तु आनन्द रामायण में लिंग की स्थापना सेतु वन्ध के समय (रावण वध से पूर्व) हुई है। तथा हनुमान को शिव लिंग लाने हेतु काशी भेजा जाना वर्णित है। जबकि स्कन्द कथानक में कैलाश भेजने का वर्णन है।[2]

इसी प्रकार हनुमान को रूद्रावतार कहा गया है। आनन्द रामायण में भी हनुमान को साक्षात् शिव कहा गया है। जो स्कन्द कथानक से प्रभावित प्रतीत होता है।[3]

पद्म पुराण :

पद्म पुराण के सम्पूर्ण उत्तर खण्ड में रामकथा का वर्णन मिलता है।[1] इस

---

1. *स्कन्द पुराण* वैष्णव खण्ड अध्याय 20-25
   आनन्द रामायण सारकाण्ड सर्ग 4
2. *स्कन्द पुराण* सेतु महात्म्य सर्ग 44-46
   आनन्द रामायण सार काण्ड 10/71-141
3. *स्कन्द पुराण* अवन्ती खण्ड अध्याय 79
   आनन्द रामायण मनोहर काण्ड 16/17-35
4. *पद्म पुराण* उत्तर खण्ड

पुराण में राम रक्षा स्रोत का जो वर्णन है। वही राम रक्षा स्रोत का वर्णन आनन्द रामायण में मिलता है।[1] सीता स्वयंवर में रावण की उपस्थिति का वर्णन भी इस पुराण में हैं। यह प्रसंग भी आनन्द रामायण में वर्णित है।

आनन्द रामायण मूल का सुर संहार नामक सर्ग में देवी पुराण का प्रभाव है। इन पुराणों के अतिरिक्त भी अन्य पुराणों का प्रभाव आलोच्य काव्य में देखा जा सकता है तथा शाक्त सम्प्रदाय, शैवसम्प्रदाय, वैष्णव सम्प्रदाय से भी आनन्द रामायण प्रभावित हैं।

धार्मिक साहित्य के अतिरिक्त आनन्द रामायण में अनेक काव्यों का भी प्रभाव प्रतीत होता है। जिनका यहां संक्षेप में वर्णन प्रस्तुत हैं।

रामायण मंजरी

क्षेमेन्द्र द्वारा रचित इस महाकाव्य में सात काण्ड हैं। सम्पूर्ण काण्डों में रामकथा का वर्णन मिलता है। इस महाकाव्य के कुछ कथानकों से आनन्द रामायण के कथानक प्रभावित हैं। जैसे—

1. भरत की चित्रकूट यात्रा—रामायण मंजरी में भरत चित्रकूट पहुंचते हैं और राम से राज्य ग्रहण करने की प्रार्थना करते हैं तथा उनके अस्वीकार करने पर भरत निराश होकर कुटी के सामने कुशासन बिछाकर प्रायोपवेशन करते हैं।[2]

इसी प्रकार का वर्णन आनन्द रामायण में भी किया गया है। अतः इस प्रसंग में रामायण मंजरी का प्रभाव दृष्टिगत होता हैं।

---

1. *वही* अध्याय 74
   आनन्द रामायण जन्म काण्ड सर्ग 5
2. ततो जगाद भरतः सुमन्त्रं तैनिद्रयः।
   कुशैः कल्पय में शय्यां तपसार्यः प्रसीदति।
   निराहरो निरालम्बस्त्य कर्मा निराश्रयः॥
   भवाम्भेष बने मौनी यावदायः प्रसीदति॥ *आ.रा.*मंजरी अरण्य 289-291
   ततस्तं प्रार्थयामास भरतो गुरूणासह।
   राज्यार्थ राघवश्चापि नेत्युवाच पुनः पुनः॥
   प्रायोपवेशनं तत्र द्रर्भेषु भरतस्तदा॥ *आ.रा.सार.* 6/102-104

लंका दहन के प्रसंग में हनुमान सीता के जलने की आशंका करते हैं तथा विशेष आत्मग्लानी का भी अनुभव करते हैं। इस कथानक का भी आनन्द रामायण में दर्शन होता है।[1]

राम चरित

इस काव य की रचना अभिनन्द द्वारा हुई है। इसकी कथा का आनन्द रामायण के एक दो स्थलों पर प्रभाव प्रतीत होता हैं जैसे— सीता गृह वर्णन, राम सीता का श्रृंगार परक वर्णन।[2] उक्त दोनों वर्णन आनन्द रामायण में भी मिलते हैं।

इस प्रकार आनन्द रामायण के अनेक प्रसंग विविध काव्यों एवं नाटकों से प्रभावित हैं। परन्तु अधिकांशतः धार्मिक साहित्य से प्रेरित हैं।

परवर्ती महाकवियों पर प्रभाव

आनन्द रामायण का आश्रय ग्रन्थ वाल्मीकि रामायण है। वाल्मीकि रामायण से अधिकारिक कथा वस्तु आनन्द रामायण से परिवर्तन करते हुए राम राज्य का विस्तृत वर्णन किया गया है।

आनन्द रामायण में जिस प्रकार अनेक काव्यों, ग्रन्थों का प्रभाव है। उसी प्रकार आनन्द रामायण का भी परवर्ती महाकवियों पर पर्याप्त प्रभाव दिखाई देता है।

परवर्तीय काव्यों में संस्कृत एवं हिन्दी दोनों भाषाओं के काव्यों में उक्त काव्य का प्रभाव मिलता है। यहां उनका उल्लेख किया जा रहा है। संस्कृत के जिन काव्यों में आनन्द रामायण का प्रभाव पड़ा है। वे प्रमुख रूप से जानकी परिणय (रामभद्र दीक्षित), राम लिंगामृत (अद्वैत कवि), जानकी हरण (चक्र कवि) और अद्‌भुत दर्पण आदि हैं।

हिन्दी के महाकवियों में गोस्वामी तुलसीदास, सूरदास, और केशवदास प्रमुख रूप से उल्लेखनीय हैं। उक्त कवियों के काव्यों में आनन्द रामायण का प्रभाव

---

1. अहोप्रमादिना मोहादसमीक्षित कारिणा।
कुद्धेन दहतां लंका मयाग्धैव जानकी॥ *रा.मंजरी* किष्किन्धा 573 श्लोक
ताडयामास हृदये मृत्वा दग्धां विदेहजाम्।
आत्मानं गर्हयामास स्थित्वा सागररोधसि॥
आत्म घातं करोम्यद्य पुच्क्षवन्धेन चात्र वै॥ *आ.रा.*सारकाण्ड 9/117-120
2. *राम चरित* कवि अभिनन्द

स्पष्ट रूप से देखा जा सकता है। इसके साथ ही मराठी कवि एकनाथ द्वारा लिखित भावार्थ रामायण में भी आनन्द रामायण का प्रभाव दृष्टव्य है।

जानकी परिणय

यह काव्य रामभद्र दीक्षित द्वारा सत्रहवीं शताब्दी में लिखा गया है।[1] उक्त काव्य में अनेक वृतान्त आनन्द रामायण से प्रभावित हैं।

जानकी परिणय

यह काव्य चक्र कवि द्वारा रचित है। इसकी रचना सोलहवीं और सत्रहवीं शताब्दी के मध्य मानी जाती है।[2]

यह काव्य आठ सर्गो में विभक्त है। इसमें अयोध्या वर्णन से परशुराम पराजय तक की कथा निवद्ध है। इसमें अनेक नवीनताओं की योजना की गई है।

उक्त काव्य के सीता राम विलास वर्णन में आनन्द रामायण का प्रभाव स्पष्ट रूप से देखा जा सकता है।[3]

रामलिंगामृत

इस काव्य की रचना बनारस निवासी अद्वैत कवि द्वारा 1608 में हुई थी। इसकी हस्तलिपि लन्दन में सुरक्षित हैं।[4]

उक्त काव्य में सम्पूर्ण रामकथा का वर्णन मिलता हैं। इस काव्य में रावण के पराभव नामक सर्ग 3 में सीता स्वयंवर के अवसर पर रावण द्वारा धनुष चढ़ाने का असफल प्रयास वर्णित है। यह प्रसंग आनन्द रामायण से प्रभावित है। इसके अतिरिक्त अनेक प्रसंग ऐसे है। जो आनन्द रामायण से पूर्ण रूप से प्रभावित हैं। देखें— राम और सीता का अवतार वर्णन, शिव पूजा वर्णन, ऐरावण, मैरावण वध, राम सीता सम्भोग वर्णन, कुम्भकर्ण पुत्र वध, अश्वमेध यज्ञ वर्णन, राम पूजा विधि इत्यादि।[5] उक्त प्रसंगों में स्पष्ट रूप से आनन्द रामायण का प्रभाव दृष्टिगोचर

---

1. *रामकथा*, डॉ. वुल्के, पृष्ठ 198.
2. *वही*, पृष्ठ 493.
3. *जानकी परिणय सर्ग* आठ श्लोक 56-79 एवं *वही* 34 *आनन्द रामायण* विलास काण्ड सर्ग 5 और 6
4. *रामकथा*, डॉ. वुल्के, पृष्ठ 186.
5. *राम लिंग भृत* सर्ग 8 से 18
   आनन्द रामायण सार काण्ड 3/60, 11/120, विलास का.सर्ग 6 राज्य काण्ड सर्ग 4, याग काण्ड, मनोहर काण्ड सर्ग 10 एवं 12

होता हैं। अतः रामलिंगामृत काव्य में आनन्द रामायण के कथानक का प्रभाव पड़ा है।

इसी प्रकार हिन्दी के महाकवियों पर भी आनन्द रामायण का प्रभाव देखा जा सकता हैं।

गोस्वामी तुलसीदास

इनके द्वारा लिखित रामचरितमानस में वस्तुतः पूर्ण रूप से अध्यात्म रामायण का प्रभाव, आंशिक रूप से आनन्द रामायण के प्रभाव को भी नकारा नहीं जा सकता।

रामचरित मानस के वृन्दा शाप के वर्णन में तथा राम राज्य के वर्णन में आनन्द रामायण का प्रभाव दृष्टव्य है—

सती वृत्तान्त में वृन्दा के वृत्तान्त में आनन्द रामायण का प्रभाव देखा जा सकता है। तुलसीदासजी ने राम राज्य वर्णन में आनन्द रामायण के कुछ श्लोकों को अनूदित कर लिखा है। जैसे—

एक नारिव्रत रत सब झारी। तेमन वचक्रम पतिहित कारी॥

रामचरित. उत्तर. 21/8

इसी चौपाई का आनन्द रामायण में श्लोक देखें-

एक पत्नी व्रतासर्वे पुंसास्तस्यमण्डले॥
नारिषु काचिन्नैवासीद्पतिव्रत धर्मिणी॥ राज्य. 15/55

ससि सम्पन्न सदा रह धरनी। रामचरित.
सदा सम्पन्न संस्थं च सुचिरं क्षेत्र संकुलम्। आ.रामा.
सबके गृह गृह होहि पुराना। रामचरित. पु. 25/7
पौराणिकाः स्थापनीय गेहे ग्रामें पृथक्-पृथक्। आ.रा.राज्य. 2/86
वीर विहीन मही मैजानी - कोपि वीरोस्तु भूमौ न।

इसी प्रकार

एक हि वाण प्रान हरिलीन्हा। रामचरित.
राक्षसी एक वाणेन जघान रघुनन्दनः सार काण्ड 3/8

इस प्रकार के अन्य भी उदाहरण मिलते हैं।

सूरदास

सूरदास द्वारा रचित सूर सागर के राम चरित में भी आनन्द रामायण का प्रभाव है। उक्त काव्य में रामायण के क्रमानुसार कुछ घटनाओं का वर्णन करते हुए स्फुट पद हैं।[1]

लक्ष्मण द्वारा कुटी के चारों ओर रेखा खींच कर राम की सहायता किये जाने का प्रसंग देखें।[2]

केशव दास

इनके द्वारा रचित रामचन्द्रिका में भी आनन्द रामायण का प्रभाव दिखाई देता है। रामचन्द्रिका में सीता त्याग, लवकुश जन्म और राम सेना से युद्ध इत्यादि के प्रसंग वर्णित हैं। इसमें आनन्द रामायण का प्रभाव देखा जा सकता है।[3]

इस प्रकार आनन्द रामायण का प्रभाव परवर्ती संस्कृत एवं हिन्दी के अनके काव्यों एवं स्फुट काव्यों में स्पष्ट रूप से देखा जा सकता है। हिन्दी के साथ-साथ अनेक भाषाओं में रचित राम काव्यों में भी आंशिक रूप से आनन्द रामायण का प्रभाव दिखाई देता हैं।

मराठी में रचित एक-नाथ कृत भावार्थ रामयण' में भी आनन्द रामायण का प्रभाव दिखाई देता है। वस्तुतः आनन्द रामायण, वाल्मीकि रामायण और अध्यात्म रामायण के आधार पर ही भावार्थ रामायण लिखी गयी है।[4]

भावार्थ रामायण के सीता स्वयंवर में रावण की उपस्थिति तथा ऐरावण-मयरावण की कथा आनन्द रामायण से प्रभावित होकर ही वर्णित है।

अतः आनन्द रामायण का परवर्ती महाकाव्यों पर प्रभाव दिखाई देता है। काव्यों से भिन्न लोक कथाओं में भी उक्त काव्य का प्रभाव देखा जा सकता है।

◆◆◆

---

1. *सूरसागर खण्ड* 2 पदा 460-613
2. *आनन्द रामायण* सार काण्ड 7/98-100
3. *रामचण्द्रिका* अध्याय 20
   आनन्द रामायण जन्म काण्ड सर्ग 3-7
4. *रामकथा*, डॉ. वुल्के, पृष्ठ 225

नवम् अध्याय

उपसंहार

निष्कर्षतः

यह कहा जा सकता है कि रामकथा का काव्य जगत में सर्वोपरि स्थान है, और इसका श्रेय महर्षि वाल्मीकि को है, जिन्होंने रामचरित का वर्णन कर, काव्य की महनीय परम्परा का पालन किया है। इसी परम्परा का पालन संस्कृत के कवियों ने निष्ठापूर्वक किया है। यह कथा विभिन्न रूपों में प्रचलित होकर, अनेक वर्गों में व्याप्त हो गयी है, फलतः विभिन्न रामायण, पुराण, महाकाव्य और नाटकों की विषयवस्तु बन गयी है। संस्कृत के कवियों ने अपनी प्रतिभा से इस कथा को अनेक रूपों में विभक्त किया है। यथा- श्लेषकाव्य, विलोम काव्य, चित्रकाव्य, खण्डकाव्य, और चम्पूकाव्य की रचनाकर वाल्मीकि-परम्परा को अक्षुण्य रखा है। उसके अतिरिक्त अनेक रामायणों की रचना हुई, जिनमें कवियों ने रामकथा के साथ-साथ नवीन कथाओं का समावेश किया हैं जिनमें से आनन्द रामायण में रामकथा को आधार मानकर विभिन्न नवीन कथाओं की योजना की गयी है, तथा रामकथा सम्बन्धी पात्रों का चरित्र-चित्रण हुआ है। जिनमें महर्षि, वानर और राक्षसों के चरित्रगत कार्यों का मूल्यांकन किया गया है, और उनकी रामकथा में उपस्थिति की अनिवार्यता को देखते हुए उनके महत्त्व का प्रतिपादन किया है। इसमें वानरों को वानर न मानकर उन्हें देवांश माना गया है। इसमें रामकथा की व्यापकता और भी बढ़ गयी है। अतः रामचरित्र के महत्त्व को सुस्पष्ट करने के लिए विविध धार्मिक कार्यों की योजना की गयी है और भौगोलिक वर्णन का भी महत्त्व बतलाया गया है। राम की यात्राओं से विविध द्वीपों का चित्रण कवि ने किया है, इनमें सप्तद्वीप, वसुमति और भारतवर्ष का वर्णन किया गया है।

भारतवर्षीय अनेक तीर्थो की महत्ता का प्रतिपादन करते हुए कवि ने प्राकृतिक सौन्दर्य का वर्णन किया है और राम की तीर्थयात्रा के माध्यम से विभिन्न राज्यों की स्थिति का वर्णन किया है।

कवि ने जीवन का भी अपने काव्य में उल्लेख किया है, जिससे ज्ञात होता है कि तत्कालीन समाज में वर्ण व्यवस्था का स्तर अच्छा नहीं था। जन्मतः वर्गो का विभाजन था। ब्राह्मण, क्षत्रिय, वैश्य और शूद्र अपने वर्गोचित कार्यो से विमुख थे। शूद्र को भी राम-नाम जाप करने का सामाजिक अधिकार था।

आश्रम व्यवस्था का व्यावहारिक पक्ष उतना प्रभावकारी नहीं था जितना की सैद्धान्तिक पक्ष। फिर भी यत्र-तत्र आश्रमों के नियमों का यथाशक्ति पालन किया जाता था-

ब्रह्मचारी गृहस्थी व वानप्रस्थो यतिस्तथा।
प्रोक्ता ह्याश्रमिणस्त्वेते भिन्न धर्माण एव च।। मनो. 8/93.

समाज में अनेक मत प्रचलित थे क्योंकि कवि ने देवाराधना के प्रसंग में विष्णु के दशावतार के उल्लेख किए हैं,तथा उनकी पूजा का भी विशेष वर्णन है। समाज में पंचदेव उपासना का महत्त्व था। जिनमें शैव, सौर, गाणपत्य, शाक्त और वैष्णव संप्रदाय की उपासना पद्धति कही गयी है। तत्कालीन समाज में रूद्र यज्ञों का अधिक प्रचलन था। समाज द्वारा व्रतों के पालन का स्पष्टतः उल्लेख है। जिनमें वैष्णव व्रतों की सर्वाधिक महत्ता थी। उस समय विविध उत्सव मनाये जाते थे जिनमें होली, दीपावली, रामनवमी आदि का उल्लेख है। आनन्द रामायण कालीन समाज में उत्सवों को रुचि से मनाया जाता था तथा मनोरंजन के लिए अनेक साधनों का प्रयोग किया जाता था। राजवंशी मनोरंजन के लिए अनेक विहार, जलक्रीड़ा, नौकाविहार आदि करते थे। सामान्यजनों में द्यूतक्रीड़ा, वंशारोहरण, इन्द्रजाल की प्रथा थी। साथ ही साथ नृत्य के माध्यम से भी मनोरंजन किया जाता था। समाज में अनेक प्रथायें प्रचलित थीं:

ग्रामाचारं कुलाचारं वृद्धाचारं तथा पुनः।
देशाचारं च प्रमदाचारादीन करोन्नृपः॥ सार. 3/297.

आनन्द रामायण में राजनीतिक प्रसंग मिलता है। शासन प्रबंध में राजा के वैभव का वर्णन मिलता है। उत्तराधिकार के प्रति राजा स्वतंत्र था परन्तु तत्कालीन राजा की प्रशासनिक व्यवस्था अत्यन्त सुदृढ़ थी। समय-समय पर राज्य व्यवस्था का निरीक्षण राजा द्वारा किया जाता था। प्रजा के प्रति राजा का अनुराग प्राप्त था। राजा सामादि नीतियाँ से कार्य करता था—

दण्डो भेदस्तथासाम दानं कालोचितं चरेत्।
स्वकार्य साधयेद्युक्त्या काले प्राप्तं नृपोत्तमः॥ राज्य.का. 16/34

युद्ध में विभिन्न अस्त्र-शस्त्रों का प्रयोग किया जाता था। आनन्द रामायण कालीन समाज में विभिन्न व्यवसायों का प्रचलन था। परम्परागत गोपालन, कृषि, व्यापार आदि की प्रधानता थी। राजा प्रजाओं की परिस्थिति के आधार पर ही कर वसूल करता था। चक्रवर्ती सम्राट द्वारा माण्डलिक राजाओं से भी कर लिया जाता था।

समाज में संस्कृति का विभिन्न स्वरूप (शिक्षा, संस्कार, परम्परायें) दिखाई पड़ता था। शैक्षणिक गतिविधियों को महत्त्व दिया जाता था। संस्कारों का विधान आनन्द रामायण में मिलता है। षोडश संस्कारों में बहुधा उपनयन और विवाह को महत्त्व प्रदान किया जाता था जिसमें विविध लोकाचारों के पालन में शास्त्रीय पक्ष गौण हो गए काव्य में बहुधा क्षत्रियोचित विवाहों का उल्लेख है।

उक्त काव्य में धर्म तथा दर्शन का प्रतिपादन किया गया है। जिसमें अद्वैत मत का समर्थन किया गया है। ब्रह्म के सगुण एवं निर्गुण रूपों को स्वीकारा है। धर्म की विविध शाखाओं का वर्णन है जैसे दान, व्रत तीर्थ आदि। परन्तु कवि ने धार्मिक अनुष्ठानों को प्राथमिकता दी है। धर्म को मोक्ष का साधन माना गया है।

आनन्द रामायण में भाव पक्ष एवं कला का समावेश है। आदि कवि की परम्परा का निर्वहन करते हुए कवि ने समाज को नई चेतना प्रदान की है। उनकी सर्गुणोपासना और निर्गुणोपासना की अनुभूति ही काव्य में व्याप्त है। जिसे हम मिश्रित अनुभूति कहते हैं। अनुभूतिगत भाव सौन्दर्य कल्पना का चित्र भी काव्य में मिलता है। भक्ति रस एवं धर्म का मिश्रण माधुर्य रस का द्योतक है। इसकी पूर्ति के लिए कवि ने भाषा का सरलीकरण कर विवरणात्मक शैली एवं कल्पना का सहारा लिया है।

अतः आनन्द रामायण में धार्मिक साहित्य का प्रभाव अधिक है। इसके साथ ही उक्त महाकाव्य में वाल्मीकि रामायण और आध्यात्म रामायण का पर्याप्त प्रभाव है।

धार्मिक साहित्य के भागवत आदि का प्रभाव काव्य में अनेक स्थलों में दिखाई देता है। आनन्द रामायण का प्रभाव भी अपने परवर्ती कवियों में न्यून नहीं है जिनमें रामलिंगामृत, जानकी परिणय, तुलसीदास सूरदास, केशवदास विशेष उल्लेखनीय है।

निःसन्देह हम कह सकते हैं कि आनन्द रामायण की मौलिक विशेषता है, जिसे अन्य कवियों ने ग्रहण किया है।

आनन्द रामायण चरित्र निष्ठ कलाकार कृति है। अतएवं अध्ययन के आधार पर कहा जा सकता है कि काव्याभिव्यक्ति के माध्यम से कवि ने अपनी भावनाओं को मूर्तरूप प्रदान किया, चाहे वे सांस्कृतिक, सामाजिक या राजनैतिक हों। कवि ने अपनी काव्य प्रतिभा से मर्यादा पुरुषोत्तम राम के चरित्र को उजागर किया है। इसमें उन्होंने तत्कालीन सामाजिक व्यवस्था का चित्रण किया है। तथा रामकथा के माध्यम से समाज को शिक्षा प्रदान की है। वस्तुतः काव्य में चरित्र की प्रधानता है। जो कि युगीन प्रभाव का बोध कराती है। राम के चरित्र में राजा का पूर्ण अस्तित्व दिखाई देता है। आनन्द रामायण में कवि ने समाज को उठाने का प्रयास किया है। यही कारण है कि काव्यकार ने सांस्कृतिक और राजनैतिक जीवन के साथ-साथ आध्यात्मिकता का पुट दिया है। जिससे काव्यात्मक पक्ष प्रभावित हुआ है, और राम के तीनों रूप ब्रह्म, विष्णु, और राजा का सम्मिश्रण है। राजा के चरित्र को कवि ने अनुकरण के लिये, ब्रह्म और विष्णु का वर्णन उनकी लौकिकता से अलौकिकता की ओर ले जाने के लिए किया हैं।

◆◆◆

परिशिष्ट (अ)

आनन्द रामायण का वैशिष्ट्य

संस्कृत वाड्मय में रामचरित को आधार बनाकर अनेक काव्य, महाकाव्य, और नाटकादि लिखे गये है।

रामचरित को सर्व प्रथम काव्य माला में वाल्मीकि ने पिरोया है। वाल्मीकि कृत रामायण से ही प्रेरणा लेकर अन्य कवियों ने भी काव्य प्रणयन किया, इन्हीं कवियों की शृंखला में आनन्द रामायण कार भी आते हैं। आनन्द रामायण का भी राम काव्यों में अपना विशिष्ठ स्थान है। आनन्द रामायण में अनेक विशेषताएं विद्यमान होने से ही राम काव्यों में उक्त काव्य का भी महनीय स्थान है। आनन्द रामायण पन्द्रहवीं शताब्दी की कृति मानी जाती है।

आनन्द रामायण का मूल कथानक वाल्मीकि रामायण पर आधारित है तथा आंशिक रूप से आनन्द रामायण में योगवशिष्ठ, नारद पुराण, लघु रामायण, सार रामायण, भागवत और आध्यात्म रामायण का भी यत्र-तत्र प्रभाव दृष्टिगोचर होता है।

आनन्द रामायण का कलेवर 9 काण्डो में विभक्त है। तथा 109 सर्ग एवं 12,252 श्लोक हैं।

आनन्द रामायण में, काव्यात्मक (कथानक) सांस्कृतिक, राजनैतिक, दार्शनिक, और धार्मिक दृष्टि से अनेक विशेषतायें हैं।

आनन्द रामायण के रामचरित में सर्वत्र कृष्ण चरित्र का भी प्रभाव दिखाई देता है तथा तत्कालीन प्रभाव भी आनन्द रामायण में दर्शित होता है।

कथानक की दृष्टि से आनन्द रामायण का यथा नाम तथा चरित्र वर्णन किया गया है। आनन्द रामायण की मुख्य विशेषता यह है कि सुखान्त चरित्र है। तथा सभी राम काव्यों के कवियों ने सीता निर्वासन के पश्चात्, राममिलन तक की कथा को वर्णित किया है। परन्तु, आनन्द रामायण में सीता-राम के मिलन के उपरान्त राजा राम के चरित्र का विस्तृत वर्णन किया है। यही आनन्द रामायण

की मुख्य विशेषता है और भक्ति, धर्म तथा दर्शन का समन्वय रूप प्रस्थापित करना भी आनन्द रामायण की विशेषता है।

अतः आनन्द रामायण में एक ओर राम काव्य परम्परा का परिपालन करते हुए राम के राजा रूप को भी उदारता पूर्वक उजागर किया गया है।

आनन्द रामायण के सभी पात्रों को यथा अवसर उनके जीवनगत चरित्र को उदात्त बनाने का भी प्रयास किया गया है।

अतः प्रत्येक कथा का कारण निर्देश करने हेतु आनन्द रामायण में अवान्तर कथा की योजना की गयी है।

इन अवान्तर कथाओं से मुख्य कथा का पोषण किया गया है, अतः जहां कहीं किसी पात्र की न्यूनता दृष्टिगत होती अनुभव हुई है, वहीं कवि ने या तो अवान्तर कथा से उसका निरसन किया है अथवा राम की लीला को संयुक्त करके निराकरण किया है।

अतः इस प्रकार आनन्द रामायण में अनेक विशेषताएं हैं जिनका यहां संक्षेप में विवरण दिया जा रहा हैः

आनन्द रामायण में काव्यगत अनेक विशेषताएं हैं जिनमें कथा वस्तु सामाजिक, राजनैतिक और दार्शनिक दृष्टि से वर्णनीय है। सर्वप्रथम यहां कथा वस्तु की दृष्टि से आनन्द रामायण की विशेषताएं उल्लिखित हैं।

आनन्द रामायण का कथानक मूल रूप से वाल्मीकि रामायण पर आधारित है। परन्तु कवि ने मूल कथानक में अनेक परिवर्तन परिवर्द्धन किए हैं। आनन्द रामायण की मुख्य विशेषता एक यह है कि सुखान्त राम चरित है।

दूसरी विशेषता यह है कि इसमें कथावस्तु की विभिन्न घटनाओं का कारण समझाने के लिये अवान्तर कथाओं की योजना की गई है। जैसे- कैकई देवासुर संग्राम में दशरथ को विजयी कराने में समर्थ हुई।[1] इसका कारण समझाने के लिये एक अवान्तर कथा की योजना की है। जिसमें वर्णित किया है। कि कैकई को एक मुनि का आर्शिवाद था कि समय पर उसका बायां हाथ वज्र के समान कठोर हो जायेगा।

सीता के कारण रावण का वध हुआ था।

---

1. *आनन्द रामायण* सारकाण्ड 1/76 - 84

इसका कारण समझाने के लिये हरण से पूर्व ही सीता का अनेक प्रकार से लंका से सम्बन्ध स्थापित किया गया।

कारण निर्देष की यह प्रवृत्ति सम्पूर्ण आनन्द रामायण में प्रत्येक कथानक में प्राप्त होती है—1. सारकाण्ड में वाल्मीकि कृत रामचरित का संक्षेप में वर्णन किया गया है।

सार काण्ड से यात्रा काण्ड तक की कथावस्तु को वुल्के प्राचीन मानते है। यात्रा काण्ड से अधिकांश सामग्री नवीन मानते हैं।[1] आनन्द रामायण में निम्नलिखित कथावस्तु की दृष्टि से विशेषताएं हैं—

1. रावण द्वारा कौशल्या का विवाह के पूर्व ही हरण।
2. दशरथ के तीन रानियों के अतिरिक्त सात सौ स्त्रियों का उल्लेख।
3. दीपावली के अवसर पर जनक द्वारा दशरथ को बुलाना तथा धनुष यज्ञ में परास्त हुये राजाओं का राम से युद्ध।

मुदगन मुनि द्वारा राम का विष्णु अवतार दशरथ को बताना, वृन्दा, वृतान्त, धर्म दत्त कल्हा वृतान्त, गज ग्राह कथा, विन्ध्य पर्वत की कथा, ऐरावण मैयरावण वध, सुलोचना का सती होना, बालि सुग्रीव की जन्म कथा, हनुमान जन्म एवं उनका चरित्र, राम द्वारा विविध तीर्थों की यात्रा, राम की दिन चर्या, राम के यहां व्यास जी का आगमन, सीता त्याग के पूर्व जनक द्वारा वन में प्रबन्ध, सीता त्याग के विभिन्न कारण, सीता द्वारा मूलकासुर वध, सोलह हजार स्त्रियों का राम पर मोहित होना तथा राम द्वारा कृष्ण अवतार में उनसे मिलने का आश्वासन, विविध अवतारों से राम अवतार की श्रेष्ठता का वर्णन।

आनन्द रामायण में इन विशेषताओं के अतिरिक्त वाल्मीकि रामकथा से अनेक स्थलों को परिवर्तित करके वर्णन किया है। वाल्मीकि के उत्तर काण्ड के वृतान्त को बदल करके आनन्द रामायण में सुखान्त बना दिया है। इन विशेषताओं के कारण आनन्द रामायण का वैशिष्ठय और भी उदात्त हो जाता है। सीता हरण में माता सीता का हरण वर्णित किया गया है।[2] क्योंकि कवि को यह अभीष्ट नहीं था कि उसकी आराध्य लक्ष्मी का हरण हो। इसी प्रकार जब राम द्वारा सीता निर्वासन

---

1. *राम कथा*, डॉ. वुल्के, पृष्ठ 168
2. *आनन्द रामायण*, सार काण्ड, 6/67-68

किया जाता है। तब जनक को पहले सूचना देकर सीता के लिए वन मे प्रबन्ध किया जाता है। यह कवि की स्वकल्पना है।[1]

तत्कालीन युगीन प्रभाववश आनन्द रामायण में सर्वत्र कृष्ण लीला का आरोप किया गया है।

अतः राम के रसिक एवं माधुर्य रूप पर प्रकाश डालते हुये सर्वत्र राम कथा को सुखश्रव कर दिया है। उक्त काव्य में देवाङ्गनाओं, नाग कन्या, गुणवती, पिंगला आदि का राम से क्रीड़ा प्रस्ताव रखना तथा राम द्वारा कृष्ण जन्म में रास का आश्वासन देना इत्यादि प्रसंग स्थल पर वर्णित है।[2]

इस प्रकार कृष्ण चरित्र का राम चरित्र पर आरोप करते हुए राम भक्ति को उभारने का प्रयास किया गया है। इसीलिए भक्ति के प्रभाव के कारण। आनन्द रामायण की कथावस्तु से महत्त्वपूर्ण परिवर्तन किया गया है।

कवि कृष्ण भक्ति के समान ही राम भक्ति का प्रचार करना चाहते थे। यही कारण है कि राम चरित्र में सर्वत्र कृष्ण चरित्र का समावेश है। राम द्वारा स्त्रियों को उक्त प्रचार से आश्वासन देने से राम का चरित्र समाज मे स्खलित सा प्रतीत होता है। परन्तु, राम साधारण पुरुष न होकर, विष्णु भगवान हैं, तथा सीता लक्ष्मी है, जो कि संसार की स्त्रियाँ सीता के अंश से ही हुई हैं।[3]

अतः विष्णु द्वारा उन स्त्रियों के साथ क्रीड़ा करना या उन्हें स्वीकारने का आश्वासन देना उनके आंशिक रूप का उनमें समावेश है अन्यथा राम को एक पत्नीव्रत ही वर्णित किया गया है।[4]

इस प्रकार इन प्रसंगों के अतिरिक्त भी अन्य अनेक प्रसंग ऐसे हैं। जहां आनन्द रामायण का वैशिष्ट्य दृष्टिगोचर होता है। उक्त काव्य का कथानक नितान्त सुखान्त है तथा राम और सीता का आदर्श चरित्र वर्णन किया गया है।

---

1. *आनन्द रामायण* जन्म काण्ड सर्ग 2
2. *आनन्द रामायण* राज्य काण्ड सर्ग 12, 21
3. यदत्र विश्वे स्त्री रूपं दृश्यते तत्तवांशजम्।
   पौरूषं दृश्यते यच्च तत् सर्व ममांशजम्॥
   अत्र स्त्री पुरुषा ये च ते पुत्रदुहितास्तव ॥ *आ.रा.रा.* 19/128-129
4. अन्यत्सीतां विनाऽऽन्या स्त्री कौशल्या सदृशीमम्।
   न क्रियते परा पत्नी मनसाऽपि प न चिन्तये ॥ *विलास काण्ड* 7/13

सामाजिक एवं राजनैतिक दृष्टि से भी आनन्द रामायण का वैशिष्ट्य उल्लेखनीय है। एक ओर जहां रामकथा का परिपालन कवि द्वारा किया गया है, वहीं दूसरी ओर समाज के शिक्षार्थ भी कुछ कथा में विशिष्ठता वर्णन की गयी हैं। राम की दिनचर्या में, नित्यप्रति पूजन इत्यादि का वर्णन एवं अन्य स्थलों में भी भाई, पिता, माता एवं पति इत्यादि के क्या कर्तव्य हैं, इसका आभास भी इस काव्य में मिलता है। वर्णाश्रम व्यवस्था का वर्णन, एवं उसकी रक्षा का वर्णन भी किया गया है-

राजवंश्यान् शतगुणान्स्थापयिष्यति राघवः।
चातुर्वर्ण्यं च लोकेस्मिन्स्वे स्वे लोके नियोक्ष्यति॥ आ.रामा.मनो. 1/96

सामाजिक दृष्टि से आनन्द रामायण का अत्यन्त महत्त्व है। इसी प्रकार राजाओं के क्या कर्तव्य हैं तथा राजा को किन-किन पहलुओं पर विचार करना चाहिए, राज्याधिकारी, तथा उनके गुण कर्तव्य, राजा का मन्त्रिमण्डल, न्याय एवं दण्ड व्यवस्था, युद्ध नीति, सुरक्षा नीति, इत्यादि का विस्तृत वर्णन आनन्द रामायण के राज्य काण्ड सर्ग सोलहवें में राम द्वारा अपने भाईयों को दिये गये राजनीतिक उपदेश से मिलता है। इस प्रकार का राजनैतिक उपदेश अन्य रामकाव्यों में उपलब्ध नहीं है।

अतः राजनैतिक दृष्टि से भी आनन्द रामायण का वैशिष्ट्य वर्णनीय प्रसंग है तथा विशिष्टता का द्योतक है।

इसी प्रकार आनन्द रामायण में धार्मिकता की भी विशिष्टता दर्शनीय है। धर्म के स्वरूप, अंग, (व्रत, दान, मति) आदि का भी विवेचन आनन्द रामायण में चतुरतापूर्वक वर्णन किया गया है।

आनन्द रामायण में यद्यपि वैष्णव धर्म की प्रधानता है तथापि यह धर्म, अन्य धर्मो, शैव, शाक्त, सौर, गाणपत्य आदि का विरोध नहीं करता अपितु सभी का आत्मसात् करता हुआ दृष्टिगत होता है जो कि आनन्द रामायण की प्रमुख विशेषताओं में से एक है। काव्य में वर्णित सभी देवों के व्रत, तीर्थ, तथा विविध उपासना इसका स्पष्ट प्रमाण है जो कि अनेक स्थलों में देखा जा सकता है।[1]

इस प्रकार आनन्द रामायण में धार्मिक दृष्टि को स्वीकारा गया है। आनन्द रामायण का काव्यात्मक वैशिष्ट्य भी अवलोकनीय है। मम्मट द्वारा प्रतिपादित काव्य

1. *आनन्द रामायण* मनोहर काण्ड 3/36 से 40 एवं 3/149-150

की ''कान्ता सम्मितत पदेश युजे'' वाली प्रयोजन काव्य को धर्म शास्त्र से पृथक करती है। काव्य की कान्ता सम्मित शैली ही उसे प्रभावोत्पादक करती है। काव्य के दोनों रूप—भावगत, और कलागत की छटा के दर्शन आनन्द रामायण में होते है। अतः काव्यात्मक दृष्टि से भी उक्त काव्य का वैशिष्ट्य उल्लेखनीय है। (सप्तम अध्याय, दृष्टव्य)

राम काव्य सम्बद्ध कुछ प्रमुख ग्रन्थों से तुलनात्मक अध्ययन

संस्कृत साहित्य में अनेक राम-काव्य लिखे गये हैं। राम काव्य सम्बद्ध प्रमुख ग्रन्थों में वाल्मीकि रामायण, अध्यात्म रामायण, और रामचरित मानस आदि ग्रन्थ माने जाते हैं। इन्हीं प्रमुख काव्यों से आनन्द रामायण का तुलनात्मक अध्ययन किया गया है। तथा कुछ अन्य राम काव्य सम्बद्ध ग्रन्थों का भी अध्ययन किया है जिनमें रामायण मंजरी, रामचरित आदि प्रमुख है।

वाल्मीकि रामायण और आनन्द रामायण

वाल्मीकि रामायण और आनन्द रामायण दोनों ही चरित्र प्रधान महाकाव्य हैं। काव्यों में प्रमुख रूप से चरित्र की ही प्रधानता रहती है। जीवन गाथा तो उसका उपलक्ष्य मात्र कहा जा सकता है। चरित्र में कार्य कलाप गौड़ रहता है। मुख्य रूप से उसके छिपी हुयी भावना मुख्य होती है।

प्रतिपाद्य परम्परा

वाल्मीकि रामायण और आनन्द रामायण का लक्ष्य एक ही है—धर्म की संस्थापना अथवा धर्म का आदर्श रूप प्रस्तुत करना। वाल्मीकि रामायण में कवि ने नारद से जिस पुरुष पुंगव के विषय में जिज्ञासा प्रकट की है, वह नर लोक में असम्भव है। राम के रूप में वाल्मीकि ने धर्म का विग्रह ही प्रस्तुत किया है।[1] धर्म के क्षेत्र में ईश्वरत्व की रूपरेखा इसी के आधार पर बनी है ओर दार्शनिक क्षेत्र में पहुंच कर परब्रह्म में इसकी परिणिति हो गयी है।

इसी प्रकार आनन्द रामायण में भी धर्म संस्थापना ही लक्ष्य कहा गया है।[2] वाल्मीकि रामायण से आनन्द रामायण तक एक ही परम्परा के प्रवाह को स्पष्ट रूप से देखा जा सकता है। दोनों काव्यों में पौराणिक शैली अवतारवाद, और भक्ति तत्त्व का विकास हुआ है।

---

1. *वाल्मीकि रामायण में* - रामो विग्रह वान् धर्मः॥ बाल काण्ड 1/2-5
2. अर्धमस्य विनाशं च वृद्धिं धर्मस्य सादरम्॥ *आ.रामा.सार.* 4/75

आनन्द रामायण कार ने अपने और वाल्मीकि के युग के बीच प्रादुर्भूत विविध साहित्यक, धार्मिक, सामग्री को पचाते हुए रामकथा का काया कल्प किया है। आनन्द रामायण का युग धार्मिक आन्दोलन का था जिसकी सफलता का श्रेय वैष्णव मत, या भागवत धर्म को ही है। इस धर्म की अभिव्यक्ति के लिए रामायण महाभारत और भागवत अत्यन्त सफल साधन सिद्ध हुये हैं क्योंकि उनमें वैष्णव धर्म के बीच विकसित होते आ रहे थे।

वाल्मीकि रामायण में भी वैष्णव धर्म का बीज वपन हुआ है[1] और वाल्मीकि ने अनेक स्थलों में ''धर्मभूतांवर'' कहा है। इसी प्रवाह में परब्रह्म के रूप में भी उनकी परिभाषा की गयी है। राम सनातन धर्म के बीज हैं। अन्य सब मनुष्य उस वृक्ष के पत्र, पुष्प, और फल हैं।[2]

राम को विष्णु एवं सीता को लक्ष्मी के रूप में देखा है।[3] इसीलिए रामायण के प्राच्य और पाश्चात्य समक्षकों ने भी राम में ईश्वरत्व के और रामायण में धर्म के लक्षण देखे हैं।

आनन्द रामायण में भी विष्णु को एवं लक्ष्मी को ही राम-सीता माना है।[4] इन स्थलों के अतिरिक्त भी अनेक स्थलों में राम सीता को विष्णु और लक्ष्मी के रूप में प्रतिपादित किया है। वाल्मीकि रामायण के सम्बन्ध में के.एस.आर. शास्त्री लिखते हैं— ''रामायण में राम का देवत्व प्रत्यक्ष और परोक्ष रूप में अनेक स्थलों में व्यक्त हुआ है। इन अंशों को उपेक्षित करना हिन्दु धर्म के अवतार सिद्धान्त एवं भारतीय साहित्य की व्यंजना शैली से ही अनभिज्ञता प्रगट करना है।''[5]

भक्ति शब्द का प्रयोग भी वाल्मीकि रामायण में अनेक स्थलों पर हुआ है।[6]

---

1. कौशल्या जनयद्रामं दिव्य लक्षण संयुतम। विष्णोरर्धं महाभागं पुत्र मैक्ष्वाकु नन्दनमं॥ *वाल्मीकि.* बाल. 1/18
2. *वाल्मीकि* रामायण अयोध्या काण्ड 33/15
3. सीता लक्ष्मी भवान विष्णु ॥ *वाल्मी.* युद्ध. 120/28
4. साक्षान्नारायणोविष्णुः सर्व व्यापिजनार्दनः॥
   मम साक्षाद्रामचन्द्रो लक्ष्मी सीता त्वभूत्स्नुषा॥ *आ.रा.सारकाण्ड* 4/73, 118
5. *स्टडीज इन रामायण,* के.एस.आर.शास्त्री, भाग 1, पृष्ठ 2
6. भक्तजनं परित्यज्य प्रवासे राघवो गतः। *वाल्मी.* अयो. 47/5
   जानामि भक्तिं च पराक्रमं च॥ वही 21/56
   भक्तिमानिति ततावद् वाक्यं त्वं क्षन्तुमर्हसि। *वही* 52/38

इसी प्रकार आनन्द रामायण में भी भक्ति का अनेक स्थलों पर प्रयोग हुआ है।[1] सम्पूर्ण आनन्द रामायण में वैष्णव भक्ति की महत्ता बताई गई है।[2]

इस प्रकार वाल्मीकि रामायण और आनन्द रामायण की मूलभूत एकता स्पष्ट हो जाती है।

वाल्मीकि रामायण और आनन्द रामायण का युग

रामायण के अन्तः साक्ष्य से प्रगट है, कि वाल्मीकि ऋषि समाज के अग्रगण्य तपस्वी साधक, वेद वेदांगों के परिनिष्ठित विद्वान, रससिद्ध, कवीश्वर, तत्कालीन भारत के मानचित्र के सम्यक् ज्ञाता, सामाजिक प्रथाओं एवं मर्यादाओं के व्याख्याता, सत्य और न्याय के समर्थक, धर्म के स्तम्भ एवं लोकानुरंजन के प्रबल हिमायती थे।[3] वाल्मीकि ने अपने महाकाव्य के माध्यम से प्राचीन भारत के विषय में तत्कालीन आर्यो की धारणायें क्या थी? समाज का संगठन कैसा था? वर्णाश्रम व्यवस्था कैसी थी? इत्यादि भौतिक एवं सांस्कृतिक वैभव का परिचय दिया है। इनसे तुलना करने से आनन्द रामायण के युग का अन्तर स्पष्ट हो जाता है।

जिस प्रकार वाल्मीकि रामायण का समाज प्राचीन भारतीय जीवन की झांकी प्रस्तुत करता है। उसी प्रकार आनन्द रामायण का समाज मध्यकालीन भारतीय जीवन की झांकी प्रस्तुत करता है। आनन्द रामायण का युग सांस्कृतिक उत्कर्ष का नहीं था उस युग में नारी की स्थिति अत्यन्त दीन-हीन थी। जीवन के वास्तविक आदर्श समाप्त हो चुके थे। उनके स्थान में कृत्रिम जीवन की प्रधानता थी। आनन्द रामायण काल में अनेक मत प्रचलित थे। जबकि वाल्मीकि के समय में एक सर्वमान्य धर्म का आदर्श ही प्रतिष्ठित था।

आनन्द रामायण का युग एक बंधे हुए घुटे हुए जीवन का युग था जिसे उक्त काव्यकार ने मुक्ति और प्रवाह देने का प्रयत्न किया है। युग-जीवन के प्रवाह से उनके काव्य का कथानक, पात्रों का चरित्र, प्रकृति वर्णन, तथा रस विधान भी परिवर्तित हुआ है। फिर भी, काल-आवरण के भीतर भारतीय आत्मा के दर्शन कर पाना असम्भव नहीं हैं।

---

1. अहिंसा भगवद्भक्ति वेंदमार्गानु वर्तनम्॥ *आ.रामा.सार.*5/115.
2. *आनन्द रामायण* मनोहर काण्ड 3/125-126, विलास. 8/10 मनोहर काण्ड 3/38-40.
3. *रामायण कालीन समाज*, शान्ति कुमार नानु. व्यास. पृष्ठ 6.

आनन्द रामायण में भी वही भारतीय आत्मा एवं भारतीय संस्कृति के वेही आधारभूत तत्त्व हैं जो वास्तविक रामायण में हैं। परन्तु उन्हें विभिन्न परिवेश में प्रस्तुत किया गया है। वाल्मीकि रामायण में अनार्य जातियों के परिष्कार और सुधार का संकेत है तो, आनन्द रामायण में इस सांस्कृतिक समन्वय के साथ धार्मिक समन्वय का प्रयत्न है, जो उस युग की आवश्यकता थी।

आनन्द रामायण में मूलभूत भारतीय संस्कृति के पुनरुत्थान का प्रयत्न है। दोनों महाकाव्यों के तुलनात्मक अध्ययन द्वारा ही इसे समझा जा सकता है।

प्रबन्ध विधान

रामकथा के पुनर्विधान में जिन मनोवैज्ञानिक प्रवृत्तियों ने कार्य किया है वे इस प्रकार हैंः

विभिन्न घटनाओं का कारण, निर्देश, राम के चरित्र से सम्बन्धित अनेक जिज्ञासाओं का समाधान, अनेक पात्रों के जीवन वृतान्त का विस्तार, चमत्कारिकता की वृद्धि, अवतारवाद, भक्ति में धार्मिक साधनों का समन्वय, विविध ज्ञान सामग्री का समावेश, लोक गाथाओं और लोक तत्त्वों का सन्निवेश आदि।

इनमें शैली गत तत्त्वों का भी प्रयोग किया गया है—जैसे संक्षेप और विस्तार, क्रम विपर्यय (घटनाओं का स्थानान्तरण), संवाद योजना आदि।

वाल्मीकि का उपक्रम बाल काण्ड में दिया गया है जिसमें अयोध्या वर्णन, दशरथ का परिचय इत्यादि कहा गया है।

आनन्द रामायण का उपक्रम भी सारकाण्ड में प्रथम सर्ग में रघुवंशावली, दशरथ कौशल्या गान्धर्व विवाह तथा अन्य विवाह और दशरथ द्वारा श्रवण कुमार का वध आदि करते हुए किया है।

इसमें रावण द्वारा अपने मरण का हेतु ब्रह्मा से पूछना यही आनन्द रामायण का उपक्रम कहा जा सकता है। जिसका उपसंहार सार काण्ड के तेरहवें सर्ग पर ही हो जाता है, परन्तु वक्ता, श्रोता, चरित और हेतु कथायें, कथानक के साथ अनिवार्य रूप से जुड़ी हुई हैं।

अतः मुद्गल मुनि द्वारा राम के चरित्र की विस्तृत आगामी घटनाओं का उल्लेख भी आनन्द रामायण का उपक्रम कहा जा सकता है।[1]

---

1. *आनन्द रामायण* सार काण्ड सर्ग 4/74-77.

सप्त द्वीप पतिश्चायं भविष्यतिनृपो महान 1177 वही। यहां पर उपसंहार होता है जो कि पूर्ण काण्ड में वर्णित है। इस प्रकार आनन्द रामायण के कथा विधान में अनेक प्रकार से नाटकीय तत्त्वों का प्रयोग हुआ है। उक्त काव्य का प्रबंध विधान जटिल और बोझिल तो है पर कवि कर्म के प्रति सृष्टा की निष्टा का सूचक भी है।

आनन्द रामायण के प्रबंध विधान में जो कार्य कवि ने स्वयं किया है। वाल्मीकि रामायण के प्रबन्ध विधान में वहीं कार्य उनके कथा वाचकों को करना पड़ा है।

वस्तु विन्यास

वाल्मीकि रामायण की कथा में इतिहास, यथार्थता, भौतिकता और राजनीति का समावेश है और आनन्द रामायण में पौराणिकता, अलौकिकता, नैतिकता, और दार्शनिकता की झलक स्पष्टतः दिखाई देती है। दोनों महाकाव्यों की अधिकारिक कथा में विशेष भेद नहीं है। केवल प्रसंगों के वातावरण में परिवर्तन है। परन्तु प्रासंगिक कथाओं और उनके विस्तार में अन्तर है। यह अन्तर भी मुख्यतः आनन्द रामायण में यात्राकाण्ड से पूर्ण काण्ड तक है जबकि वाल्मीकि की कथा को सार काण्ड में वर्णित कर दिया है। अतः सार काण्ड की कथा में अन्तर नहीं है। वाल्मीकि रामायण के उत्तर काण्ड की कथा को आनन्द रामायण में प्रायः परिवर्तित रूप से वर्णित किया है।

दोनों काव्यों में अधिकारिक कथा राम जन्म से राम वन गमन तक कही जा सकती है। ऐतिहासिक दृष्टि से रावण वध का उद्देश्य राम राज्य या धर्म स्थापना है। पर पौराणिक दृष्टि से यह उद्देश्य अधर्म का नाश, धर्म का संस्थापना बन गया है।

आनन्द रामायण में उपर्युक्त दृष्टि से यही कहा जा सकता है लेकिन, यात्रा काण्ड की कथा से ''राम की यात्राएं'', राम राज्य का विस्तृत वर्णन आदि सांस्कृतिक महत्त्व को प्रतिपादित करना कहा जा सकता है।

सार काण्ड की कथावस्तु में अन्विति है। परन्तु अन्य काण्डों की कथा-वस्तु में अन्विति दृष्टिगोचर नहीं होती।

यह बात पहले कही जा चुकी है कि आनन्द रामायण का सार काण्ड ही वाल्मीकि कृत राम कथा का वर्णन करता है, अन्य काण्डों में वाल्मीकि के आंशिक

प्रसंगों को लेकर विस्तार किया गया है जो कि कवि की आदर्श कल्पना का परिणाम है।

पात्रों के चरित्र सम्बन्धित वार्ता पर यह कहा जा सकता है कि दोनों काव्य एक ही कथानक पर आधारित होने से चरित्र सृष्टि में अनेक समानताओं का होना अस्वाभाविक है। साथ ही युग और व्यक्ति के अनुसार, उद्देश्य की भिन्नता के कारण उनमें परिवर्तन और नवीनता भी संभावित है।

आनन्द रामायण की चरित्र रचना में अनेक प्रवृत्तियाँ वाल्मीकि रामायण के समान ही है जैसे - परम्परा का दबाव, समास व्यास, क्रम - विपर्यय, भाव परिवर्तन, नाटकीयता आदि। चरित्र चित्रण के क्षेत्र में परम्परा का दर्शन अनेक रूपों में होता है। राम कथा के पात्रों की एक लीक वाल्मीकि रामायण में बन चुकी है, जैसे - नैतिक और अनैतिक का द्वंद्व, आध्यात्मिक संकेत पौराणिक चमत्कारिकता एवं अतिश्योक्ति, इन पात्रों के आचरण में प्रतिष्ठित हो चुकी है।

वाल्मीकि रामायण के पात्रों की ऐतिहासिक भूमिका अधिक स्पष्ट है। जबकि आनन्द रामायण में उस पर पौराणिक आवरण पर्याप्त रूप से ढका है।

अतः आनन्द रामायण में अनेक चरित्र गत विसंगतियां भी दृष्टिगोचर होती है। उक्त काव्य में नवीन पात्र सृष्टि, व्यास समास विपर्यय आदि का बाहुल्यता में दर्शन होता है।

वाल्मीकि रामायण और आनन्द रामायण में रस विधान

वाल्मीकि रामायण और आनन्द रामायण के प्रबंध विधान, चरित्र चित्रण, भौगोलिक वर्णन में जितना अन्तर है उतना ही इन दोनों काव्यों के रस विधान में जो अन्तर है, वह उपकरणों के प्रयोग का ही है, लक्ष्यगत अनुभूति एक ही है।

दोनों काव्यों का प्रधान रस वस्तुतः भक्ति रस ही है। अन्तर इतना है कि वाल्मीकि रामायण काल तक भक्ति रस की कल्पना पूरी नहीं हो पाई थी। आनन्द रामायण काल तक हो चुकी थी।

वाल्मीकि रामायण में क्रौञ्च वध के आधार पर करुण रस का प्राधान्य संकेतित किया गया है परन्तु, आनन्दवर्धन का आशय रामायण के प्रधान रस पर बल देना न होकर रामायण में करुण रस प्रथम प्रयोग पर बल देना प्रतीत होता है।

''रामायणे हि करुणरसः स्वयमादिकविनासूत्रितः''

(ध्वन्यालोक, चतुर्थ उद्योत)

सीता निष्कासन आदि प्रसंग से रामायण में प्रधान रस करुण माना जा सकता है। वाल्मीकि रामायण का मुख्य रस करुण मान लेने पर भी उसकी कथा और चरित्र निहित धर्म भावना और उसमें निहित भक्ति रस को मान्यता देने में कोई कठिनता नहीं है।

क्योंकि करुणा, भक्ति के मुख्य स्तम्भों में से एक है और प्रपत्ति शरणागति का आधार शिला है। अद्‌भुत कथा, अद्‌भुत कर्म और अद्‌भुत चरित्रों के आधार पर वाल्मीकि रामायण का प्रधान रस अद्‌भुत भी मानने का प्रयास किया जा सकता है। विशेष रूप से इसीलिये भी कि विश्वनाथ जैसे काव्याचार्यो ने अद्‌भुत रस को ही प्रधान रस ठहराने का प्रयास किया है।

अतः उसमें सभी रसों का विलय दिखाया जा सकता है। अतः अद्‌भुत रस की प्रधानता वाल्मीकि रामायण में मानव भक्ति रस की स्थापना में सहायक हो सकता है।

अतः आनन्द रामायण के रस विधान की तुलना के संदर्भ में विविध रसों की मूलभूत एकता और उसके साथ भक्ति रस का सम्बन्ध समझना ही हमारा लक्ष्य था।

दोनों महाकाव्यों में सभी रसों का पोषण हुआ है। वाल्मीकि के समीक्षकों का विचार है कि—''वाल्मीकि के समय में रस सिद्धान्त स्वीकृत एवं परिपुष्ट हो चुका था।[1]

अतः वाल्मीकि रामायण रस सिद्धान्त का भी लक्ष्य ग्रंथ है इसीलिये परिवर्ती साहित्य में राम का सम्बन्ध जिस प्रकार विष्णु के अवतार एवं ब्रह्म के लीला वपु के साथ युक्त हो गया और उसमें भक्ति तत्त्व भी दृष्टिगोचर होने लगा, उसी प्रकार उसके संपूर्ण रस विधान में भक्तिरस के सूत्रान्वेषण करना असम्भव नहीं है, और न असमीचीन भी।

शृंगार रस को ही देखा जाए तो वाल्मीकि रामायण में सौन्दर्य और प्रेम के अनेक प्रसंग हैं जिनमें तीन उल्लेखनीय हैं—1. राम और सीता का प्रेम, 2. रावण के प्रेम प्रसंग, और 3. दशरथ कैकेयी का प्रसंग।

1. *रामायण कालीन संस्कृति*, शा.ना.व्यास, पृष्ठ 170.

दोनों काव्यकारों ने राम और सीता के प्रेम को वास्तविक प्रेम माना है और शृंगार रस व्यापक एवं उच्चतम रूप के माध्यम से प्रस्तुत हुआ है।[1]

वाल्मीकि ने रावण की रूपासक्ति का भाव पूर्ण चित्रण किया है। प्रकृति चित्रण एवं अप्रस्तुत विधान में भी शृंगार के चटकीले चित्र प्रस्तुत किए हैं। उनका आदर्श ''शृंगार'' राम और सीता के सम्बन्धों में प्रगट हुआ है। जिसके अन्तर्गत वाल्मीकि ने संयोग और वियोग की अनेक भावनाओं को व्यक्त किया है।

संयोग का उदाहरण—राम सीता का मंदाकिनी विहार[2]

आनन्द रामायणकार ने इसी प्रसंग को अपने काव्य में राम सीता का जल विहार के रूप में वर्णित किया है तथा और भी उदाहरण आनन्द रामायण में मिलते हैं।[3]

वियोग का उदाहरण—राम के वियोग वर्णन में वाल्मीकि ने सीता के प्रति राम के उद्गारों में -विल्वोपमस्तनी और गजनासोरू शब्दों का प्रयोग किया है। और आनन्द रामायण में वियोग का वर्णन क्रम विपर्यय से किया गया है। जब राम विभिषण की पुनः सहायता करने जाते हैं तब सीता का वियोग वर्णन किया है, जिसमें सीता के वियोग की पराकाष्ठा का दर्शन होता है।[4] इसी प्रकार सभी रसों का उदाहरण है।

आनन्द रामायण का संपूर्ण रस विधान लीला विधान से अनुशासित है, अतः दोनों काव्यों का रस विधान प्रायः एक सा है।

इन बिन्दुओं के अतिरिक्त भी वाल्मीकि रामायण और आनन्द रामायण के अन्य बिन्दुओं पर तुलना की जा सकती है। अतः वाल्मीकि रामायण की कथावस्तु से आनन्द रामायण की कथावस्तु बाह्य रूप से किंचित् पृथक सी प्रतीत होती है, परन्तु अन्तः साक्ष्य से अभिन्न है।

आध्यात्म रामायण और आनन्द रामायण

ये दोनों ही काव्य राम चरित्र वर्णन करने वाले हैं। दोनों काव्यों के रचनाकारों के सम्बन्ध में विद्वान आज भी मतैक्य नहीं है। दोनों काव्यों की कालगत दूरी अधिक

---

1. *आनन्द रामा.* विलास. सर्ग 2-6.
2. *वाल्मीकि रामा.* अयो. सर्ग 95.
3. *आनन्द रामा.* विलास. सर्ग 5, 2, 6.
4. *आनन्द रामा.* राज्य काण्ड सर्ग 5.

नहीं है। आध्यात्म रामायण चौदहवीं अथवा पन्द्रहवीं शताब्दी की कृति मानी जाती है।

आध्यात्म रामायण के सम्बन्ध में बुल्के लिखते हैं कि आध्यात्म रामायण आधुनिक रचना है, अतः इसकी प्राचीनता में बहुत संदेह है। सबसे अधिक सम्भावना यह है कि इसकी रचना चौदहवीं अथवा पन्द्रहवीं शताब्दी में रामानन्द संप्रदाय में हुई थी।[1] जबकि आनन्द रामायण की रचना आध्यात्म रामायण के बाद और एकनाथ के पूर्व हुई थी, अतः बहुत संभव है कि यह पन्द्रहवीं शताब्दी में लिखा गया हो।[2]

अतः दोनों काव्यों में विशेष कालगत दूरी नहीं है, फलतः आध्यात्म रामायण का प्रभाव आनन्द रामायण में होना स्वाभाविक है।

कथा विधान

आध्यात्म रामायण का मूल कथानक वाल्मीकि रामायण पर आश्रित है। आनन्द रामायण का भी कथा विधान वाल्मीकि रामायण का होते हुए अन्य ग्रन्थाश्रित भी है। दोनों काव्यों में अनेक समानताएं हैं—

1. राम के परमात्मा स्वरूप की स्थापना दोनों ग्रन्थों का अभीष्ठ तत्त्व है इसलिए इन दोनों काव्यों में अनेक घटनाओं को आध्यात्म रंग से रंगा है। तथा कहीं-कहीं नवीन घटनाओं को जोड़ा है यथा— आध्यात्म रामायण के अयोध्याकाण्ड प्रथम सर्ग में नारद और राम का वार्तालाप (वन गमन से पूर्व) है।

इसी प्रसंग को आनन्द रामायण में नारद द्वारा देवताओं के संदेश कथन को कहते हुए आगमन की सूचना दी है। आध्यात्म रामायण में नारद के कहने के बाद राम चतुर्दश वर्ष पर्यन्त वनवास एवं राक्षस वध की प्रतिज्ञा करते हैं।[3] आनन्द रामायण में वनवास की सूचना वशिष्ठ राम को राज्याभिषेक से पूर्व देते हैं।[4] वशिष्ठ द्वारा कौशल्या एवं सुमित्रा को भी राम राज्य से पूर्व वनवास की सूचना मिलती है परन्तु ना जानते हुए की तरह कौशल्यादि व्यवहार करती है।[5]

---

1. *रामकथा*, बुल्के, पृ. 164.
2. *वहीं*, पृष्ठ 166.
3. *आध्यात्म रामायण* अयोध्या सर्ग 1.
4. *आनन्द रामायण* सार काण्ड 6 का 32-38.
5. *वही* 6/38.

आध्यात्म रामायण की राम कथा को आनन्द रामायण के सार काण्ड में वर्णित किया है। अतः कथा विधान का तारतम्य आगे के काण्डों मं आध्यात्म आनन्द रामायण से नहीं मिलता है क्योंकि संपूर्ण आध्यात्म रामायण आनन्द रामायण के सार काण्ड में समाहित है।

पूर्वोक्त ''नारद संवाद'' वाल्मीकि रामायण में अनुपलब्ध है। अतः दोनों काव्यकारों का इस उप कथा से यह उद्देश्य प्रतीत होता है कि वे राम को सामान्य जन से विशिष्ट सिद्ध करना चाहते हैं क्योंकि कैकेयी द्वारा वरदान प्राप्ति के अनुरूप मानव राम का तो वन में जाना संगति है, परन्तु परमात्मा राम का नहीं, इसी का निवारण करने के लिए इस उपकथा की दोनों काव्यों में योजना की गई है।

दोनों ही ग्रंथ अपने आश्रय काव्य वाल्मीकि रामायण से कथा विधान में भिन्न है। इन दोनों के कथा विधान की साम्यता का मुख्य कारण दोनों कवियों की समदृष्टि है।

युगीन प्रभाव

यह प्रभाव यद्यपि युगीन समस्याओं से सम्बन्धित कृतियों पर विशेष रूप से होता है परन्तु, परम्परागत कथा पर आधारित काव्य एवं अन्य कृति पर भी उसकी छाया स्पष्ट रूप से देखी जा सकती है।

अतः आध्यात्म रामायण और आनन्द रामायण पर तात्कालिक परिस्थितियों का प्रभाव स्वाभाविक था, यह युगीन प्रभाव आध्यात्म रामायण की अपेक्षा आनन्द रामायण पर अधिक स्पष्ट हुआ है। आध्यात्म रामायण में तत्कालीन अद्वैतमत से प्रभावित हो कर ही अद्वैत की प्रतिपत्ति हुई है। आनन्द रामायण काल में अद्वैत के साथ साथ भक्ति का प्रभाव अधिक है क्योंकि उक्त काव्य के काल तक अद्वैत का मंथन और भक्ति आन्दोलन का समय था। अतः दोनों काव्यों में काव्यगत सामाजिक, राजनैतिक, और सांस्कृतिक प्रभाव तद्गत् पात्रों एवं कथानक पर स्पष्ट है।

भक्ति और दर्शन

दोनों काव्यों (आध्यात्म और आनन्द) में भक्ति परक दार्शनिक विचार मिलते हैं।

आध्यात्म रामायण में जहां भक्ति के नौ साधनों का उल्लेख किया है।[1] वहीं आनन्द रामायण में निष्काम एवं अनुरागमयी भक्ति की प्रेरणा मिलती है।[2]

इसी प्रकार की भक्ति से भवसंकट पार करने का उपाय बताया गया है। उक्त काव्य में वैष्णव सिद्धान्त के पाञ्चरात्र सिद्धान्त का अनुसरण करते हुए मण्डल निर्माणादि को अपनाया है।

अतः देवपूजा, देवाराधना में अन्य संप्रदायों का भी समावेश किया है। दोनों काव्यों में भक्ति के अतिरिक्त दार्शनिक विचार भी साम्य हैं। अतः दोनों में जगत, जीव, ब्रह्म, एवं मुक्ति का वर्णन किया गया है।

काव्यात्मक एकता—आध्यात्म रामायण और आनन्द रामायण दोनों काव्यों में काव्यत्व अपेक्षाकृत न्यून है। आन्तरिक सौन्दर्य के आधार पर दोनों काव्यों में वस्तु योजना, चरित्र चित्रण, कल्पना शक्ति, भाव चित्रण, रस परिपाक आदि समान हैं।

वाह्य दृष्टि से भाषा, वर्णन-शिल्प, अलंकार एवं छन्दोविधान भी समान हैं। दोनों काव्यों में भाव-पक्ष और कला पक्ष समान हैं। दोनों काव्यों में पौराणिक शैली का दर्शन होता है। और संवाद शैली युक्त वर्णन है।

अतः दोनों काव्यों में अनेक समानताएं देखी जा सकती हैं। यह संक्षेपतः दोनों की एकरूपता का दिग्दर्शन मात्र है।

रामायण मंजरी और आनन्द रामायण

रामायण मंजरी के रचयिता काश्मीर निवासी क्षेमेन्द्र है।

उक्त काव्य में वाल्मीकि नारद संवाद से राम स्वर्गारोहण तक की कथा का वर्णन किया गया है।

आनन्द रामायण की कथावस्तु से इस काव्य की तुलना करते हुए उसकी विशेषताओं पर प्रकाश डाला गया है।

रामायण मंजरी में दशरथ के द्वारा पुत्रेष्टि यज्ञ से पूर्व अश्वमेध यज्ञ का उल्लेख किया गया है।[3] यह वर्णन आनन्द रामायण में नहीं है। मात्र ऋष्य शृंग

---

1. *आध्यात्म रामायण* अरण्य काण्ड 10/22-26.
2. *आनन्द रामायण* सार काण्ड 5/113-114.
3. *रामायण मंजरी* बाल. 45.

द्वारा पुत्रेष्टि यज्ञ का वर्णन किया गया है। रामायण मंजरी में विष्णु से अवतार ग्रहण करके चतुर्धा रूप में विभक्त होकर दशरथ पुत्र बनने की कथा तथा रावण वध की प्रार्थना देवगण ही करते हैं। इसमें पृथ्वी का गोरूप धारण कर विष्णु के पास जाने का उल्लेख नहीं हैं। जबकि आनन्द रामायण में पृथ्वी गौरूप धारण कर देवताओं के पास जाती है तथा देवताओं के साथ ही वह क्षीर सागर विष्णु के पास जाती है।[1]

आनन्द रामायण में भी इस प्रकार वर्णन है। रामायण मंजरी में अनेक ऐसे प्रसंग हैं जो आनन्द रामायण से सर्वथा भिन्न हैं। इसके साथ ही दोनों काव्यों में वाल्मीकि रामायण के सारांश को प्रस्तुत किया गया है जैसा कि पूर्व में कहा जा चुका है। अतः उक्त काव्यों के कथा विधान में आंशिक एकरूपता भी मिलती है। जैसे- भरत द्वारा चित्रकूट में राम के राज्य ग्रहण करने की प्रार्थना करने पर तथा राम द्वारा अस्वीकृत करने पर भरत प्रायोपवेशन करने बैठ जाते हैं। यह प्रसंग काव्य में समान रूप से वर्णित है। दृष्टव्य-

रामायण मंजरीः

ततो जगाद भरतः सुमन्त्रं व्यथितैन्द्रियः।।
कुशैः कल्पय मे शय्यां तपसार्यः प्रसीदति।
निराहारो निरालम्बस्त्यवकर्मा निराश्रयः।।
भवाम्येष वने मौनी यावदार्यः प्रसीदति। अरण्य 289 से 291

आनन्द रामायणः

राज्यार्थ राघवश्चापि नेत्युवाच पुनः पुनः।।
प्रायोपवेशनं तत्र दर्भेषु भरतस्तदा।
चकार निग्रहं तस्य ज्ञात्वा गुरुमवोचयत्।। सार. 6/102 से 103

इसी प्रकार लंका दाह के प्रसंग में हनुमान द्वारा सीता दाह की आशंका करके हनुमान को बड़ी आत्मग्लानि होती है। यह भी दोनों काव्यों में समान रूप से वर्णित है, परन्तु भिन्नता केवल इतनी है कि इस शंका का निवारण रामायण मंजरी में हनुमान सीता को स्वस्थ पाकर प्रसन्न हो जाते हैं। आनन्द रामायण में

---

1. *आनन्द रामायण* सार काण्ड 2/1
एतस्मिन्नंतरे भूमि दशस्यादि प्रवीडिता।
ब्रह्मणा प्रार्थयामासं विष्णु सौपि तदा ब्रवीत।।

हनुमान द्वारा यह आशंका और विस्तृत रूप से वर्णित है। वे सीता के जल जाने की आशंका के साथ-साथ समस्त ब्रह्माण्ड नष्ट होने कीआशंका करते हैं और स्वयं प्राणोत्सर्ग करने को उद्यत हो जाते हैं। उसी समय आकाशवाणी से सीता के स्वस्थ होने की सूचना मिलती है।[1]

रामायण मंजरी के अनुसार सीता को अशोक वाटिका में ब्रह्मा की आज्ञा से इन्द्र दिव्य शक्ति दे जाते है। जो क्षुधा निवारक है। यह प्रसंग आनन्द रामायण में भी इसी प्रकार से मिलता है।

रावण द्वारा राम का कटा हुआ नकली सिर सीता को दिखाने का प्रसंग दोनों काव्यों में वर्णित है।[2]

इसी प्रकार सीता का वध (मायिक रूप) से दोनों काव्यों में होता है- भिन्नता इतनी है कि- रामायण मंजरी में मेघनाद हनुमान के समक्ष नकली सीता का वध करके उनको वंचित करना चाहता है- जबकि आनन्द रामायण में रावण स्वयं राम के समक्ष नकली सीता का वध करके राम को वंचित करना चाहता है। क्रियान्विति एक है।[3]

आनन्द रामायण में दोनों स्थलों में रावण मय दानव से नकली सिर बनवाता है, तथा दोनों स्थलों में ब्रह्मा शंका का निवारण करते हैं।

उक्त प्रसंगों के अतिरिक्त भी अनके प्रसंग ऐसे हैं। जहां रामायण मंजरी एवं आनन्द रामायण में साम्य है—

1. सीता शुद्धि
2. रावध वध, इत्यादि प्रसंगों में दोनों काव्यों में साम्यता है।

रघुवंश और आनन्द रामायण

महाकवि कालिदास द्वारा रचित रघुवंश महाकाव्य तथा आनन्द रामायण के कथानक में तुलनात्मक दृष्टि से उल्लेख किया जा रहा है।

---

1. अहो प्रमादिना मोहादसमीक्षितकारिणा।
   कुद्धेन दहता लंका मया दग्धेव जानकी॥ *रामायण मंजरी* किष्किन्धा - 573.
   आनन्द रामायण सारकाण्ड 9/217 से 231.
2. *रामायण मंजरी*, लंका काण्ड 243 - 365
   आनन्द रामायण सार काण्ड 11/220 - 223
3. *रामायण मंजरी*, लंका काण्ड 1056 - 1102
   आनन्द रामायण सार काण्ड 11/248 - 250

उक्त दोनों महाकाव्यों के कथानकों में साम्यता मिलती है। कुछ प्रसंग ऐसे भी हैं जिनमें दोनों काव्यों में वैसम्य मिलता है। यथा अवसर आगे चर्चा की गयी है। दोनों काव्यों का आश्रय ग्रंथ वाल्मीकि रामायण है। इसकी सूचना दोनों कवि ही अपने काव्यों में देते हैं।[1]

अतः दोनों कवि अपने आश्रय ग्रन्थ कर्ता के प्रति विनम्र है। कथानक की दृष्टि से दोनों ही कवियों ने अपने उप जीव्य काव्य के कथानक में अनेक परिवर्तन करके रोचक और रसमय बनाने का प्रयास किया है। जैसा कि कालिदास के विषय में कहा जाता है। ''उपमा कालिदाससस्य'' अतः कालिदास उपमा के विषय में सिद्धहस्त अपूर्व कवि हैं। सम्पूर्ण कथानक में उन्होंने विविध उपमाओं से राम कथा को मण्डित करते हुए वर्णित किया है। आनन्द रामायण में काव्यात्मक चमत्कार वैसा नहीं है। जैसा कि रघुवंश में है। अतः कथानक की तुलना करते हुए यहां कुछ प्रसंग उद्धृत हैं।

रघुवंश में दशरथ के पराक्रम, मृगया और मुनि पुत्र वध का जो वर्णन है। वह आनन्द रामायण में भी मिलता है।[2]

रघुवंश में राम और लक्ष्मण तथा भरत और शत्रुघ्न के बचपन में ही युग्म बन जाने का वर्णन है। इसी प्रकार आनन्द रामायण में भी कहा गया है।[3] जयन्त प्रसंग का वर्णन दोनों काव्यों में समान रूप से मिलता है।[4] परन्तु, दोनों काव्यों

1. अथवा कृतवाग्द्वारे वंशे स्मिन्पूर्व सूरिभिः॥
   मणौ वज्रसमुत्कीर्णे सूत्रस्येवास्ति में गतिः॥ *रघुवंश* 1/4
   धन्यः स वाल्मीकि मुनिः कविश्वरो।
   रामायणं वै शतकोटि सम्मतम्॥
   कृतं पुरायेन सविस्तरं शुभम्।
   यस्माच्च सारं कथितं मया तव॥ *आ.रामा.*पूर्ण. 9/63
2. *रघुवंश* सर्ग 9-10
   आनन्द रामायण सार काण्ड सर्ग।
3. समाने प्रि हि स्रौभ्रात्रे यथोभौ राम लक्ष्मणौ।
   तथा भरत शत्रुघ्नौ प्रीत्या द्वन्द्व बभूवतुः॥ *रघुवंश* 10/81
   अथ वब्रधिरे सर्वे लक्ष्मणो राघवेण हि।
   शत्रुघ्नो भरतेनापि चकार क्रीडानादिकम्॥ *आ.रा.सार.* 2/12
4. कदाचिदंके सीतायाः शिक्ष्ये किंचिदिवत्रभात्।
   ऐन्द्रिः किल नखेस्तस्या विददार स्तनो द्विजः॥ *रघुदंश* 12/21-22
   ऐन्द्रा काक स्तदागत्य नखैस्तुंडेन चासकृत्॥ *आ.रामा.*6/6/86

में क्रम विपर्यय से मिलता है। रघुवंश में भरत के चित्रकूट से चले जाने के बाद किया गया है। जबकि आनन्द रामायण में वाल्मीकि रामायण की तरह आगमन से पूर्व किया गया है।[1]

राम राज्याभिषेक के बाद सीता दोहद लक्षणों से युक्त होकर तथा राम द्वारा उनकी इच्छाएँ पूछने पर गंगा तट को देखने की इच्छा प्रकट करती है। उसी समय राम को अपने विषय में लोकापवाद की जानकारी होती है। तब राम लक्ष्मण को सीता को वन में छोड़ने का आदेश देते हैं। आनन्द रामायण में गंगा तट पर जाने की इच्छा सीता द्वारा प्रकट की जाती है। परन्तु, उस समय सीता गर्भावस्था में नहीं होती तथा राम गंगा पूजन के साथ-साथ अन्य तीर्थों की भी यात्रा करते है।[2]

आनन्द रामायण और रघुवंश महाकाव्य के राम कथा विषयक अनेक प्रसंग समान रूप से मिलते हैं। परन्तु, कुछ प्रसंग ऐसे भी हैं जिनमें असमानताएं हैं। जैसे-

1. विराध वध
2. सुग्रीव मित्रता में सहायक (कबन्ध या शबरी) इत्यादि।

विराध वध के प्रसंग में रघुवंश में विराध द्वारा सीता हरण का उल्लेख मिलता है[3] और सीता हरण के कारण ही राम विराध का वध करते हैं।

आनन्द रामायण में विराध सीता को और शस्त्र को छोड़कर राम को चले जाने को कहता है तथा सीता की ओर दौड़ता भी है। राम जानकी को लक्ष्मण के संरक्षण में छोड़कर विराध के दोनों हाथ काट डालते हैं।[4]

रघुवंश में कबन्ध के उपदेश से राम सुग्रीव मित्रता सम्पन्न होती है। जबकि आनन्द रामायण में कबन्ध शबरी का पता बताकर कहता है कि आपको सीता का पता शबरी बताएगी।[5]

---

1. *रघुवंश* सर्ग 14/26
2. *आनन्द रामायण* यात्रा काण्ड सर्ग 3/9
3. स जहार तयोर्मर्ध्य मैथिलीं लोकशोषणः।
   नयो नभस्ययोर्वृष्टिमवग्रह इवान्तरे॥ *रघुवंश* 1/29-30
4. *आनन्द रामायण* सारकाण्ड 7/4-14
5. वध निधूतशापस्य कबन्धस्योपदेशतः।
   मुमूर्च्छ सखयं रामस्य समानव्यसहनेहरौ॥ *रघुवंश* 12/97
   तिष्ठन्त्यग्रे मतंगादिमुनीनां।
   शबरी दर्शनार्थ त्वं तत्र याहिरघुत्तम।
   कथयिष्यति सा सीता शुद्धि ते रघुनंदन। *आ.सार.* 8/160-161

रघुवंश के अनुसार इस प्रकार कथानक प्राप्त होता है। इन प्रसंगों के अतिरिक्त भी अनेक प्रसंगों की दोनों काव्यों में समानता मिलती है। कथानक दृष्टि से दोनों काव्यों में विविध समानताएं तथा असमानताएं होते हुए भी मौलिक परम्परा भिन्न नहीं है। जहां तक काव्यात्मक सौन्दर्य का प्रश्न है, तो इसमें रघुवंश में अधिक काव्यात्मक सौन्दर्य है। अतः उत्तम महाकाव्य की कोटि में आता है।

आनन्द रामायण में कथानक की दृष्टि से रघुवंश की समानता पाई जाती है। परन्तु, जैसा काव्यत्व रघुवंश में मिलता है, आनन्द रामायण में नहीं मिलता है। इसका कारण आनन्द रामायण पौराणिक शैली का ग्रन्थ है। कथा विधान चरित्र-चित्रण में सौन्दर्य लाने के लिये अनेक परिवर्तन किये हैं। अलंकारिक सौन्दर्य सहज एवं रस पोषक है। छन्द विधान की दृष्टि से आनन्द रामायण में भी अनेक छन्दों का प्रयोग किया गया है। भाषा की दृष्टि से उक्त काव्य की भाषा सरल एवं सुबोध है। अतः रघुवंश में जहां पूर्ण काव्यत्व प्रखर रूप से दृष्टिगोचर होता है। वहीं उक्त दृष्टियों से आनन्द रामायण में सामान्य रूप से देखा जा सकता है।

अतः रघुवंश चरित्र प्रधान समस्त काव्यांगों से परिपूर्ण महाकाव्य है। और आनन्द रामायण चरित्र प्रधान है। सामान्य काव्यांगों से पूर्ण महाकाव्य है।

रामकाव्य धारा में योगदान

संस्कृत वाङ्मय में रामचरित सुर सरिता के समान महनीय है, जिन कवियों ने इस सरिता चरित्र में अपनी लेखनी का मज्जन किया, वह अमर हो गया। इसी चरित्र धारा में आनन्द रामायणकार भी आते हैं।

अतः राम काव्य धारा की प्रवाहगति को महाकवि ने भी अपनी लेखनी से मण्डित किया है। आनन्द रामायण का राम काव्य धारा में विशिष्ट योगदान है। इसमें कवि ने परम्परा का पालन करते हुए, राम भक्ति के तत्त्व को उभारा है।

वाल्मीकि के कथानक को अवान्तर कथाओं से परिपुष्ट किया है क्योंकि राम चरित्र के अनेक प्रसंगों में श्रोता-वक्ता दोनों को सन्देह का आभास होने लगता है। जिसकी पूर्ति, आनन्द रामायण कार ने कारण निर्देश करते हुए कथानकों को गति प्रदान की है। यह प्रक्रिया सम्पूर्ण काव्य में देखी जा सकती है। उक्त महाकाव्य की कुछ विशेषताएं ऐसी हैं जो राम काव्य धारा में अनूठा योगदान देने का ज्ञान कराती है। जैसे—राम कथा के साथ-साथ भौगोलिक वर्णन से पाठक को अवगत

कराने की चेष्टा की गयी है।[1] साथ ही राम भक्ति को कृष्ण भक्ति से श्रेष्ठ बताकर उसकी नींव सुदृढ़ करने का प्रयास कवि ने किया है।[2]

काव्यों में राम काव्य ही श्रेष्ठ बताकर कवि ने राम काव्य धारा में योगदान किया है।[3]

राम की पूजा विधि बताते हुए मण्डल निर्माण तथा मण्डल का अभिप्राय वर्णन करते हुए कवि ने भक्ति और ज्ञान का वर्णन किया है जिन्हें पढ़कर मानव मात्र में भक्तिमयी त्रिपथगा की धारा प्रवाहित हो जाती है।

राम काव्यों में आनन्द रामायण का बहुविध योगदान कहा जा सकता है। कवि ने अनेक अनोखे चरित्रों को अपने काव्य में समावेश करके परवर्ती कवियों को उपहार दिया है। जो भुलाया नहीं जा सकता।

अतः आनन्द रामायण का धार्मिक, सामाजिक और राजनैतिक दृष्टि से भी विविध योगदान कहा जा सकता है। राम काव्य धारा को अनेक धाराओं में देखने का सफल प्रयास आनन्द रामायण कार ने किया है।

◆◆◆

1. *आनन्द रामायण* यात्रा काण्ड सर्ग 6-9
2. *आनन्द रामायण* राज्य काण्ड 3/118-119
3. *आनन्द रामायण* मनोहर काण्ड 78-79

परिशिष्ट - ब

सन्दर्भ ग्रन्थ

(संस्कृत)

1. अग्नि पुराण — जीवानन्द, कोलकाता, 1882.
2. अथर्ववेद — स्वाध्याय मण्डल, पारडी, 1988
3. आध्यात्म रामायण — गीता प्रेस, गोरखपुर
4. अनर्घ राघव
5. अभिषेक नाटक
6. अलंकार सरवस्वम् — सं. डॉ. रेवाप्रसाद द्विवेदी - चौखम्बा सं. सीरीज, वाराणसी, 1971.
7. अष्टाध्यायी सूत्र — पाणिनी-वृन्दावन गुरूकुल विश्व-विद्यालय, संवत् 1996.
8. आपस्तम्ब गृह सूत्र — वीन्ना , 1887 अल्फ्रेड होल्डर.
9. आनन्द रामायण — रामतेज शास्त्री-चौखम्बा सं. प्रतिष्ठान, 1986.
10. उत्तररामचरित (भवभूति) — सं. डा. पी.वी.काणे-मोतीलाल बनारसीदास, दिल्ली, 1971.
11. ऋग्वेद — सं.विश्वबन्धु होशियारपुर वैदिक शोध संस्थान, 1065.
12. ऐतरेय ब्राह्मण — अनन्तशयन सुन्दर विलास मुद्रणालय, 1952.

13. कौटिल्य अर्थशास्त्र — पंडित पुस्तकालय, 1964.

14. काव्य प्रकाश (मम्मट) — झलकी करटीका - भाण्डा. ओरिय. रिसर्च, पूना, 1950.

15. काव्य मीमांसा (राजशेखर) — मधुसुदन मिश्र - चौख. सं.सी., वाराणसी, 1930.

16. काव्यालंकार — देवेन्द्र नाथ शर्मा - बिहार राष्ट्र भाषा, पटना, 1962.

17. कुन्दमाला —

18. कूर्म पुराण — इंडोलोजिकल बुक हाउस, वाराणसी, 1967.

19. गरूण पुराण — चौ.सं. सी., वाराणसी, 1964.

20. गौतम धर्म सूत्र — चौ.सं.सी., सं. 1966.

21. चित्र मीमांसा (अप्पयवादी.) — जगदीश चन्द्र मिश्र - चौ.सं.सी., वाराणसी, 1971.

22. जानकी परिणय —

23. दशकुमारचरित — व.रामस्वामी स्त्रुलु एंड संस, मद्रास, 1948.

24. दशरूपक — डा. भोला शंकर व्यास-चौ.सं.सी., वाराणसी, 1967.

25. ध्वन्यालोक (आनन्दवर्धन) — व्या. जगन्नाथ पाठक - चौ.सं.सी., वाराणसी, 1965.

26. नलचम्पू — त्रिविकम् भट्ट - चौ.सं.सी., वाराणसी,

27. निरूक्त (यास्क) — दुगाचार्य कलकत्ता 1952.

28. प्रतिमा नाटक (भास) — धारानन्द शास्त्री - मोतीलाल बनारसीदास, 1973.

29. पद्मपुराण — गीता प्रेस, गोरखपुर

30. प्रसन्न राघव —

31. बाल रामायण — कवि राजशेखर - चौ.सं.सी., वाराणसी

32. भट्टि काव्य —

33. भागवत पुराण — गीता प्रेस गोरखपुर

34. भगवत गीता — गीता प्रेस गोरखपुर

35. मत्स्य पुराण — गीता प्रेस गोरखपुर

36. मनु स्मृति — कुल्लूक भट्ट - भारतीय विद्या भवन, बंबई, 1975.

37. महाभारत — बम्बई 1983.

38. मार्कण्डेय पुराण — बम्बई 1932.

39. मेघदूत — कालिदास - निर्णय सागर प्रेस, बम्बई, 1952.

40. यज्ञ मीमांसा — वेणीराम शर्मा - वैदिक पुस्तकालय, वाराणसी, 1970.

41. याज्ञवल्क्य स्मृति — चौ.सं.सी. वाराणसी, 1967.

42. योगवाशिष्ठ — निर्णय सागर प्रेस, 1918.

43. रघुवंश (कालिदास) — रेवा प्रसाद द्विवेदी - काशी हिन्दु वि.वि. वाराणसी, 1976.

44. रामायण मंजरी —

45. रामकृष्ण विलोमकाव्य — निर्णय सागर प्रेस, बंबई.

46. वसिष्ठ धर्मसूत्र — गवर्नमेन्ट सेन्ट्रल बुक डिपो, बंबई, 1983.

47. वाल्मीकि रामायण — ओरि.इन्स्टी. बड़ौदा.

48. वायु पुराण — खेमराज श्रीकृष्ण दास बम्बई, 1933.

49. विष्णु पुराण — गीता प्रेस, गोरखपुर, सं. 1990.

50. शब्दकल्पद्रुम — मोतीलाल बनारसीदास, दिल्ली, 1961

51. साहित्य दर्पण — शेषराज रेग्मी - वाराणसी

52. स्कन्द पुराण — गीता प्रेस गोरखपुर.

53. हर्ष चरित (बाणभट्ट) — डॉ.पी.वी. काणे - मोतीलाल बनारसी दास. वाराणसी, 1972.

(हिन्दी ग्रन्थ)

1. अध्यात्म रामायण का विवेचनात्मक अध्ययन — चौ. सं.सी.वाराणसी

2. अलंकार मीमांसा — डॉ. रामचंद्र द्विवेदी - मोतीलाल बनारसीदास, वाराणसी, 1965.

3. आदिकवि वाल्मीकि — डॉ. राधावल्लभ त्रिपाठी - सागर वि.वि., सागर.

4. उपनिषद्कालीन समाज एवं संस्कृति — डॉ. राजेन्द्र कुमार त्रिवेदी - दिल्ली.

5. कालिदास ग्रन्थावली — डॉ. रेवा प्रसाद द्विवेदी - काशी हिन्दू वि.वि. वाराणसी 1976.

6. काव्य में सौन्दर्य और उदार तत्त्व — शिवबालक राम - वसुमति, दारागंज, इलाहाबाद, 1969.

7. काव्य शास्त्र — डॉ. भागीरथ मिश्र - वि.वि. प्रका. वाराणसी, 1972.

8. काव्य शिल्प के आयाम — सुलेख शर्मा - आदर्श साहित्य प्रका.दिल्ली, 1971.

9. कालिदास का बिम्ब विधान — डॉ. अयोध्याप्रसाद द्विवेदी - अक्षयवट प्रका. इलाहाबाद, 1986.

10. कालिदास की कृतियों में भौगोलिक प्रत्यभिज्ञान — कैलाश नाथ द्विवेदी -

11. चम्पू काव्य का आध्यात्मिक अध्ययन — डॉ. छविनाथ त्रिपाठी - चौ. विद्या. वाराणसी, आ. अध्ययन

12. चम्पू रामायण का साहित्यिक परिशीलन — डा. करूणा श्रीवास्तव - काशी हिन्दू वि.वि. वाराणसी

13. छायावाद का काव्यशिल्प — प्रतिमा कृष्ण - राधाकृष्ण प्रका. दिल्ली, 1971.

14. जायसी की बिम्ब योजना — डा. सुधा सक्सेना - अशोक प्रका., नई सड़क, दिल्ली, 1966.

15. तुलसी के रामकथा काव्य — डा. विजय नारायण सिंह - संजय प्रकाशन, वाराणसी.

16. ध्वनि सिद्धान्त तथा तुलनीय साहित्य चिन्तन — बच्चुलाल अवस्थी - म.प्र. हिन्दी ग्रंथ अका., भोपाल, 1972.

17. धर्मशास्त्र का इतिहास 1-5 भाग — डा. पी.वी.काणे - हिन्दी समिति, लखनऊ

18. प्राचीन भारतीय साहित्य की भूमिका — डा. रामजी उपाध्याय - देव भारती प्रका. इलाहाबाद

19. पतंज्जलिकालीन भारत — डा. प्रभुदयाल़ अग्निहोत्री

20. पुराण विमर्श — आचार्य बलदेव उपाध्याय - शारदा मंदिर, वाराणसी.

21. पौराणिक कोश — राणा प्रसाद शर्मा - ज्ञान मंडल लिमिटेड, वाराणसी.

22. भारतवर्षीय प्राचीन चरित्र कोश — सिद्धेश्वर शास्त्री - भा. चरित्र कोश मंडल, पूना

23. भारतीय संस्कृति का विकास (वैदिक धारा) — डा. मंगलदेव शास्त्री - समाज विज्ञान परिषद काशी विद्या, वाराणसी

24. भारत की नदियाँ — ब्रज रत्नदास - काशी विद्या. वाराणसी.

25. महाभारत तथा पुराणो के तीर्थो का आध्यात्मिक अध्ययन — डा. सरयुप्रसाद गुप्त - चौ.वि. भारती, वाराणसी.

26. रस मीमांसा — राम चन्द्र शुक्ल - काशी नगरी प्रचारिणी सभा सं. 2011.

27. रामकथा — डा. कामिल वुल्के - हिन्दी परिषद वि.वि. प्रभाग प्रयाग, 1950.

28. रामचरित मानस का तुलनात्मक अध्ययन — सं.डा. नगेन्द्र - राधा कृष्ण प्रकाशन

29. रामचरित मानस का तुलनात्मक अध्ययन — डा. शिव कुमार शुक्ल

30. रामायण मीमांसा — स्वामी करपात्रीजी

31. रामचरित मानस और आध्यात्मिक रामायण — डा. राममूर्ति शर्मा

32. रामायण कालीन समाज — शांति कुमार नानूराम व्यास - सस्ता मंडल प्रका. दिल्ली 1964.

33. रामायण कालीन संस्कृति — शांति कुमार नानूराम व्यास - सस्ता मंडल प्रका. दिल्ली 1964.

34. रामचरित मानस और वाल्मीकि रामायण — डा. एल.पी.टेरीटरी - आनन्द प्रका. फैजाबाद अनु. राधिका प्रसाद त्रिपाठी

35. रामायणकालीन समाज एवं संस्कृति — डा. जगदीश भट्ट्ट - भारतीय विद्या प्रकाशन 1924.

36. रामायण और महाभारत में प्रकृति — डा. कान्ति किशोर भरतिया-

37. रामचरित मानस और श्रीमद् भागवत संरचना एवं लक्ष्य का तुलनात्मक अध्ययन — डा. बालचंद्रिका पाठक - कृष्ण जन्म संस्थान, मथुरा.

38. राम साहित्य का स्वरूप और तुलसीदास — सचदेव चतुर्वेदी - जौनपुर.

39. वाल्मीकि रामायण की बिम्ब योजना — डा. रामनरेश तिवारी - स्मृति प्रका. इलाहाबाद.

40. वाल्मीकि और तुलसीदास का साहित्य मूल्यांकन — राम प्रकाश अग्रवाल - अग्रवाल प्रकाशन मेरठ.

41. वाल्मीकि और संस्कृत नाटकों में राम — डा. मज्जुला सहदेव - विमल प्रकाशन, गाजियाबाद, 1968.

◆◆◆